Springer-Lehrbuch

Springer-Verlag Berlin Heidelberg GmbH

Stefan Bühler · Franz Jaeger

Einführung in die Industrieökonomik

Mit 35 Abbildungen und 23 Tabellen

Dr. Stefan Bühler
Universität Zürich
SOI
Hottingerstraße 10
CH-8032 Zürich
Schweiz
sbuehler@soi.unizh.ch

Professor Dr. Franz Jaeger
Universität St. Gallen
FEW
Varnbüelstraße 14
CH-9000 St. Gallen
Schweiz
franz.jaeger@unisg.ch

ISBN 978-3-540-42758-2

Die Deutsche Bibliothek – CIP-Einheitsaufnahme
Bühler, Stefan: Einführung in die Industrieökonomik / Stefan Bühler; Franz Jaeger. – Berlin; Heidelberg; New York; Barcelona; Hongkong; London; Mailand; Paris; Tokio: Springer, 2002
   ISBN 978-3-540-42758-2   ISBN 978-3-642-56065-1 (eBook)
   DOI 10.1007/978-3-642-56065-1

Dieses Werk ist urheberrechtlich geschützt. Die dadurch begründeten Rechte, insbesondere die der Übersetzung, des Nachdrucks, des Vortrags, der Entnahme von Abbildungen und Tabellen, der Funksendung, der Mikroverfilmung oder der Vervielfältigung auf anderen Wegen und der Speicherung in Datenverarbeitungsanlagen, bleiben, auch bei nur auszugsweiser Verwertung, vorbehalten. Eine Vervielfältigung dieses Werkes oder von Teilen dieses Werkes ist auch im Einzelfall nur in den Grenzen der gesetzlichen Bestimmungen des Urheberrechtsgesetzes der Bundesrepublik Deutschland vom 9. September 1965 in der jeweils geltenden Fassung zulässig. Sie ist grundsätzlich vergütungspflichtig. Zuwiderhandlungen unterliegen den Strafbestimmungen des Urheberrechtsgesetzes.

http://www.springer.de

© Springer-Verlag Berlin Heidelberg 2002
Ursprünglich erschienen bei Springer-Verlag Berlin Heidelberg 2002

Die Wiedergabe von Gebrauchsnamen, Handelsnamen, Warenbezeichnungen usw. in diesem Werk berechtigt auch ohne besondere Kennzeichnung nicht zu der Annahme, dass solche Namen im Sinne der Warenzeichen- und Markenschutz-Gesetzgebung als frei zu betrachten wären und daher von jedermann benutzt werden dürften.

Umschlaggestaltung: Design & Production GmbH, Heidelberg

SPIN 10855546   42/2202-5 4 3 2 1 0 – Gedruckt auf säurefreiem Papier

Vorwort

Die Industrieökonomik hat sich in den letzten Jahrzehnten von einer vorwiegend empirisch orientierten Teildisziplin der angewandten Mikroökonomik zu einer Kerndisziplin der modernen Wirtschaftswissenschaften entwickelt. Zur rasanten Entwicklung der Industrieökonomik haben insbesondere der vergleichsweise frühe und intensive Einbezug spieltheoretischer Methoden und die Verfügbarkeit von Daten auf Mikroebene beigetragen. Das vorliegende Buch führt die Leserinnen und Leser an die Fragestellungen und wichtigsten Ergebnisse der modernen Industrieökonomik heran. Es richtet sich in erster Linie an Studierende der Volks- und Betriebswirtschaftslehre, aber auch an Teilnehmer von MBA-Kursen und Praktiker in privaten und öffentlichen Institutionen, die sich mit Wettbewerbsfragen befassen.

Ziel dieses Buches ist es, den Leserinnen und Lesern die Intuition wichtiger industrieökonomischer Argumente nahe zu bringen, und ihnen das Basiswissen für die selbständige Beurteilung und Bearbeitung von industrieökonomischen Fragestellungen zu vermitteln. Zu diesem Zweck wird sowohl grafisch-verbal als auch formal argumentiert, wobei mit Ausnahme des letzten Kapitels lediglich Grundkenntnisse der Integral- und Differentialrechnung vorausgesetzt werden. Anhänge mit weiteren Erläuterungen zu formalen Argumenten und Übungsaufgaben mit ausführlichen Lösungshinweisen erlauben eine selbständige Vertiefung des Stoffes.

Ausgangspunkt für die Ausarbeitung des vorliegenden Textes war die Vorlesung "Mikroökonomik für Betriebswirte" (5. Semester), die seit längerer Zeit an der Universität St. Gallen (HSG) gehalten wird. Verschiedene Themen und Aufgaben des vorliegenden Buches wurden auch im Seminar

"Industrieökonomik" (ab 5. Semester Volkswirtschaftslehre) an der Universität Zürich sowie verschiedenen MBA-Kursen der Universität St. Gallen behandelt. Beim vorliegenden Text handelt es sich um eine Einführung. Dennoch haben wir uns bemüht, auch ausgewählte aktuelle Fragen der Forschung zu diskutieren, insbesondere in den Kapiteln 5 und 6. Unseres Wissens ist dies das erste deutschsprachige Lehrbuch, das eine Einführung in die Neue Empirische Industrieökonomik (NEIO) enthält und die Anwendung experimenteller Methoden in der Industrieökonomik erläutert.

Die Ausarbeitung des vorliegenden Buches wurde grosszügig unterstützt vom Forschungsinstitut für Empirische Ökonomie und Wirtschaftspolitik an der Universität St. Gallen (FEW-HSG). Wir bedanken uns bei Prof. Dr. Armin Schmutzler (Universität Zürich) für zahlreiche Verbesserungsvorschläge sowie die Bereitstellung seiner Vorlesungsunterlagen bei der Fertigstellung des Textes. Prof. Dr. Simon Gächter (Universität St. Gallen) und Prof. Dr. Bernd Schips (ETH Zürich) danken wir für hilfreiche Hinweise und Kommentare zu einzelnen Kapiteln des Manuskripts. Für viele Hinweise und Anregungen bedanken wir uns auch bei Zava Aydemir, Men-Andri Benz, Josef Bühler, Christian Kaiser, Sarah Niggli und Marc Sommer. Ein besonderer Dank gebührt schliesslich Daniel Halbheer, der nicht nur das gesamte Manuskript kritisch gegengelesen hat und beim Layout des Textes und der Abbildungen behilflich war, sondern auch die Hinweise zur Lösung der Übungsaufgaben ausgearbeitet hat. Für verbleibende Fehler übernehmen wir selbstverständlich die Verantwortung.

St. Gallen/Zürich, im November 2001

Stefan Bühler, Franz Jaeger

```
sbuehler@soi.unizh.ch
franz.jaeger@unisg.ch
```

Inhaltsverzeichnis

1	**Einführung und Übersicht**	**1**
1.1	Begriff und Zweck der Industrieökonomik	1
	1.1.1 Was ist Industrieökonomik?	1
	1.1.2 Zweck und wirtschaftspolitische Relevanz der IO	3
1.2	Dogmengeschichtliche Wellen der IO	4
	1.2.1 Traditionelle IO: Erste Welle	4
	1.2.2 Neuere Industrieökonomik: Zweite Welle	7
1.3	Zum Inhalt dieses Buches	9
1.4	Literatur	12
2	**Elemente einer Theorie der Firma**	**13**
2.1	Einleitung	13
2.2	Die technische Sicht der Firma	14
	2.2.1 Skalenerträge	16
	2.2.2 Verbundvorteile	21
	2.2.3 Natürliches Monopol und Subadditivität	22
	2.2.4 Diskussion	27
2.3	Der Prinzipal-Agent-Ansatz	29
	2.3.1 Design eines Anreizvertrages: Überblick	30
	2.3.2 Zentrale Ergebnisse	31
	2.3.3 Diskussion	36
2.4	Der Transaktionskosten-Ansatz	37
	2.4.1 Charakteristika von Transaktionskosten	37
	2.4.2 Transaktionskosten und unvollständige Verträge	38

		2.4.3	Zur Effizienz unvollständiger Verträge	39
		2.4.4	Diskussion	41
	2.5	Der eigentumsrechtliche Ansatz		42
		2.5.1	Eigentum, Firmen und Markt	42
		2.5.2	Eigentum und Investitionsanreize: ein Beispiel	43
		2.5.3	Diskussion	46
	2.6	Schlussfolgerungen		46
	2.7	Anhang		48
		2.7.1	Decreasing ray average cost	48
		2.7.2	Transray convexity	48
		2.7.3	Anwendung auf die Schätzfunktion im Beispiel British Telecom	49
	2.8	Aufgaben		50
	2.9	Literatur		52
3	**Grundmodelle in der Industrieökonomik**			**55**
	3.1	Einführung		55
	3.2	Das Polypol		56
		3.2.1	Vollkommene Konkurrenz	56
		3.2.2	Monopolistische Konkurrenz	58
	3.3	Das Monopol		59
		3.3.1	Preise und Mengen	59
		3.3.2	Qualität	63
		3.3.3	Kosten	64
		3.3.4	Erweiterungen	66
	3.4	Das Oligopol		71
		3.4.1	Spieltheoretische Grundlagen	72
		3.4.2	Bertrand-Wettbewerb	78
		3.4.3	Cournot-Wettbewerb	81
		3.4.4	Erweiterungen	86
	3.5	Anhang		94
		3.5.1	Monopolpreise und Grenzkosten	94
		3.5.2	Preiselastizität der Nachfrage bei Preis- oder Mengensetzung	94
		3.5.3	Der Ramsey-Index für interdependente Nachfragen	95
	3.6	Aufgaben		97
	3.7	Literatur		99
4	**Kooperation und Kollusion**			**101**
	4.1	Einführung		101
	4.2	Alternative Kooperationsformen		102
		4.2.1	Offene Kooperation	102
		4.2.2	Verdeckte Kooperation	107
	4.3	Kollusion bei statischer Konkurrenz		109
		4.3.1	Zur Stabilität von Kartellen	109

		4.3.2	Stabile Kollusion im Cournot-Oligopol	110
	4.4	Kollusion bei dynamischer Konkurrenz		114
		4.4.1	Kollusion in Superspielen	115
		4.4.2	Kollusion im Oligopol	118
		4.4.3	Erweiterungen	121
		4.4.4	Zusammenfassung	125
	4.5	Partielle Kollusion und Joint Ventures		127
		4.5.1	Partielle Kollusion	127
		4.5.2	Horizontale Joint Ventures	128
		4.5.3	Joint Ventures in F&E	130
	4.6	Fusionen		133
		4.6.1	Vorbemerkungen	133
		4.6.2	Zusammenhang zwischen Konzentration und Marktpreis	134
		4.6.3	Horizontale Fusionen	136
		4.6.4	Vertikale Fusionen	140
	4.7	Anhang		145
		4.7.1	Vertikale Joint Ventures und Spillovers	145
		4.7.2	Horizontale Fusionen: Bedingung für Preiserhöhung	146
	4.8	Aufgaben		148
	4.9	Literatur		150
5	**Marktstruktur und Marktdynamik**			**153**
	5.1	Einführung		153
	5.2	Konzentration und Durchschnittskosten		154
	5.3	Das Konzept der Contestable-Markets		156
		5.3.1	Definitionen	156
		5.3.2	Ergebnisse	157
		5.3.3	Diskussion	159
	5.4	Marktzutrittskosten und Wettbewerbsform		160
		5.4.1	Exogene Marktzutrittskosten	161
		5.4.2	Endogene Marktzutrittskosten	166
	5.5	Marktstruktur und Effizienz		168
		5.5.1	Business Stealing	169
		5.5.2	Produktdifferenzierung und Firmenheterogenität	170
	5.6	Strategisches Verhalten bei zweistufiger Konkurrenz		171
		5.6.1	Grundlagen	171
		5.6.2	Anwendung: Sequentielle Horizontale Fusionen	180
		5.6.3	Diskussion	184
	5.7	Wettbewerbspolitische Thesen		184
	5.8	Anhang		187
		5.8.1	Wohlfahrtsmaximierende Anzahl Firmen im Cournot-Oligopol	187
		5.8.2	Vorzeichen des strategischen Effekts bei Marktzutritt	188
	5.9	Aufgaben		190

5.10 Literatur 192

6 Empirie   195
6.1 Einführung 195
6.2 Probleme bei der Schätzung ökonometrischer Modelle . . . 196
     6.2.1 Identifikation 197
     6.2.2 Konsistenz 202
6.3 Neue Empirische Industrieökonomik 203
     6.3.1 Angebotsrelation im Oligopol 205
     6.3.2 Identifikation des Oligopols 207
     6.3.3 Zentrale Ergebnisse 210
     6.3.4 Diskussion 211
6.4 Experimente 212
     6.4.1 Grundlagen 213
     6.4.2 Ein einfaches Marktexperiment 214
     6.4.3 Oligopolistische Konkurrenz in Experimenten 217
     6.4.4 Zentrale Ergebnisse 221
     6.4.5 Diskussion 223
6.5 Anhang 225
     6.5.1 Preiselastizität bei log-linearer Nachfrage 225
     6.5.2 Simultaneous-Equations Bias im log-linearen Marktmodell 225
     6.5.3 Herleitung der Angebotsrelation im Oligopol 226
6.6 Literatur 228

7 Lösungen zu den Übungsaufgaben   231
7.1 Vorbemerkungen 231
7.2 Lösungen zu Kapitel 2 232
7.3 Lösungen zu Kapitel 3 235
7.4 Lösungen zu Kapitel 4 242
7.5 Lösungen zu Kapitel 5 247

Abbildungsverzeichnis   253

Tabellenverzeichnis   255

Index   257

1
Einführung und Übersicht

1.1 Begriff und Zweck der Industrieökonomik

1.1.1 Was ist Industrieökonomik?

Was ist unter Industrieökonomik bzw. *Industrial Organization* (IO) zu verstehen? Eine abschliessende Definition ist wohl kaum möglich. Allgemein lässt sich IO allenfalls als theoriegeleitete Forschung im Bereich der Prozesse, Strukturen und Organisationen von Industrien im weitesten Sinn — den Dienstleistungssektor mit eingeschlossen — beschreiben. Die IO beschäftigt sich vor allem mit der Interaktion zwischen Markt und Unternehmen, d.h. mit dem Funktionieren von Märkten, und stellt somit ein zentrales Forschungsgebiet der Mikroökonomik und der modernen Volkswirtschaftslehre insgesamt dar.[1] Dennoch oder gerade deshalb ist es schwierig, die IO gegenüber andern Gebieten der Mikroökonomik abzugrenzen.

Im Mittelpunkt der "Traditionellen IO" (vgl. Abschnitt 1.2.1) stand anfang der fünfziger Jahre das *Structure-Conduct-Performance* (SCP)-Paradigma, das auf der Hypothese einer kausalen Beziehung zwischen Marktstruktur (Structure), Marktverhalten (Conduct) und Marktergebnis (Performance) basiert. In ihrer Schwerpunktsetzung unterschied sich die IO

---

[1] In einer kürzlich publizierten Rangliste der wichtigsten Forschungsgebiete der Volkswirtschaftslehre erscheint die IO (nach Makro- und Mikroökonomik) auf Rang drei. Die Rangierung bezieht sich auf die Anzahl und Bedeutung der Arbeiten, die den Fachbereich-Code L des *Journal of Economic Literature* angeben (vgl. BARRETT ET AL. 2000).

schon damals sowohl vom Konzept der allgemeinen Gleichgewichtstheorie als auch von der mikroökonomischen Haushalts- und Unternehmenstheorie sowie der Preis- und Wettbewerbstheorie: Weder das erkenntnistheoretische Interesse ("Zu welchen Ergebnissen führen Marktprozesse unter verschiedenen ökonomischen Prämissen?") noch die simultane Betrachtung einer Vielzahl interdependenter Märkte stehen bei der IO im Vordergrund. Die IO bedient sich vielmehr explizit marktspezifischer Partialmodelle, d.h. sie befasst sich mit isolierten Industrien (i.w.S.). Sie

- ist unmittelbar auf das reale Geschehen auf abgegrenzten Märkten gerichtet, deshalb weniger abstrakt und stärker *anwendungsorientiert* als beispielsweise die allgemeine Gleichgewichtstheorie;

- berücksichtigt das *strategische Verhalten* der Wirtschaftssubjekte;

- stellt auf marktspezifische *institutionelle Gegebenheiten* ab;

- versucht, *Erklärungen* und *Vorhersagen* für die Funktionsweise spezifischer Märkte zu liefern und

- war deshalb vor allem in der ersten Phase ausgesprochen *empirisch* ausgerichtet.

Die IO interessiert sich weniger für den — nur für wenige reale Märkte relevanten — theoretischen Referenzfall des vollkommenen Wettbewerbs in einer Welt ohne Transaktionskosten (in der nach Coase die Existenz von Firmen nicht erklärt werden kann). Sie befasst sich vielmehr mit Formen des unvollständigen Wettbewerbs zwischen Unternehmen, die auf den verschiedenen Stufen der Wertschöpfungskette (Produktion, Distribution, Konsumption) aktiv sind. Damit belegt die IO Themen, die im Standard-Lehrbuch der Mikroökonomik nicht im Zentrum stehen. So gilt ihr Interesse etwa dem Wettbewerbsverhalten im Oligopol und in der monopolistischen Konkurrenz, dem potentiellen Wettbewerb (z.B. beim Vorliegen von dominanten Firmen sowie von natürlichen Monopolen), dem Marktzu- und -austritt von Unternehmen, zudem Themen wie Forschung und Entwicklung, Marktdynamik, Entstehung und Zerfall von Kartellen etc. Diese Fokussierung sowie die zunehmende Betonung des strategischen Verhaltens von Firmen sind es denn auch, die eine breite Schnittstelle zwischen der IO und der Betriebswirtschaftslehre deutlich machen.

Es gehört zu den Charakteristika der traditionellen IO, dass sie lange Zeit ausgesprochene Theoriedefizite aufwies. Das hat sich mittlerweile allerdings von Grund auf geändert. Die sogenannte "Neuere Industrieökonomik" bedient sich praktisch aller Gebiete der modernen Mikroökonomik, von der Spieltheorie über die Vertragsökonomik bis hin zur Informationsökonomik (vgl. Abb. 1.1).

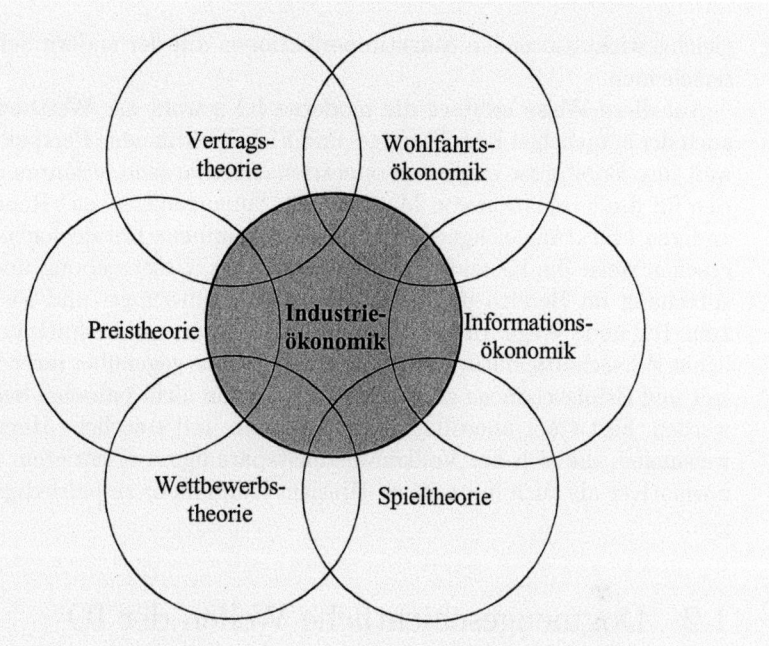

Abb. 1.1. Industrieökonomik im mikroökonomischen Kontext

1.1.2 Zweck und wirtschaftspolitische Relevanz der IO

Industrieökonomische Forschung kann aus der *Perspektive des Unternehmens* betrieben werden, um dieses bei der Festlegung seiner Marktstrategie und der internen Organisation von Strukturen und Prozessabläufen zu unterstützen. Die unternehmerische Perspektive öffnet der IO den Zugang zu Fragen des strategischen Managements und versorgt sie gerade in jüngster Zeit mit immer neuen Impulsen. Dies mag erklären, weshalb die IO zusehends auch in "Business Schools" und MBA-Programmen Anklang findet.

Die IO kann und will jedoch weit mehr sein als ein Instrument des strategischen Managements. Aus der Sicht von "Marktbeobachtern" (Regierungen, Wettbewerbsbehörden, Wissenschaftlern) hilft sie aufzeigen, inwiefern Märkte mit unvollständigem Wettbewerb zu effizienten Ergebnissen führen oder inwieweit imperfekte Märkte in der Lage sind, die soziale *Wohlfahrt* zu maximieren. Die Antworten der IO auf solche Fragen sind sehr differenziert und fallen gradualistisch aus — je nach dem, ob man die Ergebnisbildung auf solchen Märkten kurz- oder langfristig, statisch oder dynamisch und die Marktimperfektionen (z.B. gemessen am Modell der vollkommenen Konkurrenz) als persistent oder temporär betrachtet. Die moderne IO lehrt uns somit, zwischen inhärenten Marktimperfektionen — sogenannten Funktionsstörungen — auf der einen und lediglich temporär gleichgewichtsstörenden Marktimperfektionen auf der andern Seite zu unterscheiden.

Auf diese Weise eröffnet die moderne IO sowohl der Wettbewerbs- als auch der staatlichen Regulierungs- und Fiskalpolitik neue Perspektiven. Soweit ihre Ergebnisse empirisch operationalisierbar sind, erfahren die Kriterien für die Evaluation von Marktmacht, "unangemessenen" Renditen und anderen Marktungleichgewichten eine willkommene Entideologisierung. So gesehen weist die IO auch der Administration, Gesetzgebung und Rechtssprechung im Bereich der Wettbewerbs-, Regulierungs- und Fiskalpolitik zum Teil neue Wege. Inwiefern dadurch die Interventionsspielräume staatlicher Wirtschaftspolitik verengt oder die Skepsis gegenüber ihrer Wirksamkeit und Erfolgschancen geschärft werden, kann nicht pauschal beantwortet werden. Fest steht allerdings, dass Analysen und staatliche Handlungsanweisungen, die sich am Vollkommenheitsparadigma orientieren, sowohl in normativer als auch in positiver Hinsicht kaum mehr zu befriedigen vermögen.

1.2 Dogmengeschichtliche Wellen der IO

1.2.1 Traditionelle IO: Erste Welle

Die erste Welle der IO (TIROLE 1988, 1), auch als "Traditionelle Industrieökonomik" bezeichnet, ist in der Harvard-Tradition verwurzelt und eng mit den Namen Edward MASON (1949) und Joe BAIN (1951) verbunden. Deren primäres Anliegen war es, Marktanalysen zur Unterstützung der Entscheidungen politischer Akteure vorzulegen und dabei vor allem zu wettbewerbspolitischen Fragen Stellung zu nehmen. So etablierte sich die IO als überwiegend *empirisch* ausgerichtetes Forschungsgebiet, das sich unter anderem auf Fallstudien von Industrien und auf interindustrielle Querschnittsvergleiche stützte (BESTER 2000, 3). Im Zentrum dieses Ansatzes stand das oben erwähnte *SCP-Paradigma*. Dieses geht davon aus, dass die Strukturen eines Marktes, d.h. einer Industrie, einer Branche oder eines Unternehmens, das Verhalten der involvierten Akteure und dieses wiederum das Markt- und Unternehmensergebnis bestimmt. Dabei lassen sich idealtypisch eine behavioristische und eine strukturalistische Position unterscheiden.

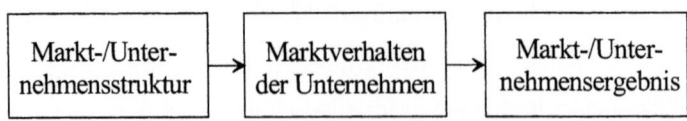

Abb. 1.2. Behavioristische Position

Die *behavioristische Position*, wie sie von Mason vertreten wird, versucht, via firmenspezifische Marktstrukturen firmenspezifische Verhaltensweisen zu klassifizieren (vgl. Abb. 1.2). Sie lehnt sich an die Grundkonzeptionen der monopolistischen Konkurrenz und des Oligopols an. Im Mittelpunkt des Interesses steht das Unternehmen, dessen Entscheidungen von der Marktsituation und von der Firmenorganisation abhängig sind. Die *Marktstrukturvariablen* beinhalten alle exogen bestimmten Elemente, die das Unternehmen bei der Festlegung und Umsetzung seiner Geschäftspolitik in Betracht ziehen muss. Generell gehören dazu:

- die ökonomischen Merkmale der Produkte wie etwa ihre Qualität, ihr Differenzierungsgrad, ihre Nähe zu Substituten;

- die Zahl der Produzenten/Verkäufer am Markt, der Grad der Anbieterkonzentration, die Verteilung der Marktanteile sowie der Grad der vertikalen Integration der Wertschöpfungsketten;

- die Produktions- und Kostenstrukturen der Unternehmen (Skalen- und Verbundvorteile, Subadditivitäten usw.);

- die Informationslage und Marktmacht der Nachfrager sowie die Nachfragebedingungen (Trends, zyklische und saisonale Schwankungen);

- die Marktzu- und -austrittsbarrieren, versunkene Kosten u.a.m.

Die exogenen Variablen bzw. die Rahmenbedingungen bestimmen das *Verhalten* der Unternehmen, wie z.B. deren

- Preis-, Qualitäts- und Mengensetzung;

- Investitionsverhalten;

- Werbe- und Marketingaktivitäten;

- Forschungs- und Entwicklungsanstrengungen;

- Allianz- und Diversifizierungsstrategien sowie das Kooperationsverhalten.

Aus den (endogenen) Verhaltensvariablen resultieren letztlich die *Unternehmens- und Marktergebnisse*, zu denen unter anderem die

- Gewinnmargen der Firmen,

- Ressourcen- und Faktorproduktivitäten,

- Produktvarietät,

- allokative Effizienz des Marktes (als Mass für die statische Effizienz) und die Produkt- und Prozessinnovationsrate (als Mass für die dynamische Effizienz)

1. Einführung und Übersicht

gehören. Aus der Sicht der *strukturalistischen Position*, wie sie von Bain vertreten wird, ist die behavioristische Position wie folgt zu kritisieren: Wegen der Freiheit der Firmen, ihre Geschäftspolitik im Zeitablauf an die Marktstruktur anzupassen, ist eine unternehmensspezifische Klassifikation unter dynamischen Gesichtspunkten konzeptuell inkonsistent. Der Konnex zwischen Struktur und Verhalten ist im Zeitablauf nicht mehr determiniert. Primärer Untersuchungsgegenstand der IO ist demzufolge nach Bain nicht das Unternehmen, sondern die Industrie- bzw. die Dienstleistungsbranche. Die Marktergebnisse lassen sich somit direkt aus der Marktstruktur herleiten. In empirischen Arbeiten äussert sich das oft darin, dass die Verhaltensanalyse übersprungen wird (vgl. Abb. 1.3). Typische Beispiele für dieses Vorgehen sind Regressionsanalysen, mit denen Korrelationen zwischen Gewinnraten auf der einen und Marktanteilen, Marktschranken sowie Marktmachtkonzentrationen auf der anderen Seite geschätzt bzw. interpretiert werden.

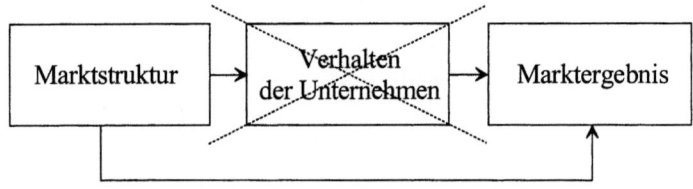

Abb. 1.3. Strukturalistische Position

Der Grundansatz der "Traditionellen Industrieökonomik" lässt sich in Anlehnung an TIROLE (1988, 1) mit der Relation

$$\pi_i = f(CR_i, BE_i, ...)$$

charakterisieren, wobei π_i ein Mass für die Profitabilität der Industrie i ist, CR_i ein Konzentrationsmass bezeichnet, und BE_i (*Barriers of Entry*) für Variablen steht, welche die Schwierigkeit des Markteintritts messen (z.B. approximiert durch die optimale Betriebsgrösse, die notwendigen Investitionen usw.).[2] Solche, zum Teil mit weiteren Variablen ergänzte Regressionen, wurden mit *Querschnittsdaten* für grosse Industriesamples gerechnet.

Dieses Vorgehen liefert zwar nützliche *stilisierte Fakten*. Die Beziehungen können allerdings nicht ohne weiteres als kausale Zusammenhänge interpretiert werden. Die Ergebnisse der Regressionen bewegen sich stets im Bereich deskriptiver Statistik und liefern folglich keine theoriegeleitete Antwort auf die Frage, was die Industriestruktur (z.B. Konzentration) verursacht und

---

[2] In den Kapiteln 2-6 gehen wir ausführlicher darauf ein, was unter diesen Begriffen zu verstehen ist.

ob bzw. inwieweit beispielsweise eine staatliche Intervention die Marktperformance verbessern kann.

In der empirischen Forschung wurde später versucht, Basisbedingungen als exogene Variablen zu messen. Hierzu zählen insbesondere die gegebene Technologie (Skalenerträge, Markteintritts- und austrittskosten, der Anteil von versunkenen Kosten, die Existenz einer Learning-Kurve etc.) und technischer Fortschritt. Analysiert wurde zudem der Einfluss von Risiken, Präferenzen und Konsumentenverhalten (Struktur der Information über Produktqualität, Reputation und Markentreue etc.). Obwohl in dieser Richtung Fortschritte erzielt wurden, erwies es sich oft als schwierig, Daten zu sammeln, welche die Basiskonditionen adäquat messen und für die verschiedene Branchen vergleichbar sind.

Generell wurde zudem an der traditionellen IO kritisiert, dass aus ihrer Perspektive das Verhalten der Akteure weitgehend durch die Marktumgebung bestimmt wird. Dadurch, dass implizit davon ausgegangen wird, dass alle Firmen dieselbe Zielsetzung haben und sich mehr oder weniger passiv an ihre industrielle Umgebung anpassen, wird ihr Verhaltensspielraum übermässig reduziert. So betrachtet bleibt die "Traditionelle Industrieökonomik" bei einem Modell stehen, in dem Veränderungen als exogen begriffen werden und sowohl das Verhalten als auch die Performance strukturell determiniert sind. Es handelt sich also um ein eindimensionales, statisches Konzept, das nicht in Rechnung stellt, dass Wettbewerb ein Prozess ist, bei dem durchaus Interaktionen zwischen Marktstruktur, Verhalten und Ergebnis auftreten können.

1.2.2 Neuere Industrieökonomik: Zweite Welle

Die Hauptmängel der traditionellen IO, die Eindimensionalität offener Wirkungsketten sowie das Fehlen theoriebasierter Erklärungen von Kausalbeziehungen, wurden erst in den siebziger Jahren überwunden. Damit konnte sich erstmals so etwas wie eine *Theorie der Industrieökonomik* bilden. Im Rahmen der "Neueren Industrieökonomik" — die zweite Welle der IO (TIROLE 1988, 2) — wurde der Versuch unternommen, die von Aaron Director und George Stigler geforderte *rigorose Theoriebasierung* zu leisten. Durch die verstärkte Theoriebildung wurde die empirische Ausrichtung der traditionellen IO ergänzt und zum Teil sogar in den Hintergrund gedrängt (vgl. BESTER 2000, 4). Eine entscheidende Bereicherung erfuhr die "Neuere IO" insbesondere durch die methodischen Fortschritte auf dem Gebiet der nicht-kooperativen *Spieltheorie*, welche die strategischen Interaktionen von Akteuren in Konfliktsituationen untersucht und damit für die Analyse des Wettbewerbsverhalten von Unternehmen anwendbar ist. Von besonderer Bedeutung sind hierbei die Arbeiten der Nobelpreisträger SELTEN (1965) und HARSANYI (1967) zu Gleichgewichten in Spielen mit dynamischem Charakter und unvollständiger bzw. asymmetrischer Information.

1. Einführung und Übersicht

Im Zuge der theoretischen Untermauerung verstärkte sich auch die grundsätzliche Kritik an der Eindimensionalität des traditionellen SCP-Paradigmas. Sie bewirkte, dass die Hypothesen einseitiger Kausalbeziehungen zwischen Struktur-, Verhaltens- und Ergebnisvariablen fallen gelassen und durch ein dynamisches Modell einer *wechselseitigen Interdependenz* ersetzt wurden: Die Strukturen von Unternehmen, Branchen und Märkten sind danach nicht mehr nur Ursachen von Verhaltensmustern und Marktergebnissen, sondern werden ihrerseits durch das Verhalten der Akteure und durch die Unternehmens- und Marktergebnisse bestimmt. Auf diese Weise werden die Strukturvariablen in den Modellen der "Neueren Industrieökonomik" endogenisiert (vgl. Abb. 1.4).

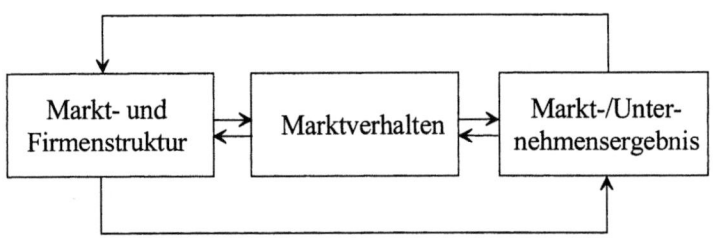

Abb. 1.4. Position der Neueren Industrieökonomik

Die dynamische Sichtweise der Neueren IO ist freilich noch weiter gespannt. Ökonomische Akteure verändern ihre Umgebung und sind nicht einfach den vorgegebenen Bedingungen unterworfen. Sie verändern auch ihre Prozessabläufe und damit ihre Produktions- und Kostenfunktionen. Sie können so ihre Marktbedingungen bis zu einem gewissen Grad gestalten. In dieser Perspektive sind die Konfigurationen der industriellen Strukturen und organisatorischen Formen letztlich das Ergebnis des Zusammenwirkens unternehmerischer Strategien. Damit kann die Entwicklung von Marktverhalten und Marktstrukturen als Evolutionsprozess betrachtet werden.

Abschliessend bleibt zu erwähnen, dass in neuerer Zeit unter dem Titel *Neue Empirische Industrieökonomik* (NEIO) auch die empirische industrieökonomische Forschung eine Renaissance erlebt. Sie verwendet die Methoden der Neueren Industrieökonomik — insbesondere die spieltheoretisch fundierte Oligopoltheorie — für die Formulierung von Hypothesen, die empirisch getestet werden können. Dabei profitiert die NEIO nicht nur von der Weiterentwicklung der mikro-ökonometrischen Methoden, sondern auch von der besseren Verfügbarkeit detaillierter Datensätze auf disaggregierter Ebene. Als Alternative zu ökonometrischen Methoden kommen immer häufiger auch kontrollierte *Labor-Experimente* zur Anwendung, wenn industrieökonomische Hypothesen getestet, empirische Regelmässigkeiten identifiziert und Politikvorschläge evaluiert werden sollen.

1.3 Zum Inhalt dieses Buches

Das vorliegende Buch will den Leser bzw. die Leserin in die Grundlagen der modernen Industrieökonomik einführen. Dazu ein knapper Überblick über Aufbau und Inhalt:

Das *zweite Kapitel* befasst sich mit dem Nukleus der Industrieökonomik, dem Unternehmen. Dabei werden die verschiedenen Elemente einer ökonomischen Theorie der Firma vorgestellt und diskutiert. Zur Debatte stehen unter anderem folgende Fragen: Was ist eine "Firma"? Was ist unter dem Begriff "Markt" zu verstehen? Warum sind manche erfolgreiche Firmen sehr gross, andere extrem klein? Wie sollte eine Firma organisatorisch strukturiert sein? Wie lassen sich unterschiedliche Organisationsstrukturen erklären? Welche Anreizprobleme existieren innerhalb von Firmen? Wie lassen sich diese lösen? Welche Rolle spielt in diesem Zusammenhang die Zuordnung der Eigentumsrechte?

Dass solche Fragen von zentraler ökonomischer Bedeutung sind, liegt angesichts der kostspieligen Bemühungen vieler Firmen, ihre Grösse und Organisation mittels Fusionen, Übernahmen und Verkäufen zu verändern, auf der Hand. Wir wollen zeigen, dass die neuere Industrieökonomik einiges zur Beantwortung dieser Fragen beitragen kann.

Im *dritten Kapitel* geht es um die Grundmodelle der Industrieökonomik. Als Grundlage dazu werden unter anderem spieltheoretisch fundierte Konzepte zur Erklärung der Preis-, der Qualitäts- und Mengensetzung unter polypolistischen, oligopolistischen und monopolistischen Angebotsbedingungen herangezogen. Folgende Fragen stehen im Mittelpunkt: Wie verhalten sich Firmen auf Märkten? Welche Preise setzen sie, und welchen Output produzieren sie? Welche Qualitätsentscheidungen treffen sie? Produzieren Firmen generell zu minimalen Kosten? Wie verhalten sich polypolistische Konkurrenten? Wie verhalten sich marktmächtige Firmen, d.h. Monopolisten oder Oligopolisten, gegenüber den Nachfragern und gegenüber (potentiellen) Konkurrenten? Welche strategischen Interaktionen ergeben sich zwischen oligopolistischen Firmen? Vorrangiges Ziel dieses Kapitels ist es, das Verhalten marktmächtiger Firmen besser verstehen zu lernen.

Das *vierte Kapitel* ist dem Thema Kooperation und Kollusion gewidmet. Dabei werden nicht nur alternative Kooperationsformen erörtert, sondern auch wettbewerbspolitische Implikationen diskutiert. Im einzelnen geht es um folgende Fragen: Unter welchen Bedingungen kann es den Anbietern in einem Markt gelingen, die gegenseitige Konkurrenz mittels Kartellen, Absprachen oder auch nur stillschweigender Kooperation wirksam zu begrenzen? Welche Effekte haben die verschiedenen Formen der Kooperation auf das Marktergebnis? Wie stabil sind solche Kooperationen? Ist Kooperation generell schädlich, oder kann es aus wohlfahrtsökonomischer Sicht unter Umständen vorteilhaft sein, wenn die Unternehmen bestimmte Tätigkeiten koordinieren? Präziser gefragt: Sind beispielsweise Joint Ventures zu verbieten? Wie verhält es sich mit gemeinsamen Investitionen in die Forschung und Entwicklung? Und welche Effekte haben Fusionen auf das Marktergebnis? Welche Eigenschaften hat eine industrieökonomisch fundierte Wettbewerbspolitik?

Bei der Beantwortung dieser Fragen bedienen wir uns der spieltheoretischen Instrumente, die wir in Kapitel 3 eingeführt haben. Dabei gilt es folgende Einschränkung zu beachten: Wir werden keine generell gültigen Regeln ableiten können, die für jeden Fall Handlungsanleitung bieten. Stattdessen wollen wir uns ein vertieftes Verständnis für die ökonomischen Zusammenhänge aneignen, die es von den verschiedenen Entscheidungsträgern zu berücksichtigen gilt: den Marktteilnehmern, den Wettbewerbsbehörden und dem Gesetzgeber.

Das *fünfte Kapitel* versucht, die Entwicklung von Marktstrukturen zu erklären. Zudem befasst es sich mit den Zusammenhängen zwischen Marktstruktur und Marktdynamik. Besonderes Augenmerk gilt dabei der Rolle der Marktzutrittsschranken, der Produktdifferenzierung und der Firmenheterogenität. Im Mittelpunkt stehen folgende Fragen: Wie lässt sich die Herausbildung bestimmter Marktstrukturen erklären? Wann agiert in einem Markt eine grosse Anzahl von kleinen Anbietern? Wann ergibt sich eine oligopolistische Marktstruktur? Welche Rolle spielt dabei die Kostenstruktur der Firmen in einem bestimmten Markt? Wie können die Marktteilnehmer durch ihr Verhalten die Herausbildung der Marktstruktur beeinflussen? Stellt sich normalerweise automatisch eine effiziente Marktstruktur ein? Und daraus abgeleitet: Welche Effekte auf das Marktergebnis haben Marktzutrittsschranken? Welche strategischen Verhaltensweisen sollten Marktteilnehmer einschlagen, wenn sie das zukünftige Verhalten ihrer Konkurrenten in ihrem Sinne beeinflussen wollen?

Ziel des Kapitels ist es, ein vertieftes Verständnis für die dynamische Entwicklung von Märkten und ihrer Strukturen zu entwickeln. Dabei greifen wir häufig auf Begriffe und analytische Konzepte zurück, die in den vorangehenden Kapiteln eingeführt wurden. Das Kapitel wird abgeschlossen durch eine Diskussion der wichtigsten wettbewerbspolitischen Thesen, die sich aus der vorangehenden Analyse ableiten lassen.

Das *sechste Kapitel* befasst sich mit der empirischen Evidenz zur Neueren Industrieökonomik. Der Text gibt zunächst einen Überblick über die Methoden und wichtigsten Ergebnisse der Neuen Empirischen Industrieökonomik (NEIO). Anschliessend werden wirtschaftswissenschaftliche Experimente als alternative empirische Methode vorgestellt. Dabei geht es unter anderem um folgende Fragen: Wie gross ist die Preiselastizität der Nachfrage auf einem bestimmten Markt? Unter welchen Bedingungen lässt sich die Preiselastizität schätzen? Wie gross ist die Wettbewerbsintensität auf einem bestimmten Markt? Ist eine beobachtete Preis-/Mengenkombination auf einem Markt als Ergebnis eines Bertrand- oder eines Cournot-Wettbewerbs zu betrachten? Wie lässt sich Kollusion auf einem Markt messen? Und genereller: Inwiefern vermögen industrieökonomische Modelle das Verhalten realer Wirtschaftssubjekte überhaupt zu erklären? Wie schneiden dabei Bertrand- und Cournot-Modelle ab?

Im Rahmen dieses Kapitels soll der Leser an die zum Teil komplexe empirische Literatur herangeführt und mit einigen grundlegenden Problemen der empirischen Industrieökonomik vertraut gemacht werden. Dabei werden die wichtigsten Argumente soweit möglich verbal-grafisch und formal vorgebracht.

1.4 Literatur

Bain, J.S. (1951): "Relation of Profit Rate to Industry Concentration: American Manufacturing 1936-1940", *Quarterly Journal of Economics*, 65, 293-324.

Barrett, C., Olia, A., Bailey, D. (2000): "Subdiscipline-Specific Journal Rankings: Whither Applied Economics", *Applied Economics*, 32, 239-252.

Bester, H. (2000): *Theorie der Industrieökonomik*. Berlin.

Mason, E.S. (1949): "The Current State of the Monopoly Problem in the United States", *Harvard Law Review*, 62, 1265-1285.

Tirole, J. (1988): *The Theory of Industrial Organization*. Cambridge, Massachusetts.

2
Elemente einer Theorie der Firma

2.1 Einleitung

Was ist eine "Firma"? Was ist unter dem Begriff "Markt" zu verstehen? Warum sind manche erfolgreiche Firmen sehr gross, andere wiederum extrem klein? Wie sollte eine Firma organisatorisch strukturiert sein? Wie lassen sich verschiedene Organisationsstrukturen erklären? Welche Anreizprobleme existieren innerhalb von Firmen? Wie lassen sich diese lösen? Welche Rolle spielt in diesem Zusammenhang die Zuordnung der Eigentumsrechte?

Dass solche Fragen von zentraler ökonomischer Bedeutung sind, liegt angesichts der kostspieligen Bemühungen vieler Firmen, ihre Grösse und Organisation durch Fusionen, Übernahmen und Verkäufe zu verändern, auf der Hand. Im folgenden wollen wir zeigen, dass die neuere Industrieökonomik einiges zur Beantwortung dieser Fragen beitragen kann.

Das vorliegende Kapitel ist wie folgt aufgebaut: Abschnitt 2.2 diskutiert anhand von Konzepten der neoklassischen Mikroökonomik die technische Sicht der Firma. Dabei bleibt die Firma zunächst eine "Black Box", deren Struktur in den folgenden Abschnitten beleuchtet werden soll. Abschnitt 2.3 diskutiert den Prinzipal-Agent-Ansatz, der sich explizit um die Beziehungen zwischen verschiedenen Wirtschaftsakteuren kümmert und damit einen ersten, analytischen Blick auf das Innenleben von Firmen erlaubt. Abschnitt 2.4 stellt den Transaktionskosten-Ansatz vor, welcher auf der Existenz unvollständiger Verträge zwischen den Wirtschaftsakteuren basiert. Dieser Ansatz stellt die Frage, inwiefern sich durch die Berücksichti-

14   2. Elemente einer Theorie der Firma

gung von Transaktionskosten die effizienten Grenzen einer Firma bestimmen lassen. Abschliessend wird in Abschnitt 2.5 analysiert, welche Rolle die Zuordnung von Eigentumsrechten bei der Festlegung von Firmengrenzen spielt und welche Bedeutung dem Begriff "Markt" zukommt.

2.2 Die technische Sicht der Firma

In den meisten einführenden Lehrbüchern zur Mikroökonomik wird die Firma vereinfachend als gewinnmaximierende Produktionseinheit beschrieben, die Inputfaktoren — im Rahmen eines nicht näher definierten Produktionsprozesses — in ein Outputgut transformiert. Die Technologie einer solchen Firma lässt sich mit Hilfe einer Produktionsfunktion $q = f(x_1, ..., x_n)$ abbilden, welche die Outputmenge q des homogenen Gutes für gegebene Mengen der Inputfaktoren $x_i, i = 1, ..., n$, festlegt. Die *Gewinnmaximierungs-Hypothese*[1]

$$\max_{q \geq 0} \pi = p(q)q - C(q)$$

impliziert für eine gegebene inverse Marktnachfrage $p(q)$ zweierlei:

1. Für eine beliebige zu produzierende Outputmenge q minimiert die Firma ihre Kosten $\sum_{i=1}^{n} w_i x_i$, wobei die Variable w_i den exogenen Faktorpreis des i-ten Inputgutes, $i = 1, ..., n$, bezeichnet. Dabei berücksichtigt sie ihre Produktionsmöglichkeiten.

2. Gegeben diese minimalen Kosten, wird die Outputmenge q so festgelegt, dass der Unternehmensgewinn π maximal wird. Dieser ergibt sich als Differenz zwischen dem Erlös $p(q)q$ und den Kosten $C(q)$.[2]

Das Verhalten einer solchen Firma lässt sich folglich als zweistufiges Optimierungsproblem auffassen.[3] Wir konzentrieren uns zunächst auf die Analyse des Kostenminimierungsproblems auf der ersten Stufe, welches formal wie folgt dargestellt werden kann:

$$\min_{\mathbf{x} \geq 0} \sum_{i=1}^{n} w_i x_i \qquad (2.1)$$

$$\text{s.t. } f(x_1, ..., x_n) = q.$$

---

[1] In Abschnitt 2.6 werden wir näher auf die Frage eingehen, inwiefern die Gewinnmaximierungshypothese ein angemessenes Arbeitsinstrument für die Analyse des Firmenverhaltens darstellt.

[2] Erlös und Ertrag können in dieser statischen Analyse als Synonyme verwendet werden.

[3] Vgl. MAS-COLELL ET AL. (1995, Kapitel 5) für eine umfassende "State-of-the-Art"-Lehrbuchdarstellung der Produktionstheorie.

Löst man dieses Kostenminimierungsproblem für alle Outputmengen q, so ergibt sich die Kostenfunktion $C(w_1, ..., w_n, q)$ in Abhängigkeit der Faktorpreise w_i und des Outputs q.[4]

Definition 2.2.1 *Die* **Kostenfunktion** $C(w_1, ..., w_n, q)$ *gibt die minimalen Kosten an, die bei gegebenen Faktorpreisen $w_1, ..., w_n$ für die Herstellung der Outputmenge q aufgewendet werden müssen.*

In der Folge unterstellen wir konstante Faktorpreise, so dass sich die Kostenfunktion $C(w_1, ..., w_n, q)$ in Abhängigkeit des Outputniveaus q schreiben lässt als $C(q)$. Die *Durchschnitts-* bzw. die *Stückkostenfunktion* ist dann definiert durch $AC \equiv C(q)/q$. Als *Grenzkosten* werden diejenigen Kosten bezeichnet, welche für die Produktion einer zusätzlichen Einheit des Outputgutes anfallen.[5] Formal werden sie mit $C'(q)$, $\partial C(q)/\partial q$ oder C_q bezeichnet.

Mit Hilfe der Kostenfunktion lässt sich der optimale Output der Firma bei vollkommener Konkurrenz auf dem Absatzmarkt ermitteln. Für einen *gegebenen* Marktpreis p löst die Firma auf der zweiten Stufe das Gewinn-Maximierungsproblem

$$\max_{q \geq 0} \quad \pi = pq - C(q). \qquad (2.2)$$

Als Bedingung erster Ordnung für eine optimale Festlegung der produzierten Menge q^* ergibt sich

$$p - C'(q^*) = 0. \qquad (2.3)$$

---

[4] Für eine bestimmte Menge q lässt sich die Lösung des Kostenminimierungsproblems mit Hilfe der Lagrange-Funktion leicht ermitteln:

$$\mathcal{L}(x_1, ..., x_n, \lambda) = \sum_{i=1}^{n} w_i x_i - \lambda [f(x_1, ..., x_n) - q].$$

Als Bedingungen erster Ordnung folgt mittels Differenzieren der Lagrangefunktion $\frac{\partial \mathcal{L}}{\partial x_i} = w_i - \lambda \frac{\partial f(\cdot)}{\partial x_i} = 0$ für $i = 1, ..., n$ und $f(\cdot) = q$ aus $\frac{\partial \mathcal{L}}{\partial \lambda} = 0$. Daraus ergibt sich als Bedingung für die Kostenminimierung

$$\frac{w_i}{w_j} = \frac{\frac{\partial f(\cdot)}{\partial x_i}}{\frac{\partial f(\cdot)}{\partial x_j}}, \quad i,j = 1, ..., n.$$

Sie besagt, dass die Faktoren im Optimum gemäss ihrem Grenzprodukt zu entlöhnen sind.

[5] Das Konzept der Grenzkosten ist als theoretische Annäherung an die in der Praxis auftretenden "inkrementellen" Kosten zu verstehen. Letztere messen die Kosten einer zusätzlichen Einheit Output, die beliebig gross sein kann. Grenzkosten unterstellen stattdessen eine *infinitesimale* Zusatzeinheit, was es erlaubt, die inkrementellen Kosten mittels Differenzieren der Kostenfunktion zu berechnen. Dies ermöglicht eine einfachere Implementierung und Handhabung formaler Modelle.

16   2. Elemente einer Theorie der Firma

Diese Bedingung führt auf das Ergebnis, dass bei vollkommener Konkurrenz die optimale Produktionsmenge q^* so festgesetzt wird, dass sich Preis und Grenzkosten entsprechen.[6]

Neben *marktinduzierten* Restriktionen, die sich auf das Preis- und/oder das Mengensetzungsverhalten auswirken — in der neoklassisch orientierten Mikroökonomik wird die Firma als "Preisnehmerin" betrachtet — muss die Firma bei der Gewinnmaximierung auch *technische* Restriktionen berücksichtigen. Diese werden durch die Eigenschaften der Produktions- bzw. der Kostenfunktion reflektiert, die in den folgenden Abschnitten ausführlicher diskutiert werden.

2.2.1 Skalenerträge

Wie oben angedeutet, spielen bei der Festlegung der optimalen Unternehmensgrösse die Eigenschaften der Produktionsfunktion $f(x_1, ..., x_n)$ eine wichtige Rolle. Dem Konzept der Skalenerträge ("returns to scale") kommt dabei eine zentrale Bedeutung zu, wie sich am Beispiel einer Produktionsfunktion $f(x_1, x_2)$ mit zwei Input-Faktoren x_1 und x_2 zeigen lässt.

a) Begriffe

Dem Konzept der Skalenerträge liegt folgendes Gedankenexperiment zugrunde:

> Betrachte eine Vervielfachung bzw. eine Skalierung der Faktoreinsatzmengen mit einer beliebigen positiven Zahl k. Wie gross ist die resultierende Outputveränderung der Firma?

Skalenerträge reflektieren also Eigenschaften der Technologie einer Firma. Wenn die Produktion im gleichen Verhältnis ansteigt, so sind die Skalenerträge für die entsprechende Gruppe von Faktorkombinationen konstant. Für beliebige Produktionsfunktionen können wir die Skalenerträge wie folgt definieren.

Definition 2.2.2 *Eine Produktionsfunktion heisst homogen vom Grade λ, wenn*

$$f(kx_1, kx_2) = k^\lambda f(x_1, x_2)$$

für eine Konstante λ und eine beliebige positive Zahl $k > 0$ gilt.

Die Skalenerträge sind zunehmend, wenn $\lambda > 1$, sie sind konstant, wenn $\lambda = 1$, und sie sind abnehmend, wenn $0 < \lambda < 1$.[7] Über eine wichtige duale Beziehung zwischen der Produktions- und der Kostenfunktion können wir

---

[6] Vgl. Abschnitt 3.2.1 für eine Übersicht zum Modell der vollkommenen Konkurrenz.
[7] Vgl. PANZAR (1989, 7 f.) oder TAKAYAMA (1995, 157 ff.) für eine detailliertere Darstellung des Skalenertragskonzepts.

den Homogenitätsgrad λ der Produktionsfunktion heranziehen, um Aussagen über Kostenänderungen in Abhängigkeit einer proportionalen Faktorvariation zu machen. Wir können wiederum drei Fälle unterscheiden:

(i) **konstante Skalenerträge**: $f(kx_1, kx_2) = kf(x_1, x_2)$
("constant returns to scale")
Die Skalierung der einzelnen Inputgrössen um den Faktor k führt zu einer *proportionalen*, d.h. zu einer k-fachen Outputerhöhung ($\lambda = 1$). Unter diesen Bedingungen ist die Kostenfunktion linear im Output, d.h. eine Verdoppelung des Outputs hat eine Verdoppelung der Kosten zur Folge. Zudem sind die Durchschnitts- und die Grenzkostenfunktionen identisch; sie verlaufen beide horizontal.

(ii) **zunehmende Skalenerträge**: $f(kx_1, kx_2) > kf(x_1, x_2)$
("increasing returns to scale" oder "economies of scale")
Die Skalierung der einzelnen Inputs um den Faktor k führt zu einer *überproportionalen*, d.h. zu einer mehr als k-fachen Outputerhöhung ($\lambda > 1$). Unter diesen Bedingungen ist die Durchschnittskostenfunktion $AC(q)$ fallend im Output q.

(iii) **abnehmende Skalenerträge**: $f(kx_1, kx_2) < kf(x_1, x_2)$
("decreasing returns to scale" oder "diseconomies of scale")
Die Skalierung der einzelnen Inputs um den Faktor k führt zu einer *unterproportionalen*, d.h. zu einer weniger als k-fachen Outputerhöhung ($0 < \lambda < 1$). Die Durchschnittskostenfunktion $AC(q)$ ist steigend im Output q.

b) Unterschiedliche Kostenverläufe

Aufgrund der oben definierten Begriffe können wir festhalten: *Zunehmende (abnehmende) Skalenerträge implizieren sinkende (steigende) Durchschnittskosten. Konstante Skalenerträge widerspiegeln sich in konstanten Durchschnittskosten*. Es ist jedoch möglich, dass die Skalenerträge für eine gegebene Kostenfunktion über verschiedene Outputmengen variieren.[8]

Beispiele für Durchschnittskostenfunktionen mit verschiedenen Skalenertragsverläufen sind in Abb. 2.1 veranschaulicht:

---

[8]BAUMOL ET AL. (1982, 21) definieren den *Grad* der Skalenerträge mit
$$S(q) = \frac{AC(q)}{C'(q)}.$$
S ist eine *lokale* Eigenschaft der Kostenfunktion und lässt sich wie folgt interpretieren:
$$S(q) \begin{cases} < 1, & \text{fallende Skalenerträge;} \\ = 1, & \text{konstante Skalenerträge;} \\ > 1, & \text{steigende Skalenerträge.} \end{cases}$$

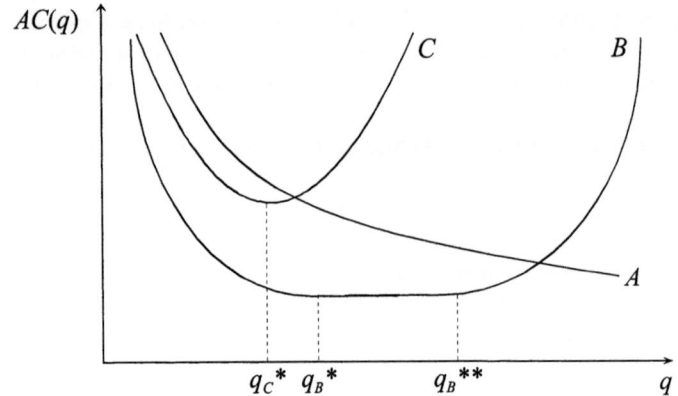

Abb. 2.1. Unterschiedliche Verläufe von Durchschnittskosten

- *Durchschnittskostenfunktion A*: Die Skalenerträge nehmen über den gesamten Mengenbereich zu; die Durchschnittskosten sinken deshalb monoton mit der Outputmenge. Unter diesen Bedingungen liegt die optimale Betriebsgrösse ausserhalb des betrachteten Mengenbereichs, denn mit jeder weiteren Erhöhung des Outputs sinken die Durchschnittskosten.

- *Durchschnittskostenfunktion B*: Die Skalenerträge nehmen zunächst zu, sind dann für alle Outputs $\tilde{q} = \{q : q_B^* \leq q \leq q_B^{**}\}$ konstant und nehmen für die Mengen $q > q_B^{**}$ wieder ab. Weil die Durchschnittskosten für die Outputmengen $q_B^* \leq q \leq q_B^{**}$ konstant sind, lässt sich die optimale Produktionsmenge — und daraus abgeleitet die optimale Betriebsgrösse — aufgrund der Kostenstruktur allein nicht eindeutig bestimmen.

- *Durchschnittskostenfunktion C*: Bis zur Menge q_C^* nehmen die Skalenerträge zu, für die Mengen $q > q_C^*$ nehmen sie wieder ab. Die Durchschnittskostenfunktion erreicht ihr Minimum bei q_C^* und legt damit die aus technischer Sicht optimale Produktionsmenge q_C^* — und daraus abgeleitet die optimale Betriebsgrösse — eindeutig fest.

Der Vergleich dieser Durchschnittskostenfunktionen macht deutlich, dass die *optimale Produktionsmenge* q^* einer Firma von der spezifischen Durchschnittskostenfunktion abhängig ist. Dabei gilt es jedoch zu berücksichtigen, dass die skalenorientierte Sicht der Firma nur begrenzte Erklärungskraft bezüglich der Grösse realer Firmen aufweist. Zum einen wird bei dieser Betrachtung die Nachfrageseite des Marktes nur insofern berücksichtigt, als die betrachtete Durchschnittkostenfunktion für den nachfragerelevanten Bereich angegeben wird. Zum andern ist die optimale Betriebsgrösse — wie oben bereits gezeigt — nicht immer eindeutig festgelegt. Im

Falle der Durchschnittskostenkurve A beispielsweise liegt die optimale Betriebsgrösse rechts ausserhalb des betrachteten Mengenbereichs, vermutlich ausserhalb des relevanten Nachfragebereichs bzw. des Marktpotentials; das Durchschnittskostenminimum kann deshalb nicht realisiert werden. Im Falle von B erstreckt sich das Minimum der Durchschnittskostenfunktion über den gesamten konstanten Bereich von q_B^* ("minimum efficient scale") bis q_B^{**} ("maximum efficient scale"). Wiederum lässt sich die optimale Betriebsgrösse im relevanten Nachfragebereich nicht eindeutig bestimmen. Lediglich die in den Lehrbüchern gebräuchliche, U-förmige Durchschnittskostenkurve C legt die optimale Unternehmensgrösse im relevanten Nachfragebereich eindeutig fest, weil sie ein eindeutiges Minimum bei q_C^* aufweist.[9]

c) Ursachen zunehmender Skalenerträge

Zunehmende Skalenerträge lassen sich auf verschiedene Ursachen zurückführen. Die nachfolgende Aufstellung gibt einen Überblick über einige wichtige Argumente, ohne Anspruch auf Vollständigkeit zu erheben.[10]

- *Technische Grössenvorteile*: Häufig können grössere Produktionsmengen aufgrund technischer bzw. physikalischer Rahmenbedingungen ("Flächen"- und "Volumenvorteile") mit kostengünstigeren Produktionsmethoden hergestellt werden. Beim Ausbau von Produktionsanlagen können unter solchen Bedingungen im Verhältnis zum Ressourceneinsatz überproportionale Kapazitätserweiterungen erzielt werden. Typische Beispiele für solche Rahmenbedingungen finden sich unter anderem in der Transport- und Kommunikationsindustrie: Die Kapazität einer Erdöl-Pipeline oder eines Glasfaserkabels wächst stärker als der Umfang, die Ladekapazität eines Fahrzeuges nimmt überproportional zu mit seiner Grösse etc.[11]

- *Spezialisierungsvorteile/Vorteile aus Arbeitsteilung*: Je grösser die produzierte Outputmenge ist, desto differenzierter kann der Einsatz der Produktionsfaktoren den spezifischen Anforderungen angepasst werden. Dies ist dadurch zu erklären, dass spezialisierte Produktionsfaktoren in der Regel erst ab einer bestimmten Betriebsgrösse effizient eingesetzt werden können, weil ihre Kapazitäten für geringe Outputmengen zu wenig ausgelastet sind. In diesem Zusammenhang spricht man auch von produktspezifischen (Grössen-) Vorteilen. Als Beispiel lässt sich etwa die Einführung von CAD-Techniken ("Computer Aided Design") in grösseren Engineering- und Planungsunternehmen

---

[9] Vgl. hierzu auch die Ausführungen in Kapitel 5.
[10] Vgl. z.B. TIROLE (1988, 18) und SHEPHERD (1990, 215 ff.).
[11] Spediteure bevorzugen deshalb in der Regel grössere Fahrzeuge für Langstreckentransporte (z.B. 40t- statt 28t-Lkw).

20   2. Elemente einer Theorie der Firma

anführen, die mit der Einstellung von spezialisiertem Personal verbunden ist.

- *Fixkosten-Vorteile*: In einer grösseren Firma können die Fixkosten unternehmerischer Aufgabenbereiche, die nicht in unmittelbarem Zusammenhang mit der Produktion stehen (Personalmanagement, Marketing, Forschung & Entwicklung usw.) auf eine grössere Produktionsmenge verteilt werden, was die Durchschnittskosten reduziert. Dasselbe gilt für die direkten Kosten des Managements (Informationskosten, Transaktionskosten etc.), die häufig nicht direkt von der Outputmenge abhängig sind.

- *Risikostreuung*: Bei einer grösseren Outputmenge lassen sich die Risiken auf der Produktions- und Absatzseite besser einschätzen. Auf der Produktionsseite hat der Ausfall einer Produktionseinheit geringere Auswirkungen, wenn der Output durch eine Vielzahl von (weitgehend unabhängigen) Einheiten hergestellt wird, weil der Produktionsausfall leichter aufgefangen bzw. ausgeglichen werden kann.[12] Ein ähnlicher Grössenvorteil existiert auch auf der Absatzseite. Ein Unternehmen, das mehrere Märkte mit variabler (nicht perfekt korrelierter) Nachfrage beliefert, sieht sich mit einem geringeren Risiko auf der Absatzseite konfrontiert als ein kleineres Unternehmen, das lediglich einzelne Märkte beliefert.

Die Produktion mit zunehmenden Skalenerträgen ist im Eingüter-Fall eine hinreichende, aber keine notwendige Voraussetzung für die Existenz eines *natürlichen Monopols*. Wir werden in Abschnitt 2.2.3 näher auf die Definition des natürlichen Monopols eingehen.

d) Ursachen abnehmender Skalenerträge

Sind alle Grössenvorteile ausgeschöpft, führt eine weitere Outputerhöhung zu abnehmenden Skalenerträgen. Hierfür lassen sich wiederum verschiedene Gründe anführen.

- *Informationsverarbeitung und Management*: Mit steigender Unternehmensgrösse müssen mehr betriebsnotwendige Informationen über grössere und komplexere administrative Netze geleitet und vom Management verarbeitet werden. Trotz steigender Kapazitäten in der Informationsverarbeitung nimmt damit die Verarbeitungszeit und das Risiko von Fehlinterpretationen zu. Hieraus ergibt sich oft auch eine Tendenz zur Bürokratisierung in grösseren Unternehmen.

---

[12]Beispiele finden sich in der Elektrizitätswirtschaft, wo der Ausfall eines Stromgenerators durch eine höhere Belastung eines anderen Generators aufgefangen werden kann.

- *Engpassfaktoren*: Ist die Verfügbarkeit eines Produktionsfaktors beschränkt, so muss die Grenzproduktivität des Unternehmens mit zunehmender Grösse sinken. Ein typischer Engpassfaktor in der kurzen Frist ist "Humankapital" (Techniker, Wissenschaftler, Facharbeiter, Manager etc.).

- *Transportkosten und geographische Kundendichte*: Ist die geographische Kundendichte gering, so kann die Existenz von Transportkosten die optimale Betriebsgrösse beeinflussen. Abb. 2.2 illustriert diesen Zusammenhang. Spielen Transportkosten keine Rolle, so erreicht die Durchschnittskostenfunktion AC_0 ihr Minimum bei q_0^*. Existieren indessen Transportkosten t, so verschiebt sich die Durchschnittskostenfunktion von AC_0 auf AC_1. Dadurch ergibt sich auch eine Verschiebung der kostenminimierenden Menge von q_0^* nach q_1^*.

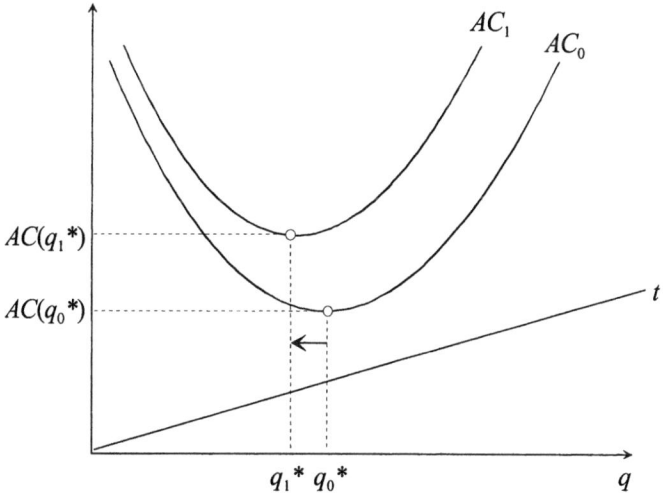

Abb. 2.2. Transportkosten und optimale Betriebsgrösse

2.2.2 Verbundvorteile

Im Gegensatz zu Skalenvorteilen entstehen Verbundvorteile ("Economies of Scope") in der Produktion nicht durch die Erhöhung des Outputs eines homogenen Gutes, sondern durch die Realisierung von Kosteneinsparungen, die durch die Herstellung *mehrerer* verschiedener Güter möglich werden. Verbundvorteile existieren also überall dort, wo die Produktion eines Gutes die Produktion (mindestens) eines anderen Gutes günstig beeinflusst. Für diese Argumentation verlassen wir vorübergehend den Analyserahmen, in welchem die Firma lediglich eine homogenes Outputgut produziert und deren Technologie durch eine Produktionsfunktion beschrieben werden kann.[13]

Zahlreiche Beispiele für Verbundvorteile finden sich in den sogenannten Netzwerk-Industrien (Elektrizität, Telekommunikation, Flugverkehr etc.), in denen die Herstellung der verschiedenen Produkte — der Betrieb der Netzwerkinfrastruktur und der Vertrieb von Dienstleistungen, die das Netzwerk in Anspruch nehmen — zu Kosteneinsparungen führt.

Die Wirkungsweise von Verbundvorteilen lässt sich anhand eines Beispiels aus der Telekommunikation illustrieren. Zur Vereinfachung wollen wir davon ausgehen, dass in dieser Industrie nur zwei verschiedene Dienstleistungen produziert werden: q_1 lokale Telefongespräche und q_2 Ferngespräche. Die Produktion dieser beiden Dienstleistungen weist Verbundvorteile auf, wenn die Relation

$$C(q_1, q_2) < C(q_1, 0) + C(0, q_2), \qquad (2.4)$$

erfüllt ist. Wir vergleichen also die Gesamtkosten der Produktion einer integrierten Telefongesellschaft mit der Summe der "Stand-alone"-Kosten zweier Firmen, die jeweils ausschliesslich lokale Gespräche oder Ferngespräche produzieren. Konkret bedeutet dies, dass beim Vorliegen solcher Kostenbedingungen die Produktion von lokalen Gesprächen es ermöglicht, Ferngespräche günstiger zu produzieren (und umgekehrt). Dies ist eine plausible Hypothese: Lokale Verbindungen stellen notwendige Inputs für Ferngespräche dar, weil ohne sie keine Verbindungen zwischen den Endteilnehmern hergestellt werden können. Verbundvorteile ergeben sich beispielsweise auch dann, wenn bei integrierter Produktion geringere Fixkosten für den Ausbau und Unterhalt der Infrastruktur anfallen,[14] die Kundenakquisition leichter fällt, die Kapazitäten besser ausgelastet werden können, die Rechnungsstellung einfacher ist, etc.

Die Existenz von Verbundvorteilen impliziert, dass die Produktion eines bestimmten Güterbündels durch eine *einzige* Firma effizienter ist als durch zwei oder mehrere spezialisierte (kleinere) Unternehmen. Ein Produktionsprozess mit solchen Kostenbedingungen wird oftmals als "natürliches" Monopol bezeichnet.

2.2.3 Natürliches Monopol und Subadditivität

Angenommen, es existiere eine allgemein zugängliche Technologie, die es jedem potentiellen Anbieter erlaubt, den Output q zu den Kosten $C(q)$

---

[13] Hinweis: Das n-dimensionale Analogon der Produktionsfunktion wird als *Transformationsfunktion* bezeichnet.

[14] Sind konkurrierende Fernmeldenetze nicht zusammengeschaltet, muss ein neuer Anbieter von Ferngesprächen die Infrastruktur für Verbindungen zum Konsumenten ("Local Loop") auch dann bereitstellen, wenn er selber gar keine lokalen Verbindungen anbieten will. Auf diese Weise werden Fixkosten dupliziert.

zu produzieren. Handelt es sich bei der betreffenden Industrie um ein natürliches Monopol, so führt die Produktion des Outputs q durch mehrere Anbieter zu einer Kostenineffizienz.

Definition 2.2.3 *Eine Industrie wird als* **natürliches Monopol** *bezeichnet, wenn die Kostenfunktion $C(\cdot)$ über dem relevanten Mengenbereich* **subadditiv** *ist.*[15]

Was heisst subadditiv? Im folgenden Abschnitt wird der Begriff der Subadditivität zunächst für den *Eingüter-Fall* definiert und dann für die Anwendung auf den *Mehrgüter-Fall* verallgemeinert. Schliesslich wird anhand eines Beispiels aus der Telekommunikation illustriert, wie das Subadditivitätskonzept für die empirische Analyse verwendet werden kann.

a) Eingüter-Fall

Im Eingüter-Fall gilt folgende Definition:

Definition 2.2.4 *Die Kostenfunktion $C(q)$ wird als* **subadditiv** *bezeichnet, wenn für die Outputmengen $q_i > 0, i = 1, ..., n$, eines homogenen Produktes die Bedingung*

$$C\left(\sum_{i=1}^{n} q_i\right) < \sum_{i=1}^{n} C(q_i) \tag{2.5}$$

erfüllt ist.

Subadditivität impliziert, dass die Produktion eines bestimmten Outputgutes durch n Anbieter *höhere* Kosten verursacht als jene durch einen Monopolisten.[16] Diese intuitiv einleuchtende Definition macht deutlich, dass ein natürliches Monopol keineswegs nur in Mehrgüter-Industrien auftreten kann, in der mit Verbundvorteilen produziert wird (vgl. Abschnitt 2.2.2).

Im Eingüter-Fall wird häufig auch von einem natürlichen Monopol gesprochen, wenn die Durchschnittskosten über dem gesamten relevanten Mengenbereich sinken. Diese Definition ist jedoch zu restriktiv, weil *sinkende Durchschnittskosten* zwar *hinreichend*,[17] aber *nicht notwendig* sind für das Vorliegen von Subadditivität. Letzteres lässt sich grafisch leicht zeigen (vgl. Abb. 2.3).

---

[15] Vgl. zum Begriff des natürlichen Monopols das Standardwerk von BAUMOL ET AL. (1982).

[16] BAUMOL ET AL. (1982, 170) merken hierzu an: „That, surely, is what anyone has in mind, at least implicitly, when speaking of a monopoly's being "natural" [...]."

[17] TIROLE (1988, 19, Fn. 16) liefert hierfür einen einfachen Beweis: Definiere zunächst $q \equiv \sum_{i=1}^{n} q_i$. Weil die Durchschnittskosten mit dem Output sinken, muss $C(q_i)/q_i > C(q)/q$ gelten. Durch Multiplikation mit q_i und Aufsummieren über alle i erhält man wiederum die Subadditivitätsbedingung $\sum_{i=1}^{n} C(q_i) > \sum_{i=1}^{n} q_i C(q)/q = C(q)$, d.h. sinkende Durchschnittskosten bzw. steigende Skalenerträge implizieren Subadditivität.

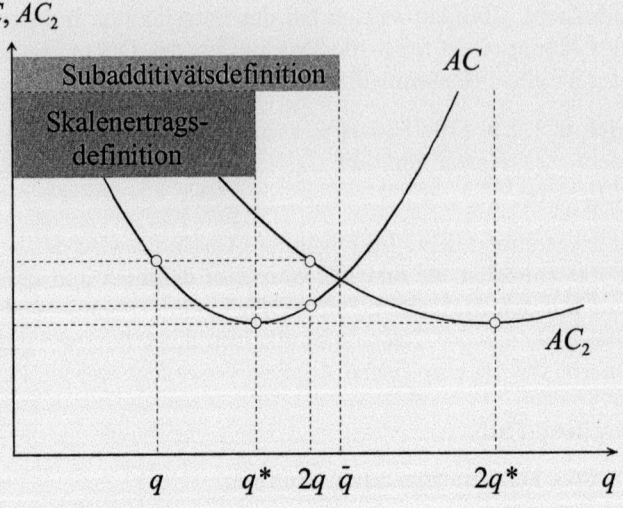

Abb. 2.3. Definitionen des natürlichen Monopols

Angenommen, in einer Industrie mit allgemein zugänglicher Technologie und gegebener Durchschnittskostenfunktion AC werde die Menge q eines homogenen Gutes hergestellt. In der Ausgangssituation werde diese Menge von einer einzigen Firma mit den Durchschnittskosten $AC(q)$ produziert. Da die Durchschnittskosten bis zur optimalen Betriebsgrösse q^* sinken, wird die Industrie im Mengenbereich $q < q^*$ sowohl nach der Skalenertragsdefinition als auch nach der Subadditivitätsdefinition als natürliches Monopol bezeichnet. Wird die doppelte Menge $2q$ von einem einzigen Unternehmen — also von einem Monopolisten — produziert, so operiert dieses bereits wieder im Bereich steigender Durchschnittskosten ($2q > q^*$). Die Eigenschaft steigender Skalenerträge ist also nicht mehr erfüllt. Trotzdem liegt hier ein natürliches Monopol vor, sofern die Produktion durch einen Monopolisten geringere Kosten verursacht als die Produktion durch zwei kleinere Anbieter.

Betrachten wir nun die minimalen Durchschnittskosten AC_2 für zwei Firmen.[18] Abb. 2.3 zeigt, dass die Anforderung an ein natürliches Monopol für eine Firma mit der Produktionsmenge $2q$ erfüllt ist: Wird die Produktionsmenge auf zwei Firmen aufgeteilt, so sind die Durchschnittskosten höher ($AC_2(2q) > AC(2q)$). Der Monopolist hat solange Kostenvorteile, bis die Produktionsmenge $\bar{q}$ erreicht wird. Steigt die zu produzierende Menge über diesen Punkt, so sind die Produktionskosten des Monopolisten höher als die Kosten zweier Firmen.

---

[18] Die AC_2-Kurve lässt sich konstruieren, indem man für jeden Punkt auf der AC-Kurve den Output verdoppelt.

Zusammenfassend lässt sich festhalten, dass zur Definition eines natürlichen Monopols — selbst im Eingüterfall, wo Verbundvorteile a priori keine Rolle spielen — nicht die Skalenertragsdefinition, sondern das allgemeinere Konzept der Subadditivität heranzuziehen ist, weil erstere die Bedingungen für die Existenz eines natürlichen Monopols zu eng fasst.

b) Mehrgüter-Fall

Da in der Praxis fast ausschliesslich Mehrgüter-Industrien existieren, soll das Subadditivitätskonzept verallgemeinert werden.

Definition 2.2.5 *Angenommen n Unternehmen produzieren bis zu m verschiedene Güter. Die Variable q_k^i bezeichne die Menge des k-ten Outputs, $k = 1, ..., m$, der Unternehmung $i = 1, ..., n$, und $\mathbf{q}^i = [q_1^i, q_2^i, ..., q_m^i]$ den Output der i-ten Unternehmung. Die Kostenfunktion $C(\cdot)$ wird als* **subadditiv** *bezeichnet, wenn die Relation*

$$C\left(\sum_{i=1}^n \mathbf{q}^i\right) < \sum_{i=1}^n C(\mathbf{q}^i)$$

für alle Outputmengen $\mathbf{q}^1, \mathbf{q}^2, ..., \mathbf{q}^n$, $\sum_{i=1}^n \mathbf{q}^i = \mathbf{q}$ und $\mathbf{q}^i \neq \mathbf{q}$ erfüllt ist.

Diese Definition der Subadditivität schliesst die Eingüter-Industrie als Spezialfall mit ein. Dies lässt sich leicht einsehen, wenn man unterstellt, dass die m verschiedenen Outputs homogene Güter darstellen.

In Abschnitt 2.2.2 wurde erwähnt, dass Industrien, in denen Verbundvorteile in der Produktion existieren, häufig ebenfalls als natürliche Monopole bezeichnet werden. Mit Hilfe von Definition 2.2.5 lässt sich zeigen, dass diese Bezeichnung tatsächlich korrekt ist: Unterstellt man, dass in einer Industrie mit subadditiver Kostenfunktion nur zwei Güter produziert werden, so folgt aus Definition 2.2.5 direkt Relation (2.4).

Abb. 2.4 zeigt die *idealtypische* Form einer Kostenfunktion für den Fall zweier Güter, die subadditiv beim Outputvektor $\mathbf{q}$ ist:[19]

(i) Entlang eines Fahrstrahls durch den produzierten Output $\mathbf{q}$ nehmen die Kosten unterproportional zur Outputausdehnung zu. In der Grafik lässt sich diese Eigenschaft anhand des Graphen der Funktion $C(q_1, q_2)$ über dem Fahrstrahl $\overline{0\mathbf{q}}$ erkennen; diese Eigenschaft wird als *"decreasing ray average cost"* bezeichnet.

(ii) Beliebige Aufteilungen des Outputvektors $\mathbf{q}$ verursachen höhere Kosten als die Kombination in einem einzigen Unternehmen (vgl. die Punkte a und c mit Punkt b). In der Grafik lässt sich diese Eigenschaft auch anhand der konvexen Ebene erkennen; diese Eigenschaft wird als *"transray convexity"* bezeichnet.

---

[19] Vgl. Anhang 2.7 für eine ausführliche Diskussion dieser Eigenschaften.

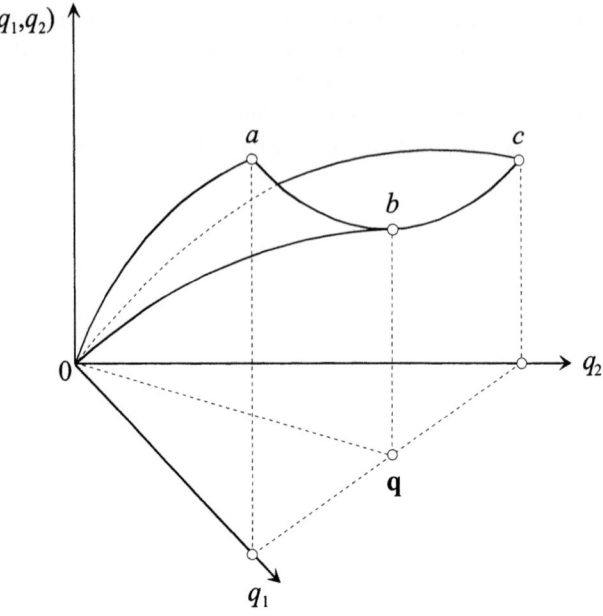

Abb. 2.4. Subadditivität im Zweigüter-Fall

c) Empirische Anwendung: Das Beispiel British Telecom

Im folgenden wollen wir zeigen, dass das Subadditivitätskonzept ein Instrument darstellt, das insbesondere auch als theoretische Grundlage für die empirische Untersuchung bestimmter Märkte verwendet werden kann. Typisches Anwendungsbeispiel ist die Deregulierung bzw. *Liberalisierung einer monopolistischen Industrie.* Dabei gilt es abzuklären, ob es sich bei der betrachteten Industrie um ein 'legales' Monopol handelt,[20] das die Eigenschaften eines natürlichen Monopols erfüllt.

Dabei steht die folgende Frage im Vordergrund:

> Steht der Verbesserung der *allokativen Effizienz*, die durch die Einführung von Konkurrenz auf dem liberalisierten Monopolmarkt entsteht (Preiswettbewerb), eine Verschlechterung der *produktiven Effizienz* gegenüber, die auf die Zerschlagung eines natürlichen Monopols zurückzuführen ist (Kosteninzffizienz)?

Ob es sich bei einer bestimmten Industrie um ein natürliches Monopol handelt, lässt sich mit Hilfe eines empirischen Tests auf das Vorliegen von Subadditivität überprüfen. HUNT und LYNK (1990) untersuchen, ob British Telecom (BT) zum Zeitpunkt der Liberalisierung bzw. Privatisierung

---

[20] Der Begriff des 'legalen' Monopols umschreibt eine Situation, in der das Monopol durch staatliche Vorschriften vor Konkurrenz geschützt ist.

anfangs der achtziger Jahre als natürliches Monopol zu qualifizieren war. Zu diesem Zweck schätzten sie die Kostenfunktion $c(q_1, q_2)$ von BT mit einer (linearisierten) quadratischen Spezifikation

$$\hat{c}(q_1, q_2) = \underset{(+)}{\hat{\alpha}} + \underset{(+)}{\hat{\beta}_1 q_1} + \underset{(+)}{\hat{\beta}_2 q_2} + \underset{(-)}{\hat{\beta}_3 x} + \hat{\beta}_4 T, \qquad (2.6)$$

wobei q_1 die Anzahl inländischer Verbindungen, q_2 die Anzahl ausländischer Verbindungen, $x = q_1 \cdot q_2$ den "Interaktionsterm", T den technischen Fortschritt und (+) bzw. (−) die geforderten Vorzeichen für die Existenz von Subadditivität bezeichnen. Mit Ausnahme von T sind alle Variablen logarithmiert und deshalb mit Kleinbuchstaben bezeichnet.[21]

Für den gewählten Schätzansatz weisen die von den Autoren geschätzten Koeffizienten tatsächlich die Vorzeichen auf, die für das Vorliegen von Subadditivität für Gleichung (2.6) notwendig sind. HUNT und LYNK qualifizieren deshalb BT zum Zeitpunkt der Liberalisierung als *natürliches Monopol*. Abbildung (2.5) zeigt grafisch eine der von ihnen geschätzten Kostenfunktionen (ohne Berücksichtigung des technischen Fortschritts T). Die Ähnlichkeit mit der idealtypischen Form einer subadditiven Kostenfunktion ist offensichtlich (vgl. Abb. 2.4).

2.2.4 Diskussion

Wie ist die technische Sicht der Firma, die weitgehend auf der *neoklassischen Produktionstheorie* basiert, zu beurteilen? Inwiefern kann sie das Verhalten realer Firmen erklären?

Die Diskussion in den vorangehenden Abschnitten hat gezeigt, dass die technische Betrachtung der Firma wichtige Aspekte des Firmenverhaltens beleuchtet. Insbesondere liefert sie das notwendige Instrumentarium für eine komparativ-statische Analyse des Verhaltens einer Firma, wenn sich die Produktionstechnologie und/oder die Input- und Outputpreise verändern. Lässt man zudem die Annahme vollkommener Konkurrenz fallen — d.h. die Firmen betrachten die Marktpreise nicht mehr als gegeben, sondern beeinflussen diese über ihr strategisches Verhalten — so erlaubt die technisch orientierte Theorie der Unternehmung auch die Analyse *strategischer Interaktionen* auf Märkten mit unvollständiger Konkurrenz. Diese für die Wettbewerbstheorie und -politik zentrale Erweiterung der neoklassisch ori-

---

[21] Die geforderten Vorzeichen für das Vorliegen von Subadditivität lassen sich wie folgt erklären. Eine korrekt spezifizierte Kostenfunktion weist positive Grenzkosten auf, d.h. es muss gelten $\hat{\beta}_1, \hat{\beta}_2 > 0$. Subadditivität verlangt ferner

(i) Komplementaritäten in der Produktion $(\partial^2 c(\cdot)/\partial q_1 \partial q_2 = \hat{\beta}_3 < 0)$ und

(ii) sinkende Durchschnittskosten entlang eines Fahrstrahls ($\hat{\alpha} > 0, \hat{\beta}_3 < 0$).

Vergleiche Anhang 2.7.3 für eine ausführlichere Herleitung dieser Bedingungen.

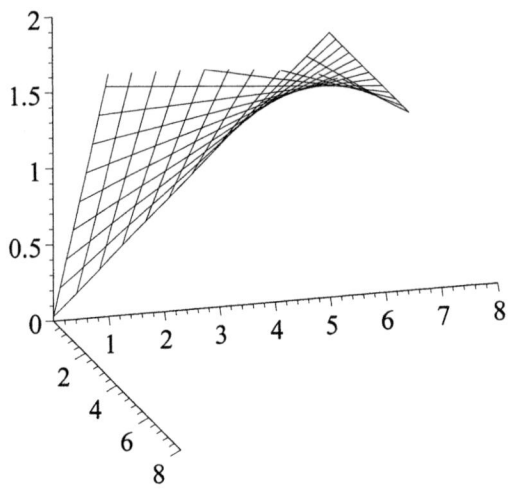

Abb. 2.5. Schätzung der Kostenfunktion von BT

entierten Betrachtung von Firmen und Märkten wird in den folgenden Kapiteln noch ausführlicher diskutiert.

Dem aufmerksamen Leser dürfte indessen nicht entgangen sein, dass die technische Betrachtung der Firmen viele wichtige Fragen *offen* lässt (vgl. HART 1995, 17 f.). So macht sie beispielsweise keine Aussagen über die *interne Organisation* eines Unternehmens. Das liegt daran, dass das Unternehmen als "Black Box" betrachtet wird, deren Technologie mittels einer Produktionsfunktion beschrieben werden kann. Hierarchische Strukturen, Anreizprobleme bei der Ausführung von delegierten Aufgaben sowie die Allokation von Entscheidungsbefugnissen und die Informationsvermittlung innerhalb des Unternehmens bleiben bei dieser Betrachtungsweise vollständig unberücksichtigt.

Zudem legt der technisch orientierte Ansatz die *Grenzen der Unternehmung* — wie oben bereits angedeutet — nur unbefriedigend fest. Dies lässt sich anhand von Abb. 2.3 leicht einsehen. Angenommen, zwei Unternehmen produzieren mit der Durchschnittskostenfunktion $AC(q)$. Ist der Markt genügend gross, sollten beide Unternehmungen die optimale Produktionsmenge q^* herstellen. Nun könnte man sich jedoch leicht vorstellen, dass der Output $2q^*$ von einer einzigen Firma produziert wird, die zwei Produktionsstätten von der Grösse q^* unterhält. Die neoklassisch orientierte Sicht der Firma vermag zwischen diesen beiden Konfigurationen nicht zu unterscheiden.

Dieses Problem lässt sich auch allgemeiner fassen. Ein Manager kann aus technischer Sicht theoretisch ein beliebig grosses Unternehmen mit einer Vielzahl von Abteilungen führen, falls er nur dann eingreift, wenn er durch seine Intervention eine Pareto-Verbesserung erreichen kann. Falls solche "selektiven Interventionen" möglich sind, spricht nichts gegen die Existenz einer einzigen riesigen 'Weltfirma'. Dass dies in der Realität unmöglich erscheint, obwohl selektive Interventionen möglich sind, ist in der Literatur als *Williamson Puzzle* bekannt geworden.

Um die "Black Box" aufzubrechen, ergänzen wir die technische Betrachtungsweise im folgenden durch den *Prinzipal-Agent-Erklärungsansatz* für die organisatorische Ausgestaltung einer Firma.

2.3 Der Prinzipal-Agent-Ansatz

Der Prinzipal-Agent-Ansatz kann als *Ergänzung* zur neoklassisch orientierten, technischen Betrachtungsweise der Unternehmung verstanden werden. Er analysiert die Anreizprobleme zwischen verschiedenen wirtschaftlichen Akteuren und ist ein Instrument zur Untersuchung der *Beziehungen* zwischen den Funktionsträgern innerhalb einer Firma.

Im Rahmen dieses Ansatzes wird betont, dass es zwischen den Wirtschaftsakteuren eine Vielzahl von relevanten vertikalen und horizontalen Beziehungen gibt. So delegiert der Eigentümer die Führung seines Unternehmens in der Regel an ein *Management*.[22] Das Management wiederum führt nur einen Teil der unternehmerischen Tätigkeiten selber aus und vergibt Aufträge an firmeninterne und/oder -externe wertschöpfende Einheiten in den Bereichen Forschung und Entwicklung, Produktion, Einkauf, Beratung usw. Dadurch ergeben sich innerhalb und ausserhalb eines Unternehmens vielfältige Beziehungen zwischen verschiedenen *Auftraggebern* ("Principals") und *Auftragnehmern* ("Agents").

Hauptelement des Prinzipal-Agent-Ansatzes ist die Feststellung, dass der Agent bei der Ausführung eines Auftrages sich nicht notwendigerweise im Interesse des Prinzipals verhält, wenn sein Verhalten nicht oder nur unter prohibitiv hohen Kosten beobachtbar und damit *kaum kontrollierbar* ist. Denkbar sind beispielsweise folgende Verhaltensweisen:

- *Manager* streben nach Maximierung ihres Einkommens, strengen sich bei der Vorbereitung strategischer Entscheidungen zu wenig an und nehmen nicht in ausreichendem Masse Rücksicht auf die Entwicklung der Aktienkurse.

---

[22] Dies ist insbesondere in grösseren Publikumsgesellschaften der Fall, bei denen die Eigentümerschaft breit gestreut ist. Die Aufteilung von Eigentum und Management ist aber auch bei kleineren Unternehmen üblich, z.B. bei Aktiengesellschaften in Familienbesitz.

- *Angestellte* erledigen private Tätigkeiten am Arbeitsplatz oder arbeiten sonst ineffizient. Dieses Verhalten wird in der angelsächsischen Literatur als "Shirking" bezeichnet.

Der jeweilige Prinzipal muss folglich *Anreize* für den Agenten schaffen, damit dieser auch ohne Überwachung 'freiwillig' bzw. 'automatisch' in seinem Interesse handelt. Dies kann er tun, indem er dem Agenten einen *Anreizvertrag* offeriert, den dieser ablehnen oder annehmen kann. Solche Verträge kommen typischerweise zum Einsatz, wenn der Agent über private Informationen bezüglich seiner Anstrengungen und/oder seiner auftragsrelevanten Fähigkeiten verfügt, die dem Prinzipal nicht bekannt sind. Der Prinzipal-Agent-Ansatz zeigt eine Möglichkeit zur Erreichung der Ziele des Agenten auf, die der *Informationsasymmetrie* zwischen den Parteien Rechnung trägt. Der nachfolgende Abschnitt präsentiert den Ansatz für das Design eines solchen Anreizvertrages in vereinfachter Form.[23]

2.3.1 Design eines Anreizvertrages: Überblick

Ausgangspunkt des Prinzipal-Agent-Ansatzes ist die Einsicht, dass das Design des Anreizvertrages als *Maximierungsproblem* aufgefasst werden kann. Es geht darum, dass der Prinzipal seinen erwarteten Nutzen $E\left[V(\cdot)\right]$ maximiert, wobei V den Nutzen des Prinzipals und E den Erwartungsoperator bezeichnen. Der Prinzipal hat zu beachten, dass der Agent innerhalb der definierten Schranken seine eigenen Interessen verfolgt und dass der Vertrag so ausgestaltet sein muss, dass der Agent den Vertrag überhaupt akzeptiert. Wir können diese Restriktionen präzisieren:

(i) Die *Teilnahmebedingung* verlangt, dass der Anreizvertrag dem Agenten ein Nutzenniveau zugesteht, das ausreichend ist für eine freiwillige Zustimmung zum Vertrag. Sie ist dann erfüllt, wenn der erwartete Nutzen $E\left[U(\cdot)\right]$ des Agenten mindestens so gross wie sein Reservationsnutzen $\bar{U}$ ist, den er bei einer alternativen Beschäftigung erzielen könnte.

(ii) Die *Anreizverträglichkeitsbedingung* stellt sicher, dass der Prinzipal bei der Ausgestaltung des optimalen Vertrages berücksichtigt, dass der Agent innerhalb der Vertragsbestimmungen seinen eigenen erwarteten Nutzen $E\left[U(\cdot)\right]$ maximiert.

---

[23] Die Diskussion in den folgenden beiden Abschnitten orientiert sich an SAPPINGTON (1994). Vgl. GIBBONS (1998) und PRENDERGAST (1998) sowie die dort zitierte Literatur für eine umfassendere Darstellung der Anreizprobleme und ihrer Lösung innerhalb von Organisationen.

Das Maximierungsproblem lässt sich formal wie folgt schreiben (vgl. SAPPINGTON 1994, 248 f.):

$$\max_{P} \; E\left[V(P,X,A) \mid I^{\text{Prinzipal}}\right] \; s.t. \qquad (2.7)$$

$$E\left[U(P,X,A) \mid I^{\text{Agent}}\right] \geq \bar{U} \qquad (2.8)$$

$$A = \arg\max_{a} \; E\left[U(P,X,a) \mid I^{\text{Agent}}\right] \qquad (2.9)$$

Das Optimierungsproblem formalisiert das Anliegen des Prinzipals, seinen erwarteten Nutzen $E[V(\cdot)]$ zu maximieren, gegeben die Informationsasymmetrie zwischen Prinzipal und Agenten zum Zeitpunkt der Vertragsredaktion (repräsentiert durch $I^{\text{Prinzipal}} \neq I^{\text{Agent}}$). Die Beziehungen (2.8) und (2.9) formalisieren die Teilnahme- sowie die Anreizverträglichkeitsbedingung.

Die Anreizverträglichkeitsbedingung (2.9) zeigt, dass der Agent seine Aktionen A innerhalb der Vertragsbestimmungen so wählt, dass sein eigener erwarteter Nutzen $E[U(\cdot)]$ — gegeben seine Informationsmenge I^{Agent} und die im Anreizvertrag festgesetzten Auszahlungsbedingungen P — maximiert wird (d.h. A ist die "beste aller möglichen Aktionen" a aus der Sicht des Agenten). Damit der Agent den Vertrag überhaupt akzeptiert, muss die Teilnahmebedingung (2.8) erfüllt sein.

Der optimale Vertrag als Lösung des Maximierungsproblems legt die Werte für die im Anreizvertrag erfassten *Auszahlungen P* ("Payoffs") an den Agenten auf der Basis von beobachtbaren *Erfolgsvariablen X* fest. Als Beispiele für solche Auszahlungen können der Lohn oder die Beteiligung des Agenten am Unternehmensgewinn genannt werden; als Beispiele für Erfolgsvariablen kommen Indikatoren wie die Anzahl monatlicher Verkaufsabschlüsse oder die Eigenmittelrendite in Frage. Wie oben erwähnt, bezeichnet A die vom Agenten freiwillig gewählten, für den Prinzipal nicht beobachtbaren *Aktionen*, welche den erwarteten Nutzen des Prinzipals beeinflussen. Eine mögliche Aktion kann zum Beispiel das Anstrengungsniveau sein. Der Prinzipal kann die gewünschten Aktionen des Agenten nicht erzwingen, weil sie nicht beobachtbar sind. Er kann sie jedoch mit Hilfe eines geeigneten Vertragsdesigns induzieren.

2.3.2 Zentrale Ergebnisse

Die mathematische Lösung des Maximierungsproblems charakterisiert die Eigenschaften des optimalen Anreizvertrages zwischen Prinzipal und dem Agenten. Die Spezifikation und Lösung eines Optimierungsproblems analog zu (2.7) ist in der Regel komplex; wir wollen uns deshalb im folgenden

32   2. Elemente einer Theorie der Firma

darauf beschränken, die wichtigsten Ergebnisse dieses Ansatzes zu diskutieren.[24]

a) Information und Leistungsmassstab

Die den Akteuren zur Verfügung stehenden Informationsmengen $I^{\text{Prinzipal}}$ und I^{Agent} sind von zentraler Bedeutung für die Lösung des Maximierungsproblems. Kann der Prinzipal die Aktionen des Agenten beobachten ($I^{\text{Prinzipal}} \equiv I^{\text{Agent}}$), so kann er die gewünschten Aktionen des Agenten mittels Vorschriften und Kontrollen ("command and control") direkt erzwingen. Sind die Aktionen des Agenten jedoch nicht beobachtbar ($I^{\text{Prinzipal}} \neq I^{\text{Agent}}$), so muss der vom Prinzipal formulierte Vertrag Anreize ("incentives") bereitstellen, sich freiwillig in seinem Interesse zu verhalten.

Die Vermittlung von Anreizen kann ausschliesslich auf der Basis der beobachtbaren Erfolgsvariablen X erfolgen. Damit ist offensichtlich, dass die Wirkung des Anreizvertrags davon abhängt, ob X nicht nur ein Erfolgsindikator, sondern auch ein guter "Leistungsmassstab" für die vom Agenten unternommenen Aktionen ist.[25] Die Qualität der Erfolgsvariable X als *Leistungsmassstab* hängt im wesentlichen von zwei Eigenschaften ab:

- *Sensitivität*: Dieser Begriff umschreibt, inwiefern Veränderungen der beobachtbaren Erfolgsvariablen X die nicht beobachtbaren Aktionen A des Agenten widerspiegeln. Ein Mass für diese Veränderungen ist die Kovarianz zwischen A und X. Wenn X nicht mit A korreliert ist, Veränderungen von X also nicht mit Veränderungen von A in Zusammenhang stehen, so kann der Vertrag keine Anreize für die Aktionen des Agenten entfalten.[26] Falls hingegen die Aktionen A systematische Variationen von X zur Folge haben, kann der Vertrag starke Anreize für das Ausführen der gewünschten Aktionen generieren.

- *Variabilität*: Dieser Begriff umschreibt, wie stark die Korrelation zwischen A und X durch exogene *Störungen* beeinflusst wird. Ein Mass für diese Störungen ist die Varianz von X. Selbst wenn A und X korreliert sind, ist die Beziehung möglicherweise nicht systematisch.

Ein einfaches Beispiel verdeutlicht diese beiden Begriffe: Angenommen, X bezeichne die während einer Zeitperiode getätigten Verkäufe verschiedener Produkte eines Unternehmens und A den nicht beobachtbaren Effort der Verkaufsabteilung. Falls die Nachfrage nach den verschiedenen Produkten stochastisch ist, kann der Absatz trotz positiver Abhängigkeit vom

---

[24] Vgl. TIROLE (1988, 51 ff.) für eine detailliertere, formale Darstellung der Prinzipal-Agent-Beziehung.

[25] Vgl. hierzu die aufschlussreichen Ausführungen von GIBBONS (1998, 115 ff.) zum Thema "On the Folly of Rewarding A, While Hoping for B" bzw. "you get what you pay for".

[26] Der Korrelationskoeffizient ρ ist dann gleich null: $\rho(A, X) = 0$.

Effort stark schwanken. Wird die Verkaufsabteilung in einer solchen Situation in Abhängigkeit vom Absatz entlöhnt, so erhält sie zwar Anreize einen hohen Effort zu leisten, gleichzeitig sieht sie sich aber einem Einkommensrisiko ausgesetzt, das vom Prinzipal durch eine Risikoprämie abgegolten werden muss, sofern das Management der Verkaufsabteilung risikoavers ist. Mit zunehmender (effortunabhängiger) Variabilität bzw. Varianz von X steigen deshalb in der Regel die Kosten für die Induzierung eines hohen Efforts über einen Anreizvertrag.

b) Menü von Verträgen

Der Prinzipal kann die Informationsvorteile des Agenten verstärkt nutzen, wenn er ihm die Möglichkeit bietet, zwischen verschiedenen Anreizverträgen mit unterschiedlichen Inhalten zu wählen. Dies lässt sich am einfachsten anhand eines Beispiels veranschaulichen.

Angenommen, das Management eines multinationalen Konzerns will eine nationale Tochtergesellschaft dazu veranlassen, eine *Umsatzsteigerung* $V(\cdot)$ zu erzielen. Dies soll mittels einer verbesserten Absatzstrategie und einer besseren Servicequalität erreicht werden. Die Bedingungen a für die Umsatzsteigerung seien in Abhängigkeit von der Qualität des lokalen Managements entweder günstig ($a = a_H$) oder ungünstig ($a = a_L$). Der Einfachheit halber vereinbaren wir folgende Annahmen:

(i) die Kosten $C(V,a)$ einer Umsatzsteigerung seien positiv und zunehmend in V;

(ii) sowohl die Totalkosten $C(V,a)$ als auch die Grenzkosten $C_V(V,a)$ der Umsatzsteigerung sinken mit der Qualität a des lokalen Managements;[27]

(iii) die Aufrechterhaltung des Umsatzes ist kostenlos: $C(0,a) = 0$;

(iv) die Kosten der Umsatzsteigerung $C(\cdot)$ und die Qualität des lokalen Managements a sind der Tochtergesellschaft bekannt, jedoch für das Konzern-Management nicht beobachtbar.

Abb. 2.6 fasst diese Ausgangslage zusammen.

Gäbe es *keine* Informationsasymmetrie, d.h. das Konzern-Management könnte sowohl a als auch $C(\cdot)$ beobachten, so wäre es in der Lage, die Tochtergesellschaft zur optimalen Umsatzsteigerung zu verpflichten. Die Optimalität verlangt den Umsatz soweit zu steigern, bis die marginalen Kosten der Umsatzsteigerung gerade der realisierten Umsatzsteigerung entsprechen. Unter diesen Bedingungen lautet die relevante Zielfunktion

$$\max_V \quad V - C(V,a). \tag{2.10}$$

---

[27] Formal gilt $C_V(\cdot) > 0$, $C_a(\cdot) < 0$, $C_{VV}(\cdot) > 0$ und $C_{Va}(\cdot) < 0$.

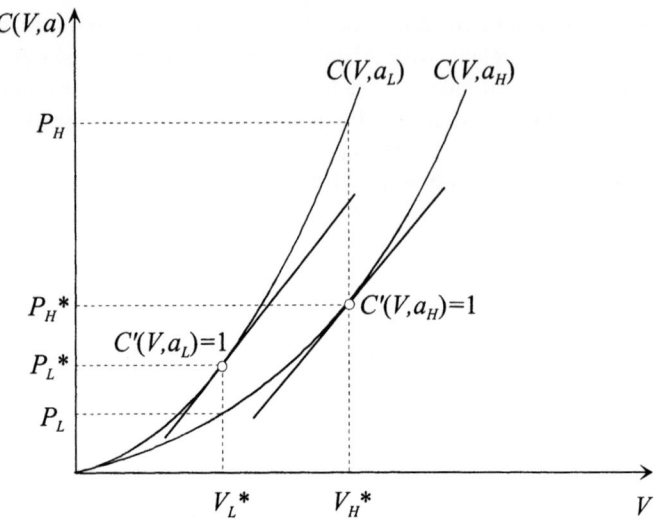

Abb. 2.6. Menü von Anreizverträgen

Als Bedingungen erster Ordnung ergeben sich

$$\partial C(V_L^*, a_L)/\partial V = 1 \text{ und } \partial C(V_H^*, a_H)/\partial V = 1. \tag{2.11}$$

Bei den optimalen Umsatzsteigerungen beträgt die Steigung der Kostenkurve ohne Informationsasymmetrie also jeweils gerade eins. Um die Tochtergesellschaft für ihre Zusatzkosten zu entschädigen, müsste ihr je nach Qualität des Managements a ein (Verrechnungs-) Preis P_L^* bzw. P_H^* erstattet werden.

Bei *asymmetrischer* Information befindet sich das Konzern-Management in einer vergleichsweise schwierigeren Lage. Schätzt es die Qualität des lokalen Managements als hoch ein (a_H), so wird es versucht sein, die Tochtergesellschaft gegen Abgeltung der Zusatzkosten P_H^* auf eine Umsatzsteigerung V_H^* zu verpflichten. Im Falle einer Fehleinschätzung des Managements (a_L) bürdet sie auf diese Weise der Tochtergesellschaft allerdings einen Verlust von $(P_H - P_H^*)$ auf. Will das Konzern-Management solche Verluste vermeiden, kann es die geringere Umsatzsteigerung V_L^* verlangen und die Zusatzkosten mit P_L^* abgelten. Sind die Bedingungen indessen günstig, so muss die Tochtergesellschaft für die Umsatzsteigerung V_L^* nicht die (hohen) Kosten P_L^*, sondern lediglich die (reduzierten) Kosten P_L aufwenden. Sie erzielt deshalb eine "*Informationsrente*" im Umfang von $(P_L^* - P_L)$.

Die Lösung des Management-Dilemmas besteht darin, die Wahl der adäquaten Umsatzsteigerung der *besser informierten* Tochtergesellschaft zu überlassen, indem letzterer zwei Optionen vorgegeben werden:

- Option 1: Der *Anreizvertrag 1* verlangt von der Tochtergesellschaft die geringere optimale Umsatzsteigerung V_L^* und erstattet ihr eine

Entschädigung im Umfang der Kosten $P_1 = C(V_L^*, a_L)$, welche bei einer tiefen Qualität des Managements anfallen.

- Option 2: Der *Anreizvertrag 2* verlangt von der Tochtergesellschaft die grössere optimale Umsatzsteigerung V_H^* und entschädigt sie mit einer Zahlung $P_2 = P_1 + C(V_H^*, a_H) - C(V_L^*, a_H)$. Diese Zahlung ist die Summe der Kosten, die für die geringere Umsatzsteigerung bei tiefer Qualität des Managements anfallen (P_1), und diejenigen, welche bei hoher Qualität für die zusätzliche Steigerung von V_L^* auf V_H^* entstehen.

Tab. 2.1 fasst dieses einfache "Menü von Verträgen" zusammen.

	Umsatzsteigerung	Entschädigung
Option 1	$V_1 = V_L^*$	$P_1 = C(V_L^*, a_L)$
Option 2	$V_2 = V_H^*$	$P_2 = P_1 + C(V_H^*, a_H) - C(V_L^*, a_H)$

Tab. 2.1. Menü von Anreizverträgen

Wie ist die Wirkungsweise dieses Vertragsmenüs? Nehmen wir zunächst an, die *Qualität des Managements sei tief* (a_L), und die Tochtergesellschaft sei darüber informiert, das Konzern-Management jedoch nicht. Unter diesen Bedingungen ist V_L^* die effiziente Umsatzsteigerung. Die Tochtergesellschaft wird dann tatsächlich Anreizvertrag 1 wählen und V_L^* implementieren, weil sie auf diese Weise gerade ihre Kosten decken kann. Wählt sie hingegen Anreizvertrag 2, wird sie auf jeden Fall einen Verlust erzielen, weil ihre Kosten ($C(V_H^*, a_L) - C(V_L^*, a_L)$) für die zusätzliche Umsatzsteigerung höher sind als die zusätzliche Entschädigung ($C(V_H^*, a_H) - C(V_L^*, a_H)$), welche sie dafür erhält.

Ähnlich lässt sich argumentieren, wenn die *Qualität des Managements hoch* ist (a_H). Unter diesen Bedingungen ist V_H^* die effiziente Umsatzsteigerung. Die Tochtergesellschaft wird unter diesen Bedingungen im Austausch für die höhere Zahlung P_2 bereit sein, die höhere Umsatzsteigerung zu erbringen. Dabei erwirtschaftet sie eine *Informationsrente*, die dem Kostenvorteil $C(V_L^*, a_L) - C(V_L^*, a_H) = (P_2^* - P_L)$ entspricht, welche die Tochterfirma mit gutem Management für die geringere Umsatzsteigerung hat.

Beachte, dass diese Informationsrente mit der Umsatzsteigerung steigt, die von der Tochtergesellschaft mit schlechtem Management verlangt wird, d.h. je höher die Umsatzsteigerung ist, welche von der Tochtergesellschaft mit schlechtem Management verlangt wird, desto höher ist auch die Informationsrente, welche diese mit gutem Management erzielen kann. Folglich beseitigt die Wahlmöglichkeit zwar das Problem der *Informationsasymmetrie* nicht, sie führt aber immerhin zur jeweils *effizienten* Umsatzsteigerung.

Folgende Ergebnisse aus diesem einfachen Beispiel sind allgemeiner Natur:

1. Wenn eine Informationsasymmetrie bezüglich der Fähigkeit(en) des Agenten besteht, so erzielt ein Agent mit hohen Fähigkeiten positive *Informationsrenten*, auch wenn der Anreizvertrag optimal ausgestaltet ist.

2. Bei Informationsasymmetrie kann es für den Prinzipal vorteilhaft sein, ein ganzes *Menü von Anreizverträgen* zu offerieren, weil auf diese Weise die dem Agenten zur Verfügung stehende Information genutzt wird.

3. Die Auszahlungen der verschiedenen offerierten Verträge sind nicht unabhängig voneinander. Je höher die von einem Agenten mit geringen Fähigkeiten verlangten Leistung ist, desto höher ist die Rente für einen Agenten mit hohen Fähigkeiten. Um die Auszahlung von Renten zu reduzieren, kann es deshalb vorteilhaft sein, von einem Agenten mit geringen Fähigkeiten systematisch 'zu geringe' Leistungen zu fordern. Lediglich vom Agenten mit den besten Fähigkeiten wird immer eine effiziente Leistung verlangt. Diese Eigenschaft von Anreizverträgen ist in der Literatur auch unter der Bezeichnung "*no distortion at the top*" bekannt.

2.3.3 Diskussion

Der Prinzipal-Agent-Ansatz liefert Einsichten in die optimale Strukturierung von Beziehungen zwischen verschiedenen Akteuren, wenn eine Informationsasymmetrie zwischen diesen Akteuren besteht. Ist der Prinzipal-Agent-Ansatz deshalb auch eine umfassende Theorie der Firma? Diese Frage lässt sich anhand eines Gedankenexperiments beantworten.

Angenommen, ein Agent produziert ein spezielles Gut, welches als Input für ein anderes, vom Prinzipal hergestelltes Gut verwendet wird. Der Prinzipal-Agent-Ansatz macht Aussagen dazu, wie der optimale Anreizvertrag für die Regelung dieser speziellen Zuliefer-Beziehung ausgestaltet werden muss. Beachte, dass dieser Anreizvertrag derselbe ist für einen Lieferanten *innerhalb* oder *ausserhalb* der Firma, solange die den Akteuren zur Verfügung stehenden Informationsmengen nicht davon beeinflusst werden, ob der Lieferant zur selben Unternehmung gehört oder nicht.

Um eine umfassende Theorie der Firma zu liefern, die auch Aussagen über die Grenzen von Firmen macht, müsste der Prinzipal-Agent-Ansatz folglich erklären, warum die Informationsmengen inner- und ausserhalb der Firmengrenzen unter Umständen nicht dieselben sind. Weil die Informationsausstattung der Akteure jedoch exogen ist, macht er hierzu keine Aussage. Folglich kann der Prinzipal-Agent-Ansatz lediglich ein weiteres *Element einer Theorie der Firma* sein, das wichtige Instrumente für die Analyse und Strukturierung von (Vertrags-) Beziehungen zwischen verschiedenen Akteuren bereitstellt.

2.4 Der Transaktionskosten-Ansatz

Der Transaktionskosten-Ansatz geht auf eine Arbeit von COASE (1937) zurück. Im Unterschied zum Prinzipal-Agent-Ansatz, der die Beziehungen zwischen verschiedenen Akteuren analysiert, ohne diese explizit inner- oder ausserhalb einer Unternehmung oder einer anderen organisatorischen Einheit anzusiedeln, stellt der Transaktionskosten-Ansatz direkt die aus der Sicht der Theorie der Firma zentralen Fragen:

- Sollen Inputs firmenintern hergestellt oder auf dem Markt eingekauft werden ("make or buy-decision")? Und daraus abgeleitet:
- Wo liegen die "natürlichen" oder effizienten Grenzen der Firma?

COASE argumentiert, dass die Entscheidung über die Inputbeschaffung von der Höhe der jeweiligen Transaktionskosten abhängig ist. Seiner Ansicht nach ist die 'Selbstorganisation' innerhalb einer Firma dem Marktmechanismus überlegen, wenn die Kosten der Benützung des Marktmechanismus — die Transaktionskosten — höher sind als die Administrationskosten innerhalb der Unternehmung. Die Grösse der Unternehmung lässt sich also aufgrund von *Effizienzüberlegungen* hinsichtlich der abzuwickelnden Transaktionen festlegen.

2.4.1 Charakteristika von Transaktionskosten

WILLIAMSON (1975 und 1985) entwickelt den Ansatz von COASE weiter, indem er die charakteristischen Eigenschaften von Transaktionen analysiert und für jede Transaktion die effiziente Abwicklungsform festzulegen versucht. Seiner Auffassung nach sind drei Charakteristika einer Transaktion kritisch:

(i) Häufigkeit,

(ii) Unsicherheit und

(iii) Spezifität.

Die Spezifität wird durch den Verlust von ökonomischen Vorteilen bei Abbruch der Beziehung zwischen den Transaktionsparteien gemessen ("asset specificity").[28]

Jedes Charakteristikum spricht tendenziell für eine organisations- bzw. firmeninterne Abwicklung und gegen eine Markttransaktion. Die Argumentationskette ist einfach: Je stärker eine Transaktion die Charakteristika

---

[28] Die Transaktionspartner sind also — im Unterschied zur neoklassisch orientierten Mikroökonomik — nicht anonym. Es ist von Bedeutung, wer der Transaktionspartner ist.

Unsicherheit und Spezifität aufweist, desto schwieriger wird es, die Abwicklung der Transaktion über den Markt zu organisieren. Der Grund liegt darin, dass es komplizierter wird Verträge abzuschliessen, die über längere Zeit Bestand haben, ohne dass eine oder gar mehrere Vertragsparteien sie ändern wollen. Unter solchen Bedingungen erlaubt eine hierarchisch-administrative Abwicklung der Transaktion innerhalb eines Unternehmens, in der eine Partei die andere kontrollieren kann, in der Regel eine einfachere 'diktatorische' Lösung von möglichen Konflikten. Dabei gilt, dass eine firmeninterne Organisation umso vorteilhafter ist, je häufiger die Transaktion auftritt, weil die Fixkosten des Aufbaus einer administrativen Organisation — die Firma — auf eine grössere Anzahl Transaktionen verteilt werden können (vgl. HOLMSTRÖM und ROBERTS 1998, 76).

Inwiefern aber beeinflussen Transaktionskosten die Gestaltung von Verträgen? Und welche Auswirkungen haben sie auf den Inhalt der abgeschlossenen Verträge? Diese Fragen wollen wir im nächsten Abschnitt diskutieren.

2.4.2 Transaktionskosten und unvollständige Verträge

Die Existenz von Transaktionskosten hat zur Folge, dass in der Praxis häufig *unvollständige* Verträge geschrieben werden (müssen). Was aber sind unvollständige Verträge? Der Einfachheit halber wollen wir den umgekehrten Weg gehen und festlegen, was unvollständige Verträge per Definition *nicht* sind, nämlich vollständige Verträge.

Definition 2.4.1 *Vollständige Verträge regeln abschliessend für alle möglichen Umweltzustände alle Leistungspflichten und -ansprüche der Vertragsparteien.*

Es existieren im wesentlichen drei Arten von Transaktionskosten, die dafür verantwortlich sind, dass Verträge häufig unvollständig sind (vgl. z.B. TIROLE 1999, 743 f.). Zwei Arten davon treten "ex ante", d.h. vor Vertragsabschluss, eine "ex post", d.h. nach Vertragsabschluss auf (vgl. Abb. 2.7):

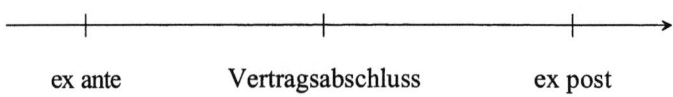

Abb. 2.7. Timing in unvollständigen Verträgen

1. Bestimmte Umweltzustände, die für die Vertragsabwicklung relevant sind, können ex ante nicht vorausgesehen und deshalb nicht in den Vertrag integriert werden. Diese Umweltzustände werden als "*unforeseen contingencies*" bezeichnet.

Beispiel: In Arbeitsverträgen für wissenschaftliche AssistentInnen eines Forschungsinstituts kann nicht geregelt werden, inwiefern sie in die Bearbeitung zukünftiger, noch unbekannter Projektaufträge eingebunden werden.

2. Selbst wenn alle Umweltzustände ex ante voraussehbar sind, ist es unter Umständen zu kostspielig, sie in umfassender Weise in den Vertrag zu integrieren. Diese Kosten werden als "*cost of writing contracts*" bezeichnet.
   Beispiel: Selbst wenn die während der Vertragsdauer von wissenschaftlichen AssistentInnen zu bearbeitenden Projekte klar definiert sind, ist es häufig zu aufwendig, alle Details der Projektbearbeitung im Arbeitsvertrag zu spezifizieren. So bleibt offen, mit welcher Software für die Darstellung von Grafiken und Formeln gearbeitet wird; was zu tun ist, wenn bei der Projektpräsentation ein Stromausfall auftritt usw.

3. Die ex-post-Überwachung und -Durchsetzung von einzelnen Verpflichtungen ist möglicherweise zu kostspielig und zeitraubend, als dass es sich lohnen würde, sie in einen Vertrag zu integrieren. Als Spezialfall kann die 'Nicht-Überprüfbarkeit' der Erfüllung von Pflichten interpretiert werden. In einer solchen Situation sind die Kosten der Überwachung und Durchsetzung ("*cost of enforcing contracts*") unendlich gross.
   Beispiel: Es lässt sich kaum überprüfen, ob sich die AssistentInnen während der Arbeit im erwarteten Ausmass eingesetzt haben, ob sie sich ausreichend auf die vereinbarte Tätigkeit vorbereitet haben etc.

Nun wird man sich fragen, weshalb die Existenz unvollständiger Verträge von Bedeutung ist für die Theorie der Firma. Die Antwort ist dieselbe wie oben: Weil unvollständige Verträge verschiedene mögliche Zustände der Beziehung zwischen den Parteien ungeregelt lassen, was beim Eintreten dieser Zustände zu Konflikten und zum Wunsch führen kann, den geschlossenen Vertrag zu revidieren. Die Abwicklung von Transaktionen innerhalb einer Unternehmung erscheint deshalb unter Umständen vorteilhaft.

2.4.3 Zur Effizienz unvollständiger Verträge

Konflikte und Vertragsrevisionen sind problematisch, weil sie in der Regel zwar Kosten, aber keinen zusätzlichen Nutzen (in der Form von Handelsgewinnen) verursachen und damit Ineffizienzen zur Folge haben. Solche Ineffizienzen können sowohl ex ante oder ex post auftreten.

a) Ex-post-Ineffizienzen

Ex-post-Ineffizienzen können auftreten, wenn Unklarheit über die Verteilung eines Mehrwerts besteht, der durch die Beziehung zwischen den Vertragsparteien generiert wurde. Wenn der Vertrag nichts über die Verteilung dieses Mehrwerts aussagt, muss die Verteilung ex post geregelt werden. Hierzu stehen verschiedene Mechanismen zur Verfügung:[29]

(i) *Verhandlungen:* Die Parteien können die Verteilung des Mehrwerts gemeinsam aushandeln.

(ii) *Anrufung einer Schiedsgerichtsbarkeit:* Die Vertragsparteien übertragen die Aufteilung des Mehrwerts an eine dritte Partei.

(iii) *Entscheidungsrecht einer Partei:* Eine Vertragspartei erhält das Recht, über die Verteilung des Mehrwerts zu entscheiden.

Wenn der aus der Vertragsbeziehung entstandene Mehrwert exogen ist und vom Aufteilungsmechanismus nicht beeinflusst wird (d.h. die Grösse des 'Kuchens' ist unabhängig von seiner Aufteilung), generieren ex-post-Aufteilungsmechanismen nur dann Ineffizienzen, sofern sie Kosten verursachen. Wenn die Vertragsparteien antizipieren, dass ein ex-post-Konflikt auftreten kann, bleibt der aus der Vertragsbeziehung entstehende Mehrwert jedoch häufig nicht unbeeinflusst. Dieses Problem ist in der Literatur unter dem Stichwort Hold-Up-Problem bekannt geworden.

b) Ex-ante-Ineffizienzen: Das Hold-Up-Problem

Das Konzept der ex-ante-Ineffizienz ist intuitiv leicht verständlich. Grundidee ist dabei, dass das Auftreten von ex-post-Ineffizienzen von den Parteien eines unvollständigen Vertrages antizipiert wird.[30] Dieses Antizipieren führt zu ineffizienten ex-ante-Verhaltensweisen bei den Vertragsparteien.

Die klassische Version des Hold-Up-Problems wird in KLEIN ET AL. (1978) dargestellt und kann verkürzt etwa wie folgt geschildert werden:[31] Eine Partei muss eine Investition vornehmen, um eine Transaktion mit einer anderen Partei durchführen zu können. Diese Investition ist in dem Sinne *beziehungsspezifisch*, dass die Investition ausserhalb der Vertragsbeziehung zwischen den beiden Parteien einen geringeren oder gar keinen Wert aufweist. Zudem können lediglich *unvollständige Verträge* über den Ablauf der Transaktion verfasst werden, so dass die Verteilung des durch die Investition generierten Mehrwerts nicht abschliessend geregelt werden kann. Unter diesen Bedingungen ist die investierende Partei einer *Hold-Up-Situation* ausgesetzt. Dies lässt sich wie folgt erklären:

Kommt es ex post zu einem Konflikt über die Verteilung des durch die Investition geschaffenen Mehrwerts, wird die nicht-investierende Vertragspartei versuchen, sich diesen Mehrwert anzueignen. Dies ist relativ leicht

---

[29] Vgl. TIROLE (1988, 29 ff.) für eine vertiefte Darstellung dieser Mechanismen.

[30] Weiter unten werden wir allerdings ein Beispiel einer ex-ante-Ineffizienz betrachten, die nicht auf die Existenz einer ex-post-Ineffizienz zurückzuführen ist.

[31] Unsere Darstellung orientiert sich an HOLMSTRÖM und ROBERTS (1998, 74).

möglich, weil die Investitionen ausserhalb der Vertragsbeziehung weniger wertvoll bzw. wertlos sind und die investierende Partei sich deshalb in einer schlechten Verhandlungsposition befindet. Wenn die investierende Partei diesen Konflikt antizipiert, wird sie entweder gar nicht investieren oder allenfalls versuchen, sich rechtlich oder anderweitig gegen den Hold-Up zu schützen. In beiden Fällen treten (ex-ante-) Ineffizienzen auf: entweder wird *nicht optimal investiert*, oder es werden *Ressourcen für defensive Massnahmen verschwendet*.

Als typisches Beispiel für das Hold-Up-Problem wird in der Literatur häufig die Lieferung von Guss- und Spritzformen für die Herstellung von Auto-Karrosserieteilen zitiert. Solche Formen können nur für die Produktion von Teilen für ein bestimmtes Modell verwendet werden und sind ansonsten praktisch wertlos. Autohersteller verfügen deshalb über die Möglichkeit, die Preise für die Lieferung dieser Teile stark zu drücken, sobald der Lieferant die Investitionen in die Entwicklung und Herstellung der Formen 'versenkt' hat. Dadurch wiederum werden beim Lieferanten die Anreize für spezifische Investitionen in die Entwicklung von Formteilen reduziert oder ganz zerstört.[32]

Der Leser wird sich mittlerweile gefragt haben, was denn das Hold-Up-Problem mit der Theorie der Firma zu tun hat. Die Antwort ist einfach: *Die Integration der Vertragsparteien in eine einzige Firma löst das Hold-Up-Problem*. Mit anderen Worten: Die Grösse einer Firma bzw. das Ausmass der vertikalen Integration kann erklärt werden durch den Versuch, die für die jeweilige Geschäftstätigkeit relevanten Hold-Up-Probleme zu lösen.

2.4.4 Diskussion

Auch der Transaktionskosten-Ansatz ist lediglich ein Element einer *Theorie der Firma*. Dies zeigt sich daran, dass er nur die Vorteile der (vertikalen) Integration — nämlich die Lösung von Hold-Up-Problemen — erklärt. Nicht explizit analysiert werden jedoch die Nachteile der Integration bzw. die Vorteile einer Abwicklung über den Markt, obwohl von (exogenen) Bürokratiekosten und dergleichen die Rede ist.

Der Rückgriff auf die Existenz von steigenden Administrations- und Managementkosten löst jedoch das oben diskutierte *Williamson Puzzle* (vgl. Abschnitt 2.2.4) nicht überzeugend. Etwas überspitzt formuliert führt der Transaktionskosten-Ansatz — ähnlich wie die neoklassisch orientierte Betrachtung der Firma — zur Schlussfolgerung, dass eine Firma unendlich gross sein kann. Während dieses Ergebnis bei der technischen Betrachtung der Firma durch die Möglichkeit selektiver Interventionen zustande kommt, ergibt es sich beim Transaktionskosten-Ansatz durch die Lösung aller (po-

---

[32] Vgl. Abschnitt 2.5.2 für ein formales Beispiel eines Hold-Up-Problems.

tentiellen) Hold-Up-Probleme.[33] Folglich fehlt dem Transaktionskosten-Ansatz letztlich eine Erklärung für die Begrenzung der Grösse einer Firma.

2.5 Der eigentumsrechtliche Ansatz

Der eigentumsrechtliche Ansatz ("Property Rights"-Ansatz) wurde mit einer vielzitierten Arbeit von GROSSMAN und HART (1986) begründet. Wie der Transaktionskosten-Ansatz basiert er auf der Existenz unvollständiger Verträge. Im Zentrum der Analyse steht hier die Fragestellung, inwiefern die Zuteilung der Eigentumsrechte an die Vertragsparteien die Anreize für beziehungsspezifische Investitionen beeinflusst.

Der Property-Rights-Ansatz ist relevant für die Theorie der Firma, weil er neue Erklärungsansätze für die Grenzen der Unternehmung liefert. Wie nachfolgend noch detaillierter ausgeführt wird, ist die Unternehmung nach diesem Ansatz nichts anderes als die Summe aller Wertgegenstände, die in ihrem Eigentum sind. Weil der Ansatz Aussagen über die effiziente Verteilung von Eigentumsrechten macht, legt er folglich auch die effizienten Grenzen der Unternehmung fest.

2.5.1 Eigentum, Firmen und Markt

Für die Diskussion des Property-Rights-Ansatzes und seiner wichtigsten Ergebnisse sind die folgenden drei Definitionen von zentraler Bedeutung.

Definition 2.5.1 *Ein **residuales Recht** ist das Recht, über einen Wertgegenstand ("Asset") in allen Umweltzuständen zu verfügen, die in expliziten Verträgen nicht geregelt sind bzw. nicht geregelt werden können.*

Definition 2.5.2 *Das **Eigentum** über einen Wertgegenstand ist das Halten eines residualen Rechts auf diesen Gegenstand.*

Definition 2.5.3 *Ein **spezifisches Recht** ist ein Recht, das in expliziten Verträgen auf einen Nicht-Eigentümer übertragen werden kann.*

Die Definition des Begriffs "Eigentum" macht deutlich, dass der eigentumsrechtliche Ansatz auf der Existenz unvollständiger Verträge beruht. Nur unter diesen Voraussetzungen macht die Unterscheidung von spezifischen und residualen Rechten überhaupt Sinn.

Was im Rahmen dieses Ansatzes unter einer Firma zu verstehen ist, liegt nun auf der Hand:

---

[33] HOLMSTRÖM und ROBERTS (1998, 77) ziehen denn auch eine interessante Parallele zur neoklassisch orientierten Mikroökonomik: Während letztere die Firma als Black Box behandelt, betrachtet der Transaktionskosten-Ansatz den Markt als Black Box.

Definition 2.5.4 *Eine **Firma** ist die Summe aller Wertgegenstände, die in ihrem Eigentum sind.*

Verwendet man diese Definition, lassen sich für zwei Assets die folgenden beiden Konstellationen für die Beziehungen zwischen den Eigentümern unterscheiden:

1. *Integration:* Wenn beide Assets den gleichen Eigentümer haben, handelt es sich um eine integrierte Firma.

2. *Markt:* Wenn die beiden Assets unterschiedliche Eigentümer haben, so existieren zwei Firmen mit je einem Asset; Transaktionen zwischen diesen Firmen sind Markttransaktionen.

Die *Zuordnung von Eigentumsrechten* korrespondiert direkt mit der Festlegung von Firmengrenzen. Eigentumsrechte bestimmen, *wer* beim Eintreten von Umweltzuständen, die in expliziten Verträgen nicht geregelt sind, über die Verwendung der Assets bestimmen kann: Der Eigentümer erhält das Recht, innerhalb der Vertragsbestimmungen und des allgemeinen Rechts über den Asset zu verfügen.[34] Darin eingeschlossen ist insbesondere das Recht, die andere Vertragspartei von der Nutzung des Assets auszuschliessen.

Im nächsten Abschnitt wollen wir anhand eines einfachen Beispiels zeigen, welchen Einfluss die Zuordnung der Eigentumsrechte auf die ex-ante-Investitionsentscheidungen von Vertragsparteien haben kann.

2.5.2 Eigentum und Investitionsanreize: ein Beispiel

Das folgende Beispiel orientiert sich an einer Arbeit von HART und MOORE (1990); die Darstellung folgt HOLMSTRÖM und ROBERTS (1998, 78 f.). Angenommen, es gebe zwei Vertragsparteien — einen Käufer B ("Buyer") und ein Verkäufer S ("Seller") —, die jeweils nicht-kontrahierbare Investitionen $a_i, i = B, S$, in ihr Humankapital tätigen. In diesem Zusammenhang ist es von Bedeutung, dass sich das Eigentum am Humankapital grundsätzlich nicht veräussern lässt. Jedoch werden die jeweiligen Anreize der Parteien, in ihr Humankapital zu investieren, von der Verteilung der Eigentumsrechte an Wertgegenständen — den Non-Human-Assets — beeinflusst. Nachdem die ex-ante-Investitionen in Humankapital getätigt worden sind, wird über die Verteilung des durch die Investitionen generierten Mehrwerts verhandelt. Im Rahmen dieser Verhandlungen sollen die Vertragsparteien mindestens jenen Anteil des Mehrwerts erhalten, den sie alleine erwirtschaften könnten, V_B oder V_S,[35] plus einen Anteil am Mehrwert $(V - V_i - V_j)$, den

---

[34] Vgl. hierzu die drei beim Transaktionskosten-Ansatz (Abschnitt 2.4) diskutierten Möglichkeiten zur Konfliktlösung.

[35] Implizit wird also vorausgesetzt, dass ex-post-Verhandlungen kostenlos bzw. effizient sind.

sie durch Kooperation im Rahmen der Vertragsbeziehung allenfalls erzielen können. V bezeichne den Wert, der insgesamt aus der kooperativen Beziehung erzielt werden kann. Der Einfachheit halber wollen wir annehmen, der (monetäre) Gewinn einer Vertragspartei betrage bei Kooperation für $i,j = B, S, i \neq j$

$$\pi_i = V_i + \frac{1}{2}\left(V - V_i - V_j\right). \tag{2.12}$$

Der Mehrwert der Kooperationsbeziehung wird also im Rahmen der Verhandlungen gleichmässig auf die beiden Parteien aufgeteilt.

Welchen Einfluss hat die Verteilung der Eigentumsrechte an den Wertgegenständen auf die Nutzwerte V, V_i und V_j? Betrachten wir zunächst den aggregierten Wert V der kooperativen Beziehung: Dieser ist unabhängig von der Eigentumsstruktur, da im Falle der Kooperation alle verfügbaren Assets eingesetzt werden. Dies ist anders für die nicht-kooperativen Auszahlungen V_i und V_j, weil der Eigentümer eines Assets den Zugang zu seinem Asset bei Nicht-Kooperation ausschliessen kann. Schliesslich gilt es zu beachten, dass die Humankapital-Investitionen der Vertragsparteien den individuellen Gewinn der anderen Partei nicht beeinflussen ($\partial V_i/\partial a_j = 0$), weil bei Nicht-Kooperation der Zugang zum Humankapital der anderen Partei (und damit auch zu den getätigten Investitionen) verwehrt bleibt.

Die *Investitionsanreize* lassen sich durch die Ableitung der Gewinnfunktion π_i nach den jeweiligen Investitionen formalisieren. Betrachten wir zunächst den Fall $V \equiv V_i + V_j$, d.h. die spezifische Beziehung zwischen B und S stiftet keinen zusätzlichen Nutzen, was beispielsweise bei *vollkommener Konkurrenz* der Fall ist: Beide Parteien können ohne Wertverlust mit anderen Parteien ausserhalb der spezifischen Beziehung ("Outsidern") handeln. In einer solchen Situation entsprechen die individuellen Investitionserträge $\partial \pi_i/\partial a_i = \partial V_i/\partial a_i$ den sozialen Investitionserträgen, die durch die partiellen Ableitungen von V ermittelt werden können ($\partial V/\partial a_i = \partial V_i/\partial a_i$).

Weicht jedoch der individuelle vom sozialen Investitionsertrag ab — was im allgemeinen der Fall ist — so führt dies in der Regel zu *Unterinvestitionen*. Dies lässt sich wie folgt zeigen: Angenommen, die spezifische Beziehung zwischen S und B stiftet einen Zusatznutzen (relativ zu möglichen Transaktionen mit Outsidern). Formal können wir das durch

$$V \equiv (1+\lambda)V_i + (1+\theta)V_j \tag{2.13}$$

mit strikt positiven Konstanten λ und θ ausdrücken. Setzt man diese Relation in (2.12) ein[36] und differenziert nach a_i, so erhält man für die *indi-*

---

[36] Man erhält dann nach einfachen Umformungen

$$\pi_i = \left(1 + \frac{\lambda}{2}\right)V_i + \theta V_j.$$

viduellen Investitionsanreize
$$\frac{\partial \pi_i}{\partial a_i} = \left(1 + \frac{\lambda}{2}\right) \frac{\partial V_i}{\partial a_i}. \tag{2.14}$$

Differenzieren wir Beziehung (2.13) bezüglich a_i, so erhalten wir die *sozialen* Investitionsanreize
$$\frac{\partial V}{\partial a_i} = (1 + \lambda) \frac{\partial V_i}{\partial a_i}. \tag{2.15}$$

Wenn wir die individuellen und die sozialen Investitionsanreize vergleichen, so stellen wir unmittelbar fest, dass die individuellen Investitionsanreize bei Nicht-Kooperation wegen $\frac{\lambda}{2} < \lambda$ *geringer* sind.

Dieses Ergebnis ist idealtypisch für das Hold-Up-Problem: Weil sich die investierenden Parteien nicht die gesamten Erträge aus ihren Investitionen aneignen können, kommt es zu *Unterinvestitionen*. Dabei ist allerdings zu berücksichtigen, dass es sich — im Unterschied zum weiter oben geschilderten Problem der Beschaffung von Formteilen für Autokarosserien — nicht um ein einseitiges, sondern um ein *zweiseitiges* Hold-Up-Problem handelt. Es hilft deshalb nichts, wenn alle residualen Rechte bzw. alle Eigentumsrechte an den Assets einer einzigen Vertragspartei zugeordnet werden. Auf diese Weise werden lediglich die Investitionsanreize der einen Partei — um den Preis der Reduktion der Investitionsanreize der anderen Partei — gestärkt. HOLMSTRÖM und ROBERTS (1998, 78) merken dazu an:

> "There is a trade-off, because ownership shares cannot add up to more than 100 percent."

Das hier betrachtete Modell führt zudem auf folgende Ergebnisse:

- Wenn die Investitionen des Verkäufers S besonders wichtig sind für die Erzeugung eines beziehungsspezifischen Mehrwerts (relativ zu Investitionen des Käufers B), so sollte S mehr Eigentumsrechte zugeordnet erhalten.

- S [bzw. B] sollte die Eigentumsrechte an denjenigen Assets erhalten, die V_S [bzw. V_B] besonders sensitiv machen für Investitionen von S [B]. Auf diese Weise können die Investitionsanreize verstärkt werden.

- Ein Outsider sollte niemals über Eigentumsrechte an Assets verfügen, die für den Wert der spezifischen Beziehung zwischen B und S von Bedeutung sind.

- Gemeinsames Eigentum, welches beiden Parteien erlaubt, den Gebrauch eines Assets zu verhindern — d.h. ein gegenseitiges Veto-Recht — ist nicht optimal.

- Assets, die nur wertvoll sind, wenn sie zusammen eingesetzt werden, sollten nicht im Eigentum von verschiedenen Parteien sein.

46   2. Elemente einer Theorie der Firma

Dieses einfache Modell lässt sich in vielerlei Hinsicht ergänzen. Obwohl die Schlussfolgerungen der einzelnen Modelle dann zum Teil recht unterschiedlich ausfallen, bleibt die zentrale Idee erhalten: *Das Eigentum an Wertgegenständen ist ein Instrument zur Beeinflussung von Verhandlungsergebnissen.* Es ist deshalb von zentraler Bedeutung für die Investitionsanreize der Vertragsparteien.

2.5.3 Diskussion

Die Stärke des Property-Rights-Ansatzes besteht darin, dass — im Gegensatz zu den anderen Ansätzen — sowohl die Vorteile als auch die *Nachteile* einer Integration erklärt werden können. Der Markt ist darüber hinaus keine Black Box, sondern der Ort, wo Wirtschaftssubjekte Transaktionen vollziehen. Ein mögliches Transaktionsergebnis ist der Ausschluss der anderen Partei vom Gebrauch der eigenen Assets.

Wenig überzeugend erklärt wird indessen die interne Organisation von Firmen. B und S lassen sich am ehesten als einzelne Individuen interpretieren, was die empirische Bedeutung dieses Ansatzes in Frage stellt. Zudem ist unklar, wie die nicht-transferierbaren Investitionen in Humankapital bei Firmen mit mehreren Mitarbeitern zu interpretieren sind. Diese und andere Fragen bleiben in der Literatur bisher weitgehend unbeantwortet.

2.6 Schlussfolgerungen

Unsere Ausführungen haben gezeigt, dass die Industrieökonomik bisher nicht über eine umfassende und abgeschlossene Theorie der Firma verfügt. Stattdessen koexistieren vier unterschiedliche Erklärungsansätze für die Grösse und/oder das Verhalten von Firmen, die unterschiedliche Schwerpunkte aufweisen und wichtige Elemente der aktuellen Theorie der Firma darstellen. Ein Vergleich der Erklärungsansätze macht zudem deutlich, dass die Industrieökonomik weit davon entfernt ist, die Unternehmung lediglich als ökonomisch uninteressante Produktionseinheit zu betrachten, deren Technologie in jedem Fall mittels einer einfachen Produktionsfunktion modelliert werden kann. Sie ist durchaus in der Lage, wichtige Hinweise für eine effiziente Ausgestaltung von Beziehungen zwischen verschiedenen wirtschaftlichen Akteuren innerhalb und ausserhalb von Firmen zu liefern.

Wenn wir uns in den folgenden Kapiteln trotzdem weitgehend auf die neoklassisch orientierte, technische Sicht der Firma abstützen, so geschieht dies deshalb, weil dieser Ansatz ausserordentlich fruchtbar ist für die Analyse einer Vielzahl von Fragestellungen, die uns nachfolgend interessieren werden.[37]

Natürlich lässt sich kritisieren, dass die neoklassisch orientierte Methodologie, die den Firmen Gewinnmaximierung unterstellt, für die Analyse realwirtschaftlicher Probleme ungeeignet ist, weil sie gänzlich 'realitätsfremde' Annahmen trifft. Beispielhaft könnte eine solche Kritik wie folgt lauten:[38]

> "Es ist völlig unklar, ob Wirtschaftsakteure und Firmen überhaupt eine Zielfunktion maximieren bzw. ein Optimierungsverhalten zeigen. Und selbst falls sie dies tun, bleibt immer noch offen, ob sie wirklich das Einkommen oder den Gewinn maximieren. Prinzipiell steht eine Vielzahl ebenso plausibler Variablen zur Verfügung, die in der Regel nicht berücksichtigt werden."

Wie kann einer solchen Kritik entgegnet werden? Betrachten wir zunächst das Argument, dass reale Firmen und Akteure *kein Optimierungsverhalten* an den Tag legen. In der Tat scheinen in der Praxis viele Entscheidungen aufgrund von Faustregeln und intuitiver Überzeugungen gefällt zu werden (vgl. CYERT und MARCH 1992). Ob solche Entscheidungen, die 'aussehen', als seien sie nicht aufgrund eines Optimierungskalküls gefällt worden, in Wahrheit nicht Lösungen eines Optimierungsproblems mit (starken) Restriktionen darstellen, lässt sich indessen kaum feststellen. Der Pauschalvorwurf, dass der neoklassisch orientierte Ansatz der gewinnmaximierenden Firma a priori unrealistischer ist als andere, lässt sich deshalb kaum aufrecht erhalten und muss im Einzelfall empirisch überprüft werden.

Wie ist das zweite Argument zu beurteilen, das besagt, dass im Rahmen des neoklassisch orientierten Ansatzes *zu wenig oder die falschen Argumente* in die zu maximierende Zielfunktion eingehen? Hierzu gilt es festzuhalten, dass für jedes Modell ein grundsätzlicher Trade-Off besteht: Je mehr Variablen in die Zielfunktion eingehen, desto einfacher wird es, realwirtschaftliches Verhalten abzubilden. Gleichzeitig geht jedoch die Erklärungskraft des Modells verloren, weil sich mit einer genügend grossen Anzahl Variablen nahezu jedes Verhalten erklären lässt. Es ist also ratsam, die Anzahl Argumente der Zielfunktion zu beschränken. Ob der neoklassische Ansatz die *'richtigen' Variablen* verwendet, bleibt eine berechtigte Frage. Sie dürfte sich wiederum nur auf der Basis *empirischer Evidenz* beantworten lassen.

---

[37] Als Beispiel für ein besonders interessantes Anwendungsfeld lässt sich das Verhalten von Firmen in oligopolistischen Märkten mit unterschiedlicher Wettbewerbsintensität anführen.

[38] Vgl. TIROLE (1988, 48 ff.) für eine ausführlichere Lehrbuch-Diskussion der neoklassischen Methodologie.

2.7 Anhang

Dieser Anhang diskutiert hinreichende Bedingungen für das Vorliegen von Subadditivität für eine beliebige Kostenfunktion (Beweis: BAUMOL ET AL. 1982, 187 f.). Zudem wird das empirische Anwendungsbeispiel zu British Telecom ausführlicher diskutiert.

2.7.1 Decreasing ray average cost

Die "decreasing ray average cost"-Bedingung verlangt, dass die *Durchschnittskosten entlang eines Fahrstrahls durch den Ursprung sinken müssen*. Im Unterschied zum Eingüter-Fall, wo die Durchschnittskosten für die Produktion der Menge q_1

$$AC(q_1) = \frac{C(q_1)}{q_1} \qquad (2.16)$$

betragen, ist im Mehrgüter-Fall die Berechnung der Durchschnittskosten relativ kompliziert, weil sich kein Outputindex konstruieren lässt, der für die Division der totalen Kosten $C(\cdot)$ verwendet werden kann, wenn die Outputs der einzelnen Güter im Outputvektor $\mathbf{q} = [q_1, q_2, ..., q_m]$ nicht proportional erhöht werden. Betrachtet man hingegen *proportionale* Outputausdehnungen entlang eines Fahrstrahls durch den Ursprung, so lassen sich sinkende Durchschnittskosten bzw. "decreasing ray average cost" für alle $a > b > 0$ definieren durch

$$\frac{C(aq_1, aq_2, ..., aq_n)}{a} < \frac{C(bq_1, bq_2, ..., bq_n)}{b}, \qquad (2.17)$$

wobei a und b Masse für die Outputausdehnung entlang des Fahrstrahls durch $\mathbf{q} = [q_1, q_2, ..., q_m]$ darstellen (BAUMOL 1977, 810 ff.).

2.7.2 Transray convexity

Die Bedingung der "transray convexity" bzw. der *Konvexität der Kostenhyperebene* verlangt eine Komplementarität in der Produktion verschiedener Güter bzw. *Verbundvorteile*. Die formale Definition lautet wie folgt: Eine Kostenfunktion $C(\mathbf{q})$ wird als "transray convex" bezeichnet, wenn eine Menge positiver Konstanten $k_1, k_2, ..., k_m$ derart existiert, dass für zwei Outputvektoren $\mathbf{q}^a = [q_{1a}, q_{2a}, ..., q_{ma}]$ und $\mathbf{q}^b = [q_{1b}, q_{2b}, ..., q_{mb}]$

$$C\left(\theta \mathbf{q}^a + (1-\theta) \mathbf{q}^b\right) \leq \theta C\left(\mathbf{q}^a\right) + (1-\theta) C\left(\mathbf{q}^b\right), \theta \in [0,1] \qquad (2.18)$$

gilt, wobei $\sum_{i=1}^n k_i q_{ia} = \sum_{i=1}^n k_i q_{ib} = \sum_{i=1}^n k_i q_i$ ist (vgl. BAUMOL 1977, 811). Dies ist die allgemeine Definition der Konvexität einer Funktion (vgl. TAKAYAMA 1994, 52 f.).

2.7.3 Anwendung auf die Schätzfunktion im Beispiel British Telecom

In diesem Abschnitt soll ausführlicher gezeigt werden, warum die geschätzte Kostenfunktion

$$\hat{c}(q_1, q_2) = \underset{(+)}{\hat{\alpha}} + \underset{(+)}{\hat{\beta}_1 q_1} + \underset{(+)}{\hat{\beta}_2 q_2} + \underset{(-)}{\hat{\beta}_3 x} + \hat{\beta}_4 T \quad (2.19)$$

subadditiv ist, falls die geschätzten Koeffizienten die postulierten Vorzeichen aufweisen. Unter Verwendung der Konzepte der "decreasing ray average cost" und der "transray convexity" lässt sich dies leicht zeigen. Zur Vereinfachung vernachlässigen wir den technischen Fortschritt T. Diese Annahme ist unproblematisch, weil das Subadditivitätskonzept statischer Natur ist.

Betrachten wir zunächst die Bedingung abnehmender Skalenerträge entlang eines Fahrstrahls ("decreasing ray average cost"). Werden die Produktionsmengen von q_1 und q_2 proportional ausgeweitet, so lässt sich die Produktionsmenge q_2 als Funktion von q_1 ausdrücken, d.h. $q_2 \equiv zq_1$, wobei $z > 0$ eine Konstante ist. Durch Substituieren ergibt sich

$$\hat{c}(q_1, q_2) = \hat{\alpha} + \hat{\beta}_1 q_1 + \hat{\beta}_2 z q_1 + \hat{\beta}_3 z q_1^2. \quad (2.20)$$

Nun lassen sich die geschätzten Durchschnittskosten berechnen, indem man durch q_1 dividiert. Man erhält dann

$$\frac{\hat{c}(\cdot)}{q_1} = \frac{\hat{\alpha}}{q_1} + \left(\hat{\beta}_1 + \hat{\beta}_2 z\right) + \hat{\beta}_3 z q_1. \quad (2.21)$$

Differenziert man schliesslich nach q_1, so ergibt sich die Bedingung

$$\frac{d\left(\frac{\hat{c}(\cdot)}{q_1}\right)}{dq_1} = -\frac{\hat{\alpha}}{q_1^2} + \hat{\beta}_3 z < 0 \quad (2.22)$$

für abnehmende geschätzte Durchschnittskosten entlang eines Fahrstrahls, falls die Parameterrestriktionen $\hat{\alpha} > 0$ und $\hat{\beta}_3 < 0$ erfüllt sind.

Betrachten wir nun die Bedingung der "transray convexity". Für Beziehung (2.19) bedeutet dies, dass die geschätzten marginalen Kosten von q_1 bei einer Erhöhung von q_2 sinken sollten, d.h. die Kreuzableitung $\frac{\partial^2 \hat{c}(\cdot)}{\partial q_1 \partial q_2} = \hat{\beta}_3 < 0$ muss negativ sein.

Schliesslich bleibt noch darauf hinzuweisen, dass die Koeffizienten $\hat{\beta}_1$ und $\hat{\beta}_2$ positiv sein müssen, weil es sich bei $c(\cdot)$ um eine Kostenfunktion handelt, die nicht-negative Grenzkosten in den einzelnen Outputs aufweisen muss, d.h. $\partial c(\cdot)/\partial q_k \geq 0$, $k = 1, 2$.

2.8 Aufgaben

Aufgabe 1

Gegeben sei eine Produktionsfunktion $f(x_1, x_2) = x_1^\alpha x_2^\beta$ mit $\alpha, \beta \in \mathbb{R}$. Angenommen, der Einsatz beider Faktoren werde um einen konstanten Faktor $k > 1$ erhöht. Für welche Parameterwerte α und β weist die Produktionsfunktion a) konstante, b) zunehmende und c) abnehmende Skalenerträge auf?

Aufgabe 2

In einem Land stehe die Deregulierung des (staatlichen) Monopols für die Bereitstellung von nationalen (q_1) und internationalen (q_2) Telefondienstleistungen zur Diskussion. Eine Marktstudie hat gezeigt, dass sich q_1 und q_2 proportional zueinander verhalten: $q_2 = \alpha q_1$, mit $\alpha > 0$. Die Gegner der Deregulierung argumentieren, es handle sich um ein natürliches Monopol. Ihre Argumentation stützen sie auf folgende Schätzung der Kostenfunktion des Telekom-Monopolisten:

$$\hat{c}(q_1, q_2) = 0.3 + 0.2 q_1 + 0.4 q_2 + 0.1 x,$$

wobei $x \equiv q_1 q_2$ den Interaktionsterm bezeichnet. Für welche Werte von q_1 ist das Telekom-Monopol tatsächlich als "natürlich" zu bezeichnen? Begründen Sie ihre Antwort.

Aufgabe 3

Diskutieren Sie die wichtigsten Elemente der Prinzipal-Agent-Beziehung zwischen zwei Wirtschaftssubjekten. Erläutern Sie, inwiefern dieser Ansatz für die Erklärung der Organisation von Firmen von Bedeutung ist.

Aufgabe 4

Der Transaktionskosten-Ansatz argumentiert, dass sich die Grenzen einer Firma aufgrund von Effizienzüberlegungen festlegen lassen. Welche Rolle spielen dabei die Charakteristika von Transaktionen? Welche Auswirkungen hat die Existenz von Transaktionskosten auf die Ausgestaltung von Verträgen?

Aufgabe 5

Was ist unter einem Hold-Up-Problem zu verstehen? Diskutieren Sie praktische Beispiele.

Aufgabe 6

Der eigentumsrechtliche Ansatz betont, dass die Zuordnung der Eigentumsrechte wichtig ist für die Investitionsanreize der Transaktionsparteien. Erklären Sie, weshalb die Zuordnung der Eigentumsrechte in einer zweiseitigen Hold-Up-Situation von Bedeutung ist.

2.9 Literatur

Baumol, W.J., Panzar, J.C., Willig, R.D. (1982): *Contestable Markets and the Theory of Industry Structure*. New York.

Baumol, W.J. (1977): "Weak Invisible Hand Theorems on the Sustainability of Multiproduct Natural Monopoly", *American Economic Review*, 67, 350-365.

Coase, R. (1937): "The Nature of the Firm", *Economica*, 4, 386-405.

Cyert, R.M., March, J.G. (1992): *A Behavioral Theory of the Firm* (2nd edition). Oxford.

Gibbons, R. (1998): "Incentives in Organizations", *Journal of Economic Perspectives*, 12, 115-132.

Grossman, S., Hart, O. (1986): "The Costs and Benefits of Ownership: A Theory of Vertical and Lateral Integration", *Journal of Political Economy*, 94, 691-719.

Hart, O. (1995): *Firms, Contracts, and Financial Structure*. Oxford.

Hart, O., Moore, J. (1990): "Property Rights and the Nature of the Firm", *Journal of Political Economy*, 98, 1119-1158.

Holmström, B., Roberts, J. (1998): "The Boundaries of the Firm Revisited", *Journal of Economic Perspectives*, 12, 73-94

Hunt, L.C., Lynk, E.L (1990): "Divesture of Telecommunications in the UK: A Time Series Analysis", *Oxford Bulletin of Economics and Statistics*, 52, 229-251.

Klein, B., Crawford, R., Alchian, A. (1978): "Vertical Integration, Appropriable Rents, and the Competitive Contracting Process", *Journal of Law and Economics*, 21, 297-326.

Mas-Colell, A., Whinston, M.D., Green, J.R. (1995): *Microeconomic Theory*. New York.

Panzar, J. (1989): "Technological Determinants of Firm and Industry Structure", in: Schmalensee, R., Willig, R. (Hrsg.): *Handbook of Industrial Organization*, Vol. 1, Amsterdam, 3-62.

Prendergast, C. (1998): "The Provision of Incentives in Firms", *Journal of Economic Literature*, 37, 7-63.

Sappington, D. (1994): "Designing Incentive Regulation", *Review of Industrial Organization*, 9, 245-272.

Shepherd, W. G. (1990): *The Economics of Industrial Organization (Third Edition)*. New Yersey.

Takayama, A. (1994): *Analytical Methods in Economics*. Hertfordshire.

Tirole, J. (1988): *The Theory of Industrial Organization*. Cambridge, Massachusetts.

Tirole, J. (1999): "Incomplete Contracts: Where Do We Stand?", *Econometrica*, 67, 741-781.

Williamson, O. (1985): *The Economic Institutions of Capitalism*. New York.

Williamson, O. (1975): *Markets and Hierarchies: Analysis and Antitrust Implications*. New York.

3
Grundmodelle in der Industrieökonomik

3.1 Einführung

Wie verhalten sich Firmen auf Märkten? Welche Preise setzen sie, und welchen Output stellen sie her? Welche Qualitätsentscheidungen treffen sie? Produzieren Firmen generell zu minimalen Kosten? Wie verhalten sich marktmächtige Firmen, d.h. Monopolisten oder Oligopolisten, gegenüber den Nachfragern und gegenüber (potentiellen) Konkurrenten? Welche strategischen Interaktionen ergeben sich zwischen oligopolistischen Firmen? Welche Auswirkungen haben vertikale Beziehungen zwischen den Firmen auf verschiedenen Stufen der Wertschöpfungskette?

Dies sind einige der zentralen Fragen, mit denen sich die Industrieökonomik beschäftigt. Sie bilden auch den Ausgangspunkt für das vorliegende Kapitel, das die wichtigsten analytischen Ansätze zur Beantwortung dieser Fragen präsentiert. Ziel dieses Kapitels ist es, das Verhalten marktmächtiger Firmen besser verstehen zu lernen.

Zunächst erörtern wir in knapper Form, welche Marktergebnisse auf polypolistischen Märkten — d.h. bei vollkommener bzw. monopolistischer Konkurrenz — zustande kommen. Anschliessend folgt eine Analyse der Marktergebnisbildung im Monopol (Abschnitt 3.3). Dabei abstrahieren wir vorerst von der Existenz potentiellen Wettbewerbs. Dies erlaubt es uns, wesentliche Aspekte des marktmächtigen Verhaltens in einem einfacheren Rahmen zu studieren. Wir verschaffen uns in Abschnitt 3.3.1 einen Überblick über Preis- und Mengenentscheidungen eines Monopolisten. Als Indikatoren zur Messung der Marktmacht führen wir den "Lerner-Index" und den "Ramsey-Index" ein. In Abschnitt 3.3.3 wird die produktive Effizienz eines Monopolisten untersucht. Schliesslich diskutieren wir in Abschnitt 3.3.4 verschiedene Erweiterungen des Grundmodells, die von praktischer Bedeutung sind.

In Abschnitt 3.4 heben wir die Einschränkung fehlender Konkurrenz auf und betrachten oligopolistische Märkte. Zu diesem Zweck führen wir anhand von einfachen Beispielen in Abschnitt 3.4.1 zunächst einige Grundbegriffe der nicht-kooperativen Spieltheorie ein, die für die Analyse oligopolistischer Wettbewerbssituationen unerlässlich sind. Als zentrale Bestandteile dieses Kapitels diskutieren wir anschliessend den Bertrand- und Cournot-Wettbewerb (Abschnitt 3.4.2 und 3.4.3). Schliesslich ergänzen wir die beiden Oligopol-Grundmodelle in Abschnitt 3.3.4 mit den für die Praxis relevanten Konzepten der Mengen- und Preisführerschaft, der Produktdifferenzierung und dem Limit Pricing.

3.2 Das Polypol

3.2.1 Vollkommene Konkurrenz

Herrscht in einem Markt vollkommene Konkurrenz, so sind fünf grundlegende Bedingungen erfüllt:

(i) das gehandelte Gut ist homogen, d.h. die Anbieter produzieren identische Güter;

(ii) es existiert eine Vielzahl von (atomistischen) Konkurrenten, deren Verhalten die anderen Anbieter nicht beeinflusst;

(iii) alle Marktteilnehmer sind perfekt informiert;

(iv) alle Anbieter haben Zugang zu derselben Produktionstechnologie; und

(v) der Marktzutritt ist frei.

Sind all diese Bedingungen erfüllt, so hat kein Anbieter die Möglichkeit, den Marktpreis für das Gut durch sein Verhalten zu beeinflussen. Der Marktpreis ist für jedes Unternehmen ein Datum und ergibt sich aus der Räumung des Gesamtmarktes, auf dem sich die verschiedenen Anbieter als *Preisnehmer* und *Mengenanpasser* verhalten. Halten wir zunächst die zentralen Ergebnisse fest, um das Marktergebnis charakterisieren zu können.[1]

---

[1] Vgl. z.B. VARIAN (1992, Kapitel 13) für eine ausführliche Darstellung.

a) Verhalten einer kompetitiven Firma

Angenommen, der Marktpreis für das homogene Gut sei p^c. Dann sieht sich eine kompetitive Firma i, die einen Preis p_i setzt, folgender Nachfrage gegenüber:

$$D(p_i) = \begin{cases} 0, & \text{wenn } p_i > p^c \\ \text{beliebig}, & \text{wenn } p_i = p^c \\ \infty, & \text{wenn } p_i < p^c \end{cases}. \qquad (3.1)$$

Theoretisch kann eine kompetitive Firma zwar einen beliebigen Preis setzen, die vollkommen elastische Nachfragefunktion $D(p_i)$ im kompetitiven Markt impliziert aber, dass sie *immer* den *Marktpreis* p^c setzen muss. Setzt sie einen höheren Preis p_i als den Marktpreis p^c, so fragt niemand ihr Produkt nach. Setzt sie einen tieferen Preis p_i als den Marktpreis p^c, so 'verschenkt' sie Gewinne, weil sie zum Marktpreis p^c ebenfalls eine beliebig hohe Menge verkaufen kann.

Das Optimierungsproblem für eine beliebige kompetitive Firma i ist von der Form

$$\max_{q_i} \ \pi_i = p^c q_i - C(q_i). \qquad (3.2)$$

Als Bedingungen erster und zweiter Ordnung erhalten wir

$$\underbrace{p^c}_{\text{Marktpreis}} = \underbrace{C'(q_i^c)}_{\text{Grenzkosten}} \qquad (3.3)$$

und

$$\underbrace{C''(q_i^c) > 0}_{\text{steigende Grenzkosten}}. \qquad (3.4)$$

Aus der Bedingung erster Ordnung folgt, dass die Angebotsmenge gerade so angepasst wird, dass die Grenzkosten dem (gegebenen) Marktpreis entsprechen. Die Bedingung zweiter Ordnung verlangt, dass die Firmen im Bereich steigender Grenzkosten operieren.

b) Marktgleichgewicht

Das Marktgleichgewicht bei n Anbietern stellt sich ein, wenn die Gesamtnachfrage dem Gesamtangebot auf diesem Markt entspricht:

$$\underbrace{\sum_{i=1}^{n} D_i(p^c)}_{\text{Gesamtnachfrage}} = \underbrace{\sum_{i=1}^{n} q_i}_{\text{Gesamtangebot}}. \qquad (3.5)$$

Das Gesamtangebot der n Firmen ergibt sich aus der (horizontalen) Aggregierung der individuellen Mengenangebote q_i. Weil jede Firma den Output so festlegt, dass der Preis gerade den Grenzkosten entspricht, weisen alle Firmen dieselben Grenzkosten auf. Das Marktergebnis ist in dem Sinne

58   3. Grundmodelle in der Industrieökonomik

effizient, dass für eine gegebene Produktionstechnologie alle Anbieter mit minimalen Kosten produzieren und keine Gewinne erzielen. Im folgenden Abschnitt werden wir am Beispiel der monopolistischen Konkurrenz zeigen, dass das Marktergebnis nicht mehr effizient ist, wenn die oben erwähnten Annahmen nicht erfüllt sind.

3.2.2 Monopolistische Konkurrenz

Beim Konzept der monopolistischen Konkurrenz (CHAMBERLIN 1933) handelt es sich um eine Erweiterung des Konzepts der vollkommenen Konkurrenz. Im Rahmen der monopolistischen Konkurrenz produzieren die Anbieter statt eines homogenen Gutes *differenzierte* Substitutionsgüter. Die Annahmen (ii) bis (v) bleiben unverändert.

Durch die Differenzierung des Gutes erhalten die Anbieter einen Preissetzungsspielraum — auch als *aquisitorisches Potential* bezeichnet — d.h. die Anbieter sind nicht mehr Preisnehmer, sondern *Preissetzer*. Innerhalb dieses Preissetzungsspielraums maximiert jeder Anbieter seinen Gewinn. Weil er dabei keine Auswirkungen auf die Konkurrenten berücksichtigen muss,[2] verhält er sich bei gegebener Nachfrage wie ein Monopolist. Das Verhalten eines Monopolisten wird in Abschnitt 3.3 detaillierter analysiert. Wir beschränken uns an dieser Stelle deshalb darauf, die wichtigsten Ergebnisse zum kurz- und langfristigen Gleichgewicht bei monopolistischer Konkurrenz in Erinnerung zu rufen.

a) kurzfristiges Gleichgewicht

Im kurzfristigen Gleichgewicht ist die Anzahl n der Firmen gegeben. Jede Firma i setzt dann ihren Preis p_i so, dass sie bei gegebener Nachfrage ihren Gewinn maximiert. Sie setzt deshalb ihren Monopolpreis p_i^{mc}, bei dem die Preissetzungsregel "Grenzerlös = Grenzkosten" erfüllt ist (vgl. Abschnitt 3.3). In der Regel wird dabei ein positiver Gewinn π_i^{mc} realisiert.

b) langfristiges Gleichgewicht

Im langfristigen Gleichgewicht ist die Anzahl n der Firmen variabel. Das kurzfristige Gleichgewicht fällt nur dann mit dem langfristigen Gleichgewicht zusammen, wenn alle n Anbieter Gewinne von $\pi_i^{mc} = 0$ erzielen. Erwirtschaften die Firmen hingegen einen Gewinn, so treten neue Anbieter in den Markt ein und die Gesamtnachfrage im Markt wird dadurch neu aufgeteilt. Als Folge davon sehen sich die etablierten Anbieter einer geringeren Nachfrage gegenüber und müssen ihre Preise nach unten anpassen. Der Prozess wiederholter Marktzutritte setzt sich solange fort, bis

---

[2]Beachte, dass weiterhin eine Vielzahl atomistischer Anbieter am Markt operiert.

die Gewinne aller Anbieter auf null sinken.³ Im langfristigen Gleichgewicht setzen die Firmen ihre Preise wiederum gemäss der Regel "Grenzerlös = Grenzkosten"; dennoch erzielen sie — wie auf Märkten mit vollkommener Konkurrenz — *keine Gewinne*. Weil im langfristigen Gleichgewicht der Preis nicht mit den Grenzkosten übereinstimmt, ergibt sich im Vergleich zur vollkommenen Konkurrenz jedoch ein Wohlfahrtsverlust: Es existieren unausgenützte Handelsgewinne, weil Nachfrager nicht bedient werden, deren Zahlungsbereitschaft grösser ist als die gesellschaftlichen Kosten einer Outputerhöhung.

3.3 Das Monopol

Wir wollen nun Märkte betrachten, auf denen die Unternehmen Einfluss auf den Preis des Absatzmarktes nehmen und somit das Marktergebnis in einem gewissen Ausmass bestimmen können. In einem Monopol tritt auf dem Markt ein einziger Verkäufer auf. Die für den Monopolisten relevante Nachfrage ist also zugleich die entsprechende Marktnachfrage. Das gewinnmaximierende Verhalten des Monopolisten lässt zwei alternative Strategien zu: (i) der Preis wird festgesetzt und die Menge entsprechend angepasst (der Monopolist ist dann '*Preissetzer und Mengennehmer*'), oder (ii) die Menge wird festgesetzt und der Preis entsprechend angepasst ('*Mengensetzer und Preisnehmer*'). In Abschnitt 3.3.1 betrachten wir zunächst die zweite Strategie und zeigen dann, dass die erste zum selben Ergebnis führt. In Abschnitt 3.3.2 untersuchen wir, ob ein Monopolist seine Marktmacht benützt, um systematisch Produkte mit zu geringer Qualität herzustellen. Abschliessend diskutieren wir in Abschnitt 3.3.3, ob ein Monopolist zu minimalen Kosten produziert.

3.3.1 Preise und Mengen

Wir gehen davon aus, dass sowohl die Kostenfunktion des Monopolisten $C(q)$ als auch die Marktnachfrage $q = D(p)$ und deren Inverse $D^{-1}(q) \equiv P(q) = p$ gegeben ist. Wir nehmen zudem an, dass die Nachfrage mit steigendem Preis abnimmt ($D'(p) < 0$) und dass die Grenzkosten mit steigendem Output zunehmen ($C'(q) > 0$).

a) Mengensetzer und Preisnehmer

Will man die optimale Menge des Monopolisten festlegen, so muss das Gewinnmaximierungsproblem des Monopolisten als Funktion der Menge q

---

³Ein analoges Argument gilt, wenn die Firmen im kurzfristigen Gleichgewicht Verluste erwirtschaften. Dann scheiden Firmen aus dem Markt aus, bis die Gewinne null betragen.

ausgedrückt werden. Unter Verwendung der oben definierten Funktionen lautet es wie folgt:
$$\max_{q} \pi = P(q)q - C(q). \qquad (3.6)$$

Die vom Monopolisten gewählte gewinnmaximale Menge q^m muss der Bedingung erster Ordnung

$$P(q^m) + P'(q^m)q^m - C'(q^m) = 0 \qquad (3.7)$$

genügen. Daraus ergibt sich direkt die bekannte *Monopol-Preissetzungsregel*

$$\underbrace{P(q^m) + P'(q^m)q^m}_{\text{Grenzerlös}} = \underbrace{C'(q^m)}_{\text{Grenzkosten}}, \qquad (3.8)$$

wonach im Optimum die Grenzkosten einer marginalen Outputerhöhung dem Grenzerlös entsprechen müssen. An dieser Stelle ist ein Vergleich mit der Preissetzungsregel (3.3) bei vollkommener Konkurrenz aufschlussreich. Es fällt unmittelbar auf, dass sich die beiden Regeln lediglich durch den Term $P'(q)q$ unterscheiden. Dieser Unterschied ergibt sich durch die Tatsache, dass der Preis für die Anbieter bei vollkommener Konkurrenz ein Datum darstellt und somit unabhängig ist von der produzierten Menge eines einzelnen Anbieters. Folglich muss die Ableitung des Marktpreises nach dem Output null sein, und es gilt wegen $P'(q) = 0$ auch $P'(q)q = 0$.[4] Der Monopolist hingegen vermag durch seine Mengenwahl die Marktnachfrage zu beeinflussen. Der Term $P'(q^m)q^m$ reflektiert die damit einhergehende Veränderung seines Erlöses.

Aus (3.8) lässt sich ein weiteres wichtiges Ergebnis zum Preissetzungsverhalten eines Monopolisten ableiten. Bringt man den Grenzkosten-Term auf die linke Seite und dividiert beide Seiten durch den Monopolpreis, so ergibt sich

$$\underbrace{\frac{p^m - C'(q^m)}{p^m}}_{\text{Lerner-Index}} = -\frac{P'(q^m)q^m}{p^m} \equiv \frac{1}{\varepsilon}. \qquad (3.9)$$

Auf der linken Seite von (3.9) steht die Differenz zwischen dem Monopolpreis p^m und den Grenzkosten $C'(q^m)$, die auch als "*Markup*" bezeichnet wird, relativ zum Preis p^m. Dieser Quotient wird als *Lerner-Index* bezeichnet. Auf der rechten Seite steht der *Kehrwert der Preiselastizität der Nachfrage* ε beim Monopolpreis p^m. Der Lerner-Index definiert auf einfache Weise den Preissetzungsspielraum des Monopolisten: *Der gewinnmaximale Monopolpreis kann umso stärker von den Grenzkosten abweichen, je geringer die Nachfrageelastizität für das produzierte Gut ist.* Wir können dieses Ergebnis auch anders formulieren: Ein gewinnmaximierender Monopolist

---

[4] Grafisch ist dies daran zu erkennen, dass die Nachfragefunktion bei vollkommener Konkurrenz eine Horizontale ist.

setzt generell einen Preis p^m über den Grenzkosten $C'(q^m)$. Mit dieser Preissetzungspolitik ist folglich auch eine zu geringe Angebotsmenge q^m verbunden — relativ zum Marktergebnis unter vollkommener Konkurrenz.

Die Intuition für dieses Ergebnis ist denkbar einfach: Der Monopolist muss den Nachfragerückgang berücksichtigen, der sich infolge einer Preiserhöhung ergibt. Je stärker dieser Nachfragerückgang ausfällt, desto tiefer ist der Monopolpreis. Beachte schliesslich, dass der Monopolpreis mit steigenden Grenzkosten zunimmt, d.h. je höher die Grenzkosten des Monopolisten sind, desto höher ist auch der gewinnmaximale Preis.[5]

b) Preissetzer und Mengennehmer

Wir wollen nun zeigen, dass sich dasselbe Ergebnis ergibt, wenn der Monopolist den Preis setzt und die Menge entsprechend anpasst. Das Optimierungsproblem wird nun in Abhängigkeit von p ausgedrückt und lautet

$$\max_{p} \pi = pD(p) - C(D(p)).$$

Der vom Monopolisten gesetzte, gewinnmaximale Preis muss deshalb folgende Bedingung erster Ordnung erfüllen:

$$D(p^m) + p^m D'(p^m) - C'(D(p^m)) \cdot D'(p^m) = 0.$$

Durch einfaches Umformen erhält man

$$p^m - C'(p^m) = -\frac{D(p^m)}{D'(p^m)}.$$

Dividiert man nun beide Seiten durch p^m, so ergibt sich

$$\underbrace{\frac{p^m - C'(q^m)}{p^m}}_{\text{Lerner-Index}} = -\frac{D(p^m)}{D'(p^m) \cdot p^m} \equiv \frac{1}{\varepsilon}, \quad (3.10)$$

d.h. auf der linken Seite steht wiederum der Lerner-Index, und rechts muss folglich wiederum der Kehrwert der Nachfrageelastizität stehen.[6]

c) Wohlfahrtseffekte

Wir wollen nun auf die Frage eingehen, welche Wohlfahrtseffekte das Preissetzungsverhalten eines Monopolisten hat. Wir können das Argument qualitativ anhand von Abb. 3.1 für den Fall einer linearen Nachfragefunktion veranschaulichen.

---

[5] Vgl. Anhang 3.5.1 für einen formalen Nachweis.
[6] Vgl. Anhang 3.5.2 für den Nachweis, dass $-\frac{P'(q^m)q^m}{p^m} = -\frac{D(p^m)}{D'(p^m) \cdot p^m} \equiv \frac{1}{\varepsilon}$.

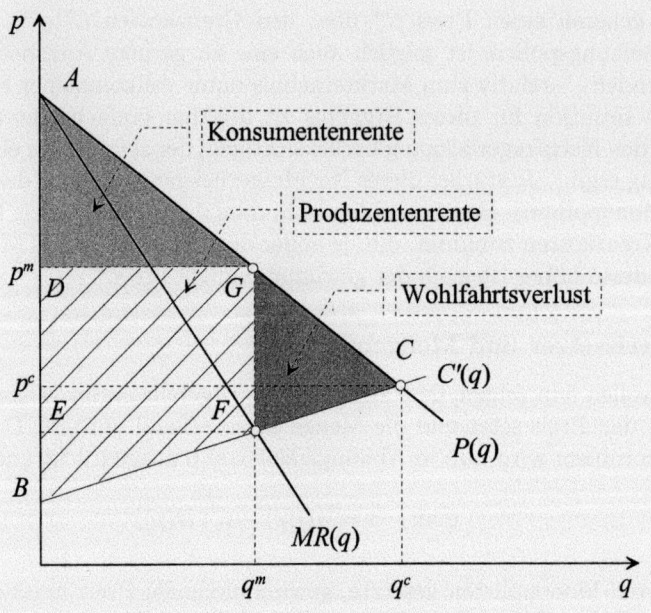

Abb. 3.1. Das Eingüter-Monopol

Die *Wohlfahrt* W ist als Summe der Konsumentenrente S und der Produzentenrente, die durch den Gewinn π des Monopolisten gegeben ist, definiert: $W \equiv S + \pi$.[7] Um die Wohlfahrtseffekte des monopolistischen Preissetzungsverhaltens zu bestimmen, muss die Wohlfahrt bei vollkommener Konkurrenz W^c mit der Wohlfahrt beim Vorliegen eines Monopols verglichen werden. Bei vollkommener Konkurrenz wird die Wohlfahrt durch die Fläche $W^c = ABC$ dargestellt. Bei einem Monopol hingegen beträgt die Wohlfahrt lediglich $W^m = ABFG$. Folglich entsteht ein *Wohlfahrtsverlust* im Umfang von $W^c - W^m = GFC$.

Wie bereits erwähnt, entspricht die Wohlfahrt bei vollkommener Konkurrenz der Fläche ABC zwischen der Nachfrage- und der Kostenfunktion. Wir können nun auf eine einfache Weise zeigen, dass das Marktergebnis unter vollkommener Konkurrenz die Wohlfahrt maximiert. Zu diesem Zweck betrachten wir das Maximierungsproblem

$$\max_{q} \quad W(q) = \int_0^q [P(\tilde{q}) - C'(\tilde{q})] d\tilde{q}.$$

Die Bedingung erster Ordnung lautet

$$P(q^c) = C'(q^c)$$

---

[7] Der Gewinn des Monopolisten ergibt sich als Differenz zwischen dem Erlös $P(q^m)q^m$ und den bei diesem Output anfallenden Kosten $\int_0^{q^m} C'(q) dq$.

und entspricht gerade der Preissetzungsregel bei vollkommener Konkurrenz. Weil der Monopolist einen Preis $p^m > p^c$ setzt, entsteht ein Wohlfahrtsverlust. Darüber hinaus findet wegen des höheren Preises auch eine Umverteilung von den Konsumenten zum Monopolisten statt.

Der Wohlfahrtsverlust hat übrigens eine interessante Eigenschaft. Er nimmt nicht notwendigerweise mit steigender Preiselastizität der Nachfrage ab. Dieses Ergebnis mag erstaunen, da die Preisverzerrung ceteris paribus mit steigender Preiselastizität der Nachfrage — wie wir bei der Diskussion des Lerner-Indexes weiter oben gesehen haben — abnimmt. Die Erklärung für dieses Ergebnis ist jedoch einleuchtend. Bei preisunelastischer Nachfrage geht die Nachfrage weniger stark zurück, wenn der Preis steigt. Die Preissteigerung hat dann vor allem eine Rentenumverteilung von den Konsumenten zum Monopolisten zur Folge. Unter diesen Bedingungen ist es nicht zwingend, dass der Wohlfahrtsverlust mit steigender Preiselastizität der Nachfrage monoton abnimmt (vgl. TIROLE 1988, 67).

3.3.2 Qualität

Stellt ein Monopolist systematisch Produkte mit zu geringer Qualität her? Diese Frage wollen wir anhand des in Abschnitt 3.3.1 eingeführten Modells beantworten.[8] Zu diesem Zweck nehmen wir an, das vom Monopolisten hergestellte Gut weise eine bestimmte Qualität θ auf. Die Nachfragefunktion laute also $q = D(p, \theta)$; sie legt die Menge q fest, die bei einem bestimmten Preis p und der Qualität θ nachgefragt wird. Steigende Qualität habe eine Zunahme der Nachfrage zur Folge und verursache steigende Kosten für den Produzenten.[9] $C(q, \theta)$ bezeichnet die gesamten Kosten, welche für die Produktion von q Einheiten mit der Qualität θ anfallen.

Wir werden nun zeigen, dass der Monopolist — relativ zum sozialen Optimum — bei einem gegebenen Preis ein Produkt mit zu geringer Qualität herstellt. Die Intuition für dieses Ergebnis ist wie folgt: Ein gewinnmaximierender Monopolist berücksichtigt nicht, dass die Erhöhung der Qualität einen Einfluss auf die Konsumentenrente hat. Oder anders formuliert: Der Monopolist interessiert sich nicht für die Konsumentenrente, solange er diese nicht abschöpfen kann (z.B. durch Preisdiskriminierung); er stützt seine Qualitätsentscheidung alleine auf den Monopolgewinn. Weil auf diese Weise nicht alle positiven Qualitätseffekte berücksichtigt werden, resultiert eine zu geringe Produktqualität.

Der formale Nachweis folgt dieser Intuition. Bei Berücksichtigung des Qualitätslevels entspricht die Wohlfahrt $W(p, \theta) = S(p, \theta) + \pi(p, \theta)$. Für eine gegebene Nachfragefunktion $D(p, \theta)$ gilt für die Konsumentenrente

---

[8] Die hier verwendete, vereinfachende Argumentation basiert auf SPENCE (1975).
[9] Formal gilt $D_\theta(q, \theta) > 0$ und $C_\theta(q, \theta) > 0$.

$S(p,\theta) = \int_p^\infty D(\tilde{p},\theta)d\tilde{p}$. Die Wohlfahrt lässt sich also wie folgt schreiben:

$$W(p,\theta) = \int_p^\infty D(\tilde{p},\theta)d\tilde{p} + \pi(p,\theta).$$

Als Bedingung erster Ordnung für das *wohlfahrtsoptimale* Qualitätsniveau ergibt sich

$$\frac{dW(p,\theta)}{d\theta} = \int_p^\infty D_\theta(\tilde{p},\theta)d\tilde{p} + \pi_\theta(p,\theta) = 0. \qquad (3.11)$$

Wenn der Monopolist das *gewinnmaximale* Qualitätsniveau festsetzt, so optimiert er nicht bezüglich S, sondern maximiert ausschliesslich seinen Gewinn $\pi(p,\theta)$; daraus ergibt sich die Optimalitätsbedingung $\pi_\theta(p^m,\theta) = 0$. Weil eine höhere Qualität den Konsumnutzen des Produktes steigert ($D_\theta(\cdot) > 0$), muss beim Monopolpreis p^m

$$\int_{p^m}^\infty D_\theta(p,\theta)dp + \pi_\theta(p^m,\theta) > \pi_\theta(p^m,\theta) = 0 \qquad (3.12)$$

gelten. Gleichung (3.12) zeigt, dass der Monopolist beim Monopolpreis p^m generell *zuwenig* Qualität bereitstellt: Eine marginale Qualitätserhöhung hat im Optimum keine Auswirkung auf den Gewinn, aber einen positiven Effekt auf die Konsumentenrente.

Beachte, dass dieser Qualitätsvergleich auf einem gegebenen Preis, nämlich dem Monopolpreis p^m, basiert.[10] In Abschnitt 3.3.1 wurde aber gezeigt, dass p^m höher ist als der Konkurrenzpreis p^c. Diese Einschränkung gilt es zu beachten, wenn es um einen Vergleich mit anderen Marktformen wie der vollkommenen oder der oligopolistischen Konkurrenz geht. Dann ist es durchaus denkbar, dass es für den Monopolisten optimal ist, beim höheren Monopolpreis auch eine vergleichsweise höhere Qualität anzubieten.[11]

3.3.3 Kosten

Ein eingänglicher Satz von HICKS (1935) fasst die verbreitete Meinung zusammen, dass Monopolisten nicht nur überhöhte Preise verlangen und zu wenig Qualität bereitstellen, sondern auch ineffizient bzw. mit *überhöhten Kosten* produzieren:

> "The best of all monopoly profits is a quiet life."

LEIBENSTEIN (1966) konkretisiert diese Behauptung mit dem Konzept der *X-Ineffizienz*. Er stellt die Annahme in Frage, dass Firmen mit einer

---

[10] Die Argumentation ist allerdings für einen beliebigen, gegebenen Preis p korrekt.
[11] Vgl. WOLFSTETTER (1999, 21 f.) für eine ausführlichere Darstellung.

bestimmten Kostenfunktion $C(q)$ produzieren und damit *automatisch* effizient produzieren. Seiner Auffassung nach drückt sich die Produktionsineffizienz der Firmen dadurch aus, dass die Kosten der Firma für ein beliebiges Outputniveau q nicht durch die Kostenfunktion $C(q)$ — den geometrischen Ort der *minimalen* Kosten für die Produktion der Outputmenge q — repräsentiert werden, sondern durch eine effektive Kostenfunktion $C_{\text{eff.}}(q) > C(q)$ für beliebige q. Dabei gilt, dass die Firma umso X-ineffizienter produziert, je stärker die effektiven Kosten von den minimalen Kosten abweichen.

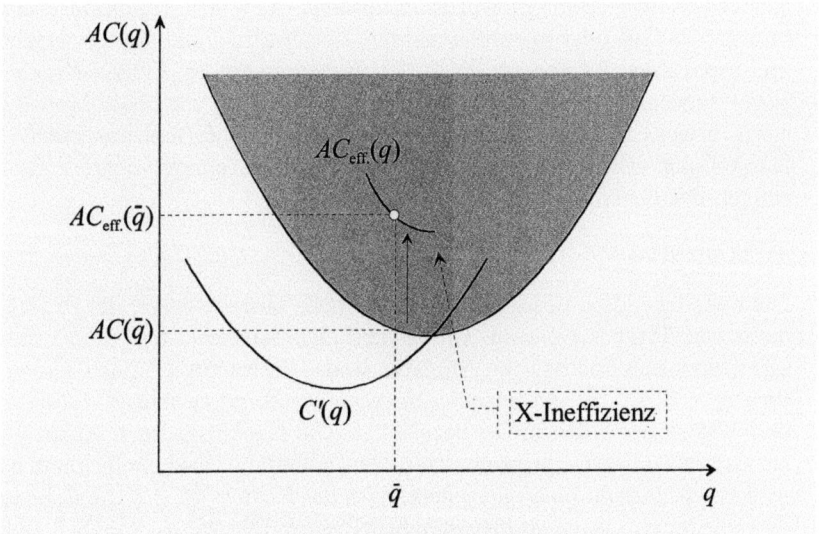

Abb. 3.2. Beispiel einer X-Ineffizienz

Abb. 3.2 fasst das Konzept der X-Ineffizienz anhand eines Beispiels mit U-förmiger Durchschnittskostenfunktion zusammen. Der Output $\bar{q}$ wird nicht mit den Durchschnittskosten $AC(\bar{q})$, sondern mit effektiven Durchschnittskosten $AC_{\text{eff.}}(\bar{q})$ produziert. Der Produktionsprozess unterliegt folglich einer *X-Ineffizienz*.

Die moderne Interpretation dieses Ansatzes basiert auf der in Kapitel 2 diskutierten Theorie der Firma, insbesondere dem Prinzipal-Agent-Ansatz. Dieser zeigt, dass Ineffizienzen in Form von überhöhten Kosten z.B. durch Delegations-, Kontroll- und Anreizprobleme verursacht werden können. Solche Probleme treten selbstverständlich nicht nur in monopolistischen Firmen auf. In einer neueren Arbeit untersucht SCHMIDT (1997), wie sich eine Veränderung der Wettbewerbsverhältnisse auf die X-Ineffizienz bzw. den "Managerial Slack" auswirkt. Er geht davon aus, dass sich die Intensivierung des Wettbewerbs zunächst in einer Reduktion der Firmengewinne niederschlägt. Für eine Firma mit hohen Kosten führt dies unter Umständen dazu, dass sie aus dem Markt ausscheidet, wenn es ihr nicht gelingt, die Kosten zu senken. Dies führt generell zu einer Erhöhung der Leistungsanreize. Gleichzeitig hat die Intensivierung des Wettbewerbs aber möglicherweise zur Folge, dass eine Kostenreduktion weniger profitabel ist, wodurch die Leistungsanreize sinken. Der Gesamteffekt einer Intensivierung des Wettbewerbs auf die X-Ineffizienz ist deshalb nicht eindeutig.

3.3.4 Erweiterungen

Das bisher diskutierte Modell des Monopols ging von starken Vereinfachungen aus. Unter anderem wurde unterstellt, dass der Monopolist nur ein homogenes Gut oder allenfalls mehrere Güter mit unabhängiger Nachfrage und separablen Kosten produziert. Um interessantere, für die Praxis relevante Anwendungen diskutieren zu können, müssen wir unser Modell noch etwas erweitern. Anstelle einer umfassenden und formal anspruchsvollen Darstellung wollen wir uns darauf beschränken, einige wichtige Erweiterungen des Grundmodells zu diskutieren.[12]

a) Mehrgüter-Fall

Die naheliegendste Erweiterung des Modells besteht darin, die Produktion mehrerer Güter zuzulassen. Dabei wird angenommen, dass die Firmen für alle Güter monopolistische Anbieter sind. Die Nachfrage nach diesen Gütern q_i, $i = 1, ..., n$, ist gegeben durch $q_i = D_i(\mathbf{p})$, wobei $\mathbf{p} = (p_1, ..., p_n)$ den Vektor der Güterpreise bezeichnet. Die Nachfrage nach einem Gut q_i ist also von allen Güterpreisen $p_1, ..., p_n$ abhängig. Der Einfachheit halber wollen wir zudem davon ausgehen, dass die Kosten für die Herstellung der verschiedenen Güter additiv separabel seien: $C(q_1, ..., q_n) = \sum_{i=1}^{n} C_i(q_i)$. Das Gewinnmaximierungsproblem des Monopolisten lässt sich dann formal wie folgt darstellen:

$$\max_{\mathbf{p}} \pi(\mathbf{p}) = \sum_{i=1}^{n} p_i D_i(\mathbf{p}) - \sum_{i=1}^{n} C_i(D_i(\mathbf{p})). \tag{3.13}$$

Mittels Differenzieren nach p_i ergibt sich nach einigen Umformungen analog zu Gleichung (3.10) die Beziehung

$$\underbrace{\frac{p_i^m - C_i'}{p_i^m}}_{\text{Lerner-Index für Gut } i} = \underbrace{\frac{1}{\varepsilon_{ii}} - \sum_{j \neq i} \frac{(p_j^m - C_j') D_j \varepsilon_{ij}}{R_i \varepsilon_{ii}}}_{\text{Ramsey-Index für Gut } i}, \tag{3.14}$$

mit

$$\varepsilon_{ii} \equiv -\frac{(\partial D_i / \partial p_i) \, p_i^m}{D_i}, \quad \varepsilon_{ij} \equiv -\frac{(\partial D_j / \partial p_i) \, p_i^m}{D_j} \quad \text{und} \quad R_i \equiv p_i D_i.$$

---

[12]Vgl. WOLFSTETTER (1999, Kap. 1) und TIROLE (1989, Kap. 2 und 3) für weiterführende Lehrbuch-Darstellungen.

Die Variable ε_{ii} bezeichnet die (Eigen-)Preiselastizität der Nachfrage, ε_{ij} ist die Kreuzpreiselastizität der Nachfrage, und R_i bezeichnet den Erlös aus dem Verkauf von Gut i.[13]

Der *Ramsey-Index* auf der rechten Seite von Beziehung (3.14) hat eine einfache, aber interessante Interpretation. Angenommen, die vom Monopolisten hergestellten Güter sind Substitute,[14] d.h. sie *konkurrenzieren* einander: Die Nachfrage nach Gut j nimmt zu, wenn der Preis von Gut i steigt ($\partial D_j/\partial p_i > 0$). Die Kreuzpreiselastizität ε_{ij} ist folglich negativ. Insgesamt ist dann der zweite Term auf der rechten Seite grösser als null, woraus unmittelbar folgt, dass der Lerner-Index grösser als $1/\varepsilon_{ii}$ ist. Wir können dieses Ergebnis wie folgt interpretieren: Der Monopolist, welcher mehrere Güter mit interdependenter Nachfrage herstellt, muss beachten, dass sich seine Produkte gegenseitig konkurrenzieren. Um diesen gewinnschmälernden Effekt abzuschwächen, müssen die Güter zu einem höheren Preis angeboten werden. Als Folge davon ergibt sich ein höherer Markup.

Im Falle von *komplementären* Gütern[15] gilt eine analoge Überlegung. Weil eine Preiserhöhung für Gut i eine Reduktion der Nachfrage nach Gut j zur Folge hat ($\partial D_j/\partial p_i < 0$), sollten die Produkte zu tieferen Preisen — also mit einem geringeren Markup — angeboten werden als bei unabhängiger Nachfrage.

Ergebnis (3.14) ist die Grundlage für die Diskussion vieler praktischer Fragestellungen. Nachfolgend gehen wir auf folgende Themen ein: Warum und auf welche Weise diskriminieren Monopolisten die Preise für verschiedene Kundengruppen? Wie werden die Preise gesetzt, wenn der Monopolist sein Produkt in mehreren Perioden verkaufen will? Was, wenn die verkauften Produkte langlebig sind und sich in zukünftigen Perioden als potentielle Konkurrenzprodukte im Markt befinden?

b) Preisdiskriminierung

Wir wollen von folgender Definition ausgehen:

Definition 3.3.1 *Preisdiskriminierung* *liegt dann vor, wenn identische Einheiten eines homogenen Gutes zu unterschiedlichen Preisen verkauft werden.*

Preisdiskriminierung[16] ist nur dann möglich, wenn drei Anforderungen erfüllt sind:

---

[13] Der interessierte Leser findet die Herleitung von (3.14) in Anhang 3.5.3.
[14] Typische Beispiele für Substitute sind Skier und Snowboards.
[15] Als Beispiele für Komplemente seien Computer-Hardware und -Software genannt.
[16] Vgl. PHLIPS (1983) oder VARIAN (1989) für ausführlichere Darstellungen zur Preisdiskriminierung.

1. Der Verkäufer kann den Preis setzen; das heisst, er verfügt über *Marktmacht*. Bei vollständiger Konkurrenz ist (profitable) Preisdiskriminierung ausgeschlossen, weil die Unternehmen Preisnehmer sind.

2. Der Verkäufer ist in der Lage, die verschiedenen potentiellen Nachfrager unterschiedlich zu behandeln bzw. zu *sortieren*.

3. Die Möglichkeiten für *Arbitrage*-Geschäfte sind hinreichend stark beschränkt. Ist diese Bedingung nicht erfüllt, können diejenigen Nachfrager, die das Gut zu tieferen Preisen erworben haben, profitabel mit Nachfragern handeln, die sich höheren Preisen gegenüber sehen, und damit den Marktpreis im Hochpreissegment reduzieren.

Freiwillige Preisdiskriminierung kann den Gewinn des Monopolisten per Definition nicht senken: Ein Monopolist, der seine Preise differenziert, kann immer mindestens denselben Gewinn erzielen wie ein Monopolist, der einen uniformen Preis setzt. Die obige Analyse des Preissetzungsverhaltens eines Mehrgüter-Monopolisten legt nahe, dass Monopolisten beispielsweise dann differenzierte Preise für verschiedene regionale Märkte setzen, wenn die Preiselastizitäten der Nachfrage in diesen Märkten voneinander abweichen.

Zur Illustration wollen wir einen Monopolisten betrachten, der ein homogenes Gut in n verschiedenen Märkten mit *unabhängigen* Nachfragen $q_i = D_i(p_i)$ verkauft. Der Gesamtoutput wird zu Grenzkosten $C'(\sum_{i=1}^{n} q_i)$ produziert. Gleichung (3.14) zeigt, dass für diesen Fall die jeweiligen Preise p_i, $i = 1, ..., n$, gegeben sind durch die Relation

$$\frac{p_i^m - C'}{p_i^m} = \frac{1}{\varepsilon_{ii}}.$$

Der Monopolist setzt also in Märkten mit tieferer Preiselastizität der Nachfrage einen grösseren Markup und verlangt deshalb einen höheren Preis.[17] Relativ zur Situation ohne Preisdiskriminierung werden auf diese Weise die Nachfrager in Märkten mit höherer Preiselastizität auf Kosten der Nachfrager in Märkten mit geringerer Preiselastizität bevorteilt.

SCHERER und ROSS (1990, 491 ff.) geben — basierend auf MACHLUP (1955) — einen Überblick über die vielfältigen Arten der Preisdiskriminierung, wie sie in der Praxis beobachtet werden können. Tab. 3.1 fasst die verschiedenen Preisdiskriminierungsstrategien zusammen.

Der erste Teil der Tabelle umfasst Preisdiskriminierungsstrategien, die auf den unterschiedlichen *persönlichen Eigenschaften* der Transaktionspartner basieren. Der zweite Teil enthält Preisdifferenzierungsstrategien, die auf Unterschieden zwischen verschiedenen *Konsumentengruppen* aufbauen. Im dritten Teil der Tabelle werden Preisdiskriminierungsstrategien

---

[17]Dieses Preissetzungsverhalten wird oft als "Ramsey-Pricing" bezeichnet. Vgl. BROWN und SIBLEY (1986) für eine ausführlichere Analyse des Ramsey-Pricing.

Pricing-Strategie	Umschreibung
"Haggle-every-time"	Verhandlung über jede Transaktion
"Give-in-if-you-must"	Geheime Listenpreis-Abweichungen
"Size-up-their-income"	Hohe Einkommen bezahlen mehr
"Measure-the-use"	Nutzungsabhängige Preise
"Absorb-the-freight"	Transportkosten-Internalisierung
"Kill-the-rival"	Kampfpreise in spezifischen Märkten
"Dump-the-surplus"	Überangebote zu Tiefpreisen abstossen
"Get-the-most-from-each-region"	Hoch- und Tiefpreisregionen bilden
"Promote-new-costumers"	Neue Kunden erhalten tiefere Preise
"Keep-them-loyal"	Spezialpreise für treue Kunden
"Sort-them-by-time-value"	Coupons für geduldige/flexible Kunden
"Divide-them-by-elasticity"	Elastizitätsabhängige Preise
"Appeal-to-the-classes"	Preis- grösser als Qualitätsdifferenzen
"Make-them-pay-for-the-label"	Versch. Marken für homogene Produkte
"Clear-the-stock"	Sonder- und Schlussverkäufe
"Switch-them-to-off-peak-times"	Zeitabhängige Preise
"Bundle-the-outputs"	Produkte zu Paketen bündeln

Tab. 3.1. Arten von Preisdiskriminierung

diskutiert, die sich unterschiedliche *Produkteigenschaften* zu Nutze machen. Die Aufstellung illustriert, dass dem Monopolisten hinsichtlich der Ausgestaltung seiner Preise kaum Grenzen gesetzt sind. Dabei ist allerdings zu beachten, dass das geltende Wettbewerbsrecht in vielen Ländern Preisdiskriminierung durch marktmächtige Unternehmen verbietet oder einschränkt.

In der ökonomischen Literatur wird die Diskriminierung der Preise nach den relevanten Eigenschaften der Nachfrage — beispielsweise also nach der Preiselastizität der Nachfrage — als Preisdiskriminierung *dritten Grades* bezeichnet. Im Unterschied hierzu wird bei der Preisdiskriminierung *ersten Grades* jede Einheit eines homogenen Gutes zum Reservationspreis des jeweiligen Nachfragers verkauft. Mit anderen Worten: Jeder Nachfrager bezahlt exakt den Preis, welcher seiner maximalen individuellen Zahlungsbereitschaft entspricht. Auf diese Weise kann sich der Monopolist theoretisch die gesamte Konsumentenrente aneignen, was in der Praxis aufgrund fehlender Informationen über die Zahlungsbereitschaft der Nachfrager und der Arbitragemöglichkeiten unter den Käufern allerdings kaum möglich ist. Ein Monopolist wird deshalb bestrebt sein, ein Preissystem zu entwickeln, das die Informationsvorteile der Nachfrager ausnutzt und es ihm erlaubt, die Konsumentenrente wenigstens partiell abzuschöpfen. Ein solches System umfasst ein Menü von verschiedenen Kaufverträgen, aus denen der potentielle Käufer seinen präferierten Vertrag auswählen kann. Die Anwendung

3. Grundmodelle in der Industrieökonomik

solcher Anreizsysteme zur "Selbst-Selektion" verschiedener Nachfragerklassen wird als Preisdifferenzierung *zweiten Grades* bezeichnet.[18]

c) Intertemporale Preissetzung und Goodwill

Das Resultat von Gleichung (3.14) lässt sich auch direkt für die Analyse der gewinnmaximierenden Preissetzungsstrategie über die Zeit heranziehen. Angenommen, der Monopolist verkauft dasselbe Produkt in zwei aufeinanderfolgenden Perioden $t = 1, 2$, wobei der Diskontfaktor δ der Einfachheit halber mit $\delta = 1$ angenommen ist. Es gebe einen *Goodwill*-Effekt durch tiefe Preise in der ersten Periode — weil tiefe Preise beispielsweise die Bekanntheit des Produkts erhöhen —, so dass $\partial D_2 / \partial p_1 < 0$ ist, wobei D_2 die Nachfrage nach dem Gut in der zweiten Periode bezeichnet. Der Gesamtgewinn des Monopolisten ist dann gegeben durch

$$\pi = \underbrace{p_1 D_1(p_1) - C_1(D_1(p_1))}_{\text{Periode 1}} + \underbrace{p_2 D_2(p_1, p_2) - C_2(D_2(p_1, p_2))}_{\text{Periode 2}}.$$

Wenn wir diesen Gewinn bezüglich der Preise p_1 und p_2 maximieren, führt das auf ein zu Beziehung (3.13) äquivalentes Problem mit interdependenten Nachfragefunktionen $D_1(\cdot)$ und $D_2(\cdot)$. Die gewinnmaximalen Preise entsprechen demzufolge denjenigen, welche durch (3.14) bestimmt werden. In der zweiten Periode setzt der Monopolist den Preis wegen $\partial D_1 / \partial p_2 = 0$ so, dass der Lerner-Index dem Kehrwert der Nachfrageelastizität der zweiten Periode entspricht. Formal gilt also $(p_2^m - C_2')/p_2^m = 1/\varepsilon_2$. In der ersten Periode hingegen setzt der Monopolist einen Preis, der *tiefer* ist als der statische Monopolpreis in dieser Periode. Dieses Argument ist unmittelbar einleuchtend, wenn wir wiederum die Beziehung (3.14) betrachten: ε_{12} ist positiv wegen $\partial D_2 / \partial p_1 < 0$ und als Folge davon ist der Lerner-Index und der Markup geringer, weil wir von der positiven inversen Preiselastizität der Nachfrage eine positive Zahl abziehen.

Die Intuition für dieses Ergebnis ist klar: Ein tiefer Preis "heute" steigert die Nachfrage "morgen", was der Monopolist bei der langfristigen Gewinnmaximierung über zwei Perioden berücksichtigt. Oder anders formuliert: Die Produkte in Periode 1 und 2 sind komplementär.[19] Komplementaritäten dieser Art können dafür verantwortlich sein, dass Monopolisten zu einem bestimmten Zeitpunkt nicht den statischen Monopolpreis, sondern einen tieferen, intertemporale Effekte berücksichtigenden Monopolpreis setzen.

---

[18] Vgl. TIROLE (1988, 142 ff.) für eine konzise Analyse der Preisdiskriminierung zweiten Grades.

[19] Dabei ist zu beachten, dass es sich um eine *einseitige* Komplementarität handelt: Die Produkte in Periode 1 sind komplementär zu den Produkten in Periode 2 aber nicht umgekehrt.

d) Dauerhafte Güter

Verkauft der Monopolist dauerhafte Güter, so sind diese in zukünftigen Perioden *Substitute*. Analoge Argumente wie oben zeigen, dass der Monopolist in dieser Situation in der ersten Periode einen höheren Preis als den statischen Monopolpreis setzt und diesen dann in der zweiten Periode senkt. Das Ergebnis ist also umgekehrt zur vorhergehenden Analyse. Rationale Nachfrager, deren Zahlungsbereitschaft knapp über dem in der ersten Periode gesetzten Preis liegt, werden dadurch allerdings dazu veranlasst, mit dem Kauf des Produkts bis Periode 2 zuzuwarten, weil sie auf diese Weise das Produkt zu einem geringeren Preis erwerben können. Das Problem für den Monopolisten besteht also darin, dass die *Erwartung* zukünftiger Preissenkungen die Nachfrage in der ersten Periode reduziert.

Unter diesen Bedingungen ist die Notwendigkeit, den Preis im Zeitablauf anzupassen, für den Monopolisten schädlich. Er könnte sich besser stellen, wenn er in der Lage wäre, in beiden Perioden den statischen Monopolpreis zu setzen. Preisdiskriminierung entsteht hier also gewissermassen *unfreiwillig*. Dieses zunächst als *Coasesche Vermutung* bekannt gewordene Resultat (vgl. COASE 1972) wurde später von STOKEY (1979 und 1981) sowie GUL, SONNENSCHEIN und WILSON (1986) und KAHN (1986) bewiesen.[20]

3.4 Das Oligopol

Bisher wurde unterstellt, dass es sich bei der preissetzenden Firma um einen Monopolisten handelt, der seine Entscheidungen unabhängig von anderen Unternehmen treffen kann. Diese Annahme hat es uns erleichtert, wichtige Aspekte des Verhaltens einer marktmächtigen Firma, wie z.B. das Pricing oder die Bereitstellung von Qualität, zu analysieren. Wir wollen nun einen Schritt weitergehen und untersuchen, wie sich Firmen in Märkten verhalten, in denen ihre Entscheidungen Auswirkungen auf das Marktergebnis haben — es herrscht also keine vollkommene Konkurrenz —, und diese Entscheidungen wiederum von anderen Firmen, die ebenfalls im Markt tätig sind, beeinflusst werden. Die optimale Verhaltensweise einer Firma ist unter solchen Bedingungen abhängig von den Erwartungen über das Verhalten ihrer Konkurrenten. Dies ist typischerweise in Märkten mit einer relativ kleinen Anzahl von Anbietern der Fall, die als *Oligopole* bezeichnet werden.

Zunächst führen wir in Abschnitt 3.4.1 einige spieltheoretische Begriffe und Methoden ein, die für das Verständnis solcher Konkurrenzsituationen unerlässlich sind. Anschliessend diskutieren wir die grundlegenden Formen des oligopolistischen Wettbewerbs: Preis- bzw. Bertrand-Wettbewerb (Abschnitt 3.4.2) und Mengen- bzw. Cournot-Wettbewerb (Abschnitt 3.4.3).

---

[20] Vgl. WOLFSTETTER (1999, Kapitel 1) für eine ausführlichere Analyse.

Abschliessend erweitern wir die Modelle mit einer Zeitstruktur, um das Stackelberg-Duopol sowie das Limit-Pricing diskutieren zu können (Abschnitt 3.4.4).

3.4.1 Spieltheoretische Grundlagen

Die nicht-kooperative Spieltheorie stellt das wichtigste Arbeitsinstrument der modernen Industrieökonomik dar. Sie wird mittlerweile nicht nur in der Wissenschaft verwendet, sondern findet auch in der Praxis verbreitet Anwendung — insbesondere bei Beratungsfirmen und Wettbewerbsbehörden — und ist weitgehend anerkannt als dominierendes Instrument für die Analyse oligopolistischer Märkte. Ausgangspunkt der Spieltheorie ist der Grundsatz, dass Firmen ("Spieler") keine arbiträren Erwartungen über das Verhalten ihrer Konkurrenten ("Gegenspieler") bilden sollten. Stattdessen sollten sie *rationale* Erwartungen bilden aufgrund ihrer Kenntnisse über die relevanten Marktverhältnisse ("Spielregeln") und der Annahme, dass sich ihre Konkurrenten ebenfalls rational verhalten und Erwartungen bilden über das Verhalten der Konkurrenten. Aufgrund solcher rationaler Erwartungen sollten die im Markt befindlichen Firmen über ihre gewinnmaximierende Verhaltensweise entscheiden.

Ausgehend von diesem Ansatz ist der Begriff "Spieltheorie" gut gewählt. Er widerspiegelt die Nähe der Konkurrenzsituation auf realen Märkten mit bekannten strategischen Spielen — wie beispielsweise Schach oder Poker — und deutet darauf hin, dass relativ allgemeine theoretische Ansätze dafür bestehen, wie solche Konkurrenzsituationen analysiert werden können. Im Rahmen des vorliegenden Buches ist es nicht möglich, die mittlerweile sehr umfangreiche und komplexe Literatur zur Spieltheorie zusammenzufassen. Stattdessen beschränken wir uns darauf, anhand von drei einfachen Beispielen einige spieltheoretische *Grundbegriffe* und *Lösungskonzepte* zu präsentieren, die sich bei der Analyse von Oligopol-Märkten als nützlich erweisen.[21] Wo nötig, wird später im Text auf Ergänzungen und Verfeinerungen hingewiesen.

a) Was ist ein Spiel?

Es existieren zwei Möglichkeiten, ein Spiel zu definieren: Die Normalform und die extensive Form. Die Normalform wird üblicherweise für die Analyse einfacher *statischer* Spiele benutzt, in denen die Spieler ihre Aktionen simultan wählen. Die extensive Form eignet sich besser für die Beschreibung

---

[21] Diese kurze Einführung ersetzt keinesfalls die Lektüre eines ausführlicheren Textes zur Spieltheorie. GIBBONS (1992), FUDENBERG und TIROLE (1989), SHY (1995, Kapitel 2) und TIROLE (1988, Kapitel 11) geben einen guten Überblick über das Thema. Eine umfassende Darstellung findet sich bei FUDENBERG und TIROLE (1993).

komplizierterer *dynamischer* Spiele, in denen die Spieler ihre Aktionen sequentiell wählen. Betrachten wir zunächst die Normalform eines Spiels.

Definition 3.4.1 *Die **Normalform** definiert die folgenden Elemente eines Spiels:*

1. *Die Menge der Spieler $I = \{1, ..., i, ..., n\}$.*

2. *Den Strategieraum S_i von Spieler i, welcher alle Wahl- bzw. Aktionsmöglichkeiten $s_i \in S_i$ umfasst, die einem Spieler i zur Verfügung stehen. S bezeichnet das Produkt aller individuellen Strategieräume.*

3. *Eine Auszahlungsfunktion $\pi_i : S \to \mathbb{R}$ für alle Spieler i. Das Produkt aller individuellen Auszahlungsfunktionen wird mit π bezeichnet.*

Die Normalform eines Spiels lässt sich dann zusammenfassen zum Tripel (I, S, π).

Diese abstrakte Definition lässt sich am besten am Beispiel des bekannten *Gefangenendilemma*-Spiels illustrieren. Betrachte dazu Tab. 3.2:

		Spieler 2	
Spieler 1		A	NA
	A	$-5, -5$	$-1, -8$
	NA	$-8, -1$	$-2, -2$

Tab. 3.2. Gefangenendilemma

Sie enthält alle drei Elemente der Definition eines Spiels in Normalform. Es existiert eine Menge $I = \{1, 2\}$ von zwei Spielern — wir betrachten sie als tatverdächtige Gefangene — mit den Strategieräumen $S_i = \{$A (*"Aussagen"*), NA (*"Nicht Aussagen"*)$\}$, für $i = 1, 2$. Für jeden der vier möglichen Outcomes (A, A), (A, NA), (NA, A) und (NA, NA) sind die Auszahlungen $\pi_1 = \{-5, -1, -8, -2\}$ und $\pi_2 = \{-5, -8, -1, -2\}$ für die beiden Spieler angegeben. Für jede Strategiekombination bezeichnet der linke Eintrag in der Zelle der Auszahlungsmatrix die Auszahlung für Spieler 1 und der rechte Eintrag die Auszahlung für Spieler 2. In unserer Analogie zwischen Spielern und Gefangenen wollen wir die Auszahlungen als Anzahl Monate in Haft interpretieren.

Die Geschichte zu diesem Spiel könnte etwa wie folgt lauten: Zwei Tatverdächtige werden von der Polizei verhaftet. Weil keine Beweise vorliegen, muss die Polizei darauf vertrauen, dass die Gefangenen aussagen (A). Die Gefangenen werden deshalb in Einzelhaft überführt, wo Kommunikation unmöglich ist. Die Aussage eines Gefangenen wird mit einer Haftverkürzung belohnt, deren Länge davon abhängig ist, ob der andere Gefangene ebenfalls aussagt. Wenn keiner der Gefangenen aussagt (d.h. beide "spielen die Strategie NA"), müssen die Gefangenen mangels Beweisen nach Ablauf

74   3. Grundmodelle in der Industrieökonomik

der zweimonatigen Untersuchungshaft entlassen werden. Wenn beide Gefangenen aussagen, erhalten sie eine Strafe von fünf Monaten. Wenn nur ein Gefangener aussagt, wird dieser nach einem Monat entlassen, und der andere erhält die maximale Strafe von 8 Monaten.

Dieses Spiel ist natürlich auch mit veränderten Payoffs denkbar. Tab. 3.3 fasst eine mögliche alternative strategische Konkurrenzsituation zusammen.

		Spieler 2	
		A	NA
Spieler 1	A	3,1	6,2
	NA	2,6	5,5

Tab. 3.3. Ein alternatives Spiel in Normalform

Weiter unten werden wir auf die Lösung dieser beiden Spiele zurückkommen. Dabei werden wir insbesondere zeigen, dass für die Lösung dieser Spiele unterschiedliche Gleichgewichtskonzepte heranzuziehen sind. Betrachten wir nun die extensive Form eines Spiels.

Definition 3.4.2 *Die **extensive Form** eines Spiels umfasst folgende Elemente:*

1. *Einen Spielbaum mit einem Startknoten und nachfolgenden Entscheidungs- und Endknoten, die miteinander verbunden sind.*

2. *Eine Menge von Spielern $I = \{1, ..., i, ..., n\}$.*

3. *Eine Spielreihenfolge, die für jeden Entscheidungsknoten festlegt, welcher Spieler entscheidet.*

4. *Einen Strategieraum S_i, d.h. alle Wahl- bzw. Handlungsmöglichkeiten s_i, die einem Spieler zur Verfügung stehen. S bezeichnet das Produkt aller individuellen Strategieräume.*

5. *Eine Auszahlungsfunktion $\pi_i : S \rightarrow \mathbb{R}$ für alle Spieler i.*

Diese Definition lässt sich wiederum am einfachsten anhand eines Beispiels illustrieren. Abb. 3.3 zeigt die extensive Darstellung eines dynamischen Spiels. Sie legt die Anfangs-, Entscheidungs- und Endknoten fest. Zudem sind die Menge der Spieler $I = \{1,2\}$, ihre Entscheidungsknoten und Wahlmöglichkeiten sowie ihre Auszahlungen $\pi_1 = \{0, 3, -1, 2\}$ und $\pi_2 = \{2, 1, -1, 0\}$ für alle möglichen Strategiekombinationen des Spiels bestimmt. Dasselbe Spiel lässt sich auch in der (nun allerdings etwas komplizierteren) Normalform darstellen (vgl. Tab. 3.4).

Tab. 3.4 ist wie folgt zu interpretieren: Spieler 1 kann zwischen den Strategien L und R wählen. Spieler 2 hat vier verschiedene Strategien zur Auswahl: $s_2^1 = (l, l)$: immer l, unabhängig davon, was Spieler 1 gezogen

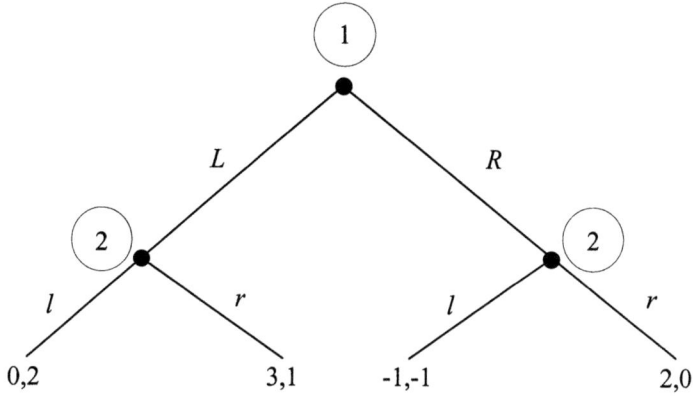

Abb. 3.3. Extensive Form eines dynamischen Spiels

		Spieler 2			
Spieler 1		$s_2^1 = (l,l)$	$s_2^2 = (r,r)$	$s_2^3 = (l,r)$	$s_2^4 = (r,l)$
	$s_1^1 = L$	0,2	3,1	0,2	3,1
	$s_1^2 = R$	−1,−1	2,0	2,0	−1,−1

Tab. 3.4. Normalform des dynamischen Spiels

hat; $s_2^2 = (r,r)$: immer r, unabhängig davon was Spieler 1 gezogen hat; $s_2^3 = (l,r)$: l, wenn Spieler 1 L gezogen hat, und r, wenn er R gezogen; $s_2^4 = (r,l)$: r, wenn Spieler 1 L gezogen hat, und l, wenn er R gezogen. Die extensive und die normale Darstellung für dieses Spiel sind äquivalent.

Wir wollen nun der Frage nachgehen, welche Bedeutung diese drei verschiedenen Spiele für die Industrieökonomik haben und wie sie gelöst werden können. Dabei wollen wir unterstellen, dass die Spieler über alle relevanten Informationen zum Spiel verfügen, d.h. sie kennen insbesondere die Spielstruktur, die Spielregeln und die Payoffs aller Spieler. Es wird sich zeigen, dass sich der Ausgang dieser Spiele mit Hilfe von drei unterschiedlichen Gleichgewichtskonzepten bestimmen lässt, die bei der Analyse oligopolistischer Konkurrenz verwendet werden.

b) Das Spielergebnis: alternative Gleichgewichtskonzepte

Betrachten wir zunächst das Gefangenendilemma-Spiel, dessen Normalform wir der Einfachheit halber hier noch einmal aufführen:

		Spieler 2	
Spieler 1		A	NA
	A	−5,−5	−1,−8
	NA	−8,−1	−2,−2

3. Grundmodelle in der Industrieökonomik

Das Lösungskonzept für dieses Spiel ist denkbar einfach. Wir verlangen lediglich, dass kein Spieler eine Strategie spielt, die in dem Sinne "dominiert" wird, dass der Gewinn dieser Strategie immer kleiner ist als der Gewinn einer anderen Strategie und zwar unabhängig davon, welche Strategien die anderen Spieler spielen. Wenn ein solches Gleichgewicht existiert, spricht man von einem *Gleichgewicht in dominanten Strategien*. Es gilt folgende Definition:

Definition 3.4.3 *Die Strategiekombination* $s_1^*, ..., s_n^*$ *wird als* **Gleichgewicht in dominanten Strategien** *bezeichnet, wenn die Bedingung*

$$\pi_i(s_i^*, s_{-i}) \geq \pi_i(s_i, s_{-i}), \text{ für alle } s_i \in S_i, i = 1, ..., n$$

erfüllt ist, wobei s_{-i} *die Strategien aller anderen Spieler (ausser i) bezeichnet.*

Das Gleichgewicht in dominanten Strategien lässt sich ermitteln, indem man sukzessive die dominierten Strategien aller Spieler eliminiert. Dieser Prozess der *iterativen Elimination dominierter Strategien* endet, wenn keine dominierten Strategien mehr ausgeschlossen werden können. Im Gefangenendilemma-Spiel existiert mit der Strategiekombination (A, A) ein eindeutiges Gleichgewicht in dominanten Strategien. Es ist leicht zu ermitteln, weil es für beide Spieler immer besser ist, A zu spielen (unabhängig davon, wie sich der Gegenspieler verhält): -5 ist grösser als -8 und -1 ist grösser als -2. Im Gleichgewicht sagen also beide Gefangenen aus. Beachte, dass der Spielausgang (NA, NA) von beiden Spielern vorgezogen würde. Er kann sich jedoch nicht einstellen, weil die Spieler immer einen individuellen Anreiz haben, A zu spielen, sofern der Gegenspieler NA spielt.

Das Gleichgewicht in dominanten Strategien hat intuitive Eigenschaften und stellt relativ bescheidene Anforderungen an die Rationalität der Spieler. Leider existiert diese Art von Gleichgewichten in ökonomischen Spielen nur in einigen wenigen Fällen. Wir werden die Intuition dieses Konzepts indessen bei der Analyse des Bertrand-Wettbewerbs, den wir im nächsten Abschnitt diskutieren, anwenden können.[22]

Beim alternativen Spiel mit der Normalform

		Spieler 2	
		A	NA
Spieler 1	A	<u>3</u>,1	<u>6</u>,<u>2</u>
	NA	2,<u>6</u>	5,5

existiert kein Gleichgewicht in dominanten Strategien. Dies lässt sich daran erkennen, dass in diesem Spiel die optimale Strategie von Spieler 2 von der

---

[22] Ein Gleichgewicht in (schwach) dominanten Strategien existiert beispielsweise auch in "second-price-sealed-bid"-Auktionen. Vgl. WOLFSTETTER (1999, Kapitel 8) für eine Lehrbuch-Darstellung von Auktionen.

gewählten Strategie von Spieler 1 abhängig ist. Die optimalen Strategien für die beiden Spieler — gegeben die Wahl des anderen Spielers — sind jeweils mit einem Strich unter der relevanten Auszahlung vermerkt. Das Gleichgewicht in diesem Spiel ist offensichtlich (A, NA), was mit zwei Strichen unter den Einträgen vermerkt ist. In diesem als *Nash-Gleichgewicht* bezeichneten Gleichgewicht spielen beide Spieler ihre "beste Antwort" auf die Strategie des Gegenspielers und haben deshalb keine Veranlassung, von diesem Gleichgewicht abzuweichen.

Definition 3.4.4 *Die Strategiekombination* $s_1^*, ..., s_n^*$ *heisst* **Nash-Gleichgewicht**, *wenn die Bedingung*

$$\pi_i(s_i^*, s_{-i}^*) \geq \pi_i(s_i, s_{-i}^*), \text{ für alle } s_i \in S_i, i = 1, ..., n$$

erfüllt ist, wobei s_{-i}^* *die gleichgewichtigen Strategien aller anderen Spieler (ausser i) bezeichnet.*

Dieses Gleichgewichtskonzept stellt deutlich höhere Rationalitätsanforderungen an die Spieler, weil sie den Ausgang des Spiels antizipieren müssen, gegeben die Interaktionen unter den Spielern und die Tatsache, dass alle antizipieren, dass alle anderen antizipieren, ..., ad infinitum. Das Nash-Gleichgewicht ist in dem Sinne eine konsistente Voraussage des Spielergebnisses, dass *im Gleichgewicht kein Spieler einen Anreiz hat, anders zu spielen*. Wenn sich ein anderes Spielergebnis ergibt, muss folglich ein Fehler aufgetreten sein, entweder in der Voraussage eines Spielers über das Verhalten der anderen Spieler, oder — gegeben eine bestimmte Voraussage — im Optimierungsverhalten eines Spielers. Das Nash-Gleichgewichtskonzept wird in den meisten statischen ökonomischen Spielen verwendet.[23] Wir werden es im folgenden insbesondere auch für die Analyse des Bertrand- und des Cournot-Wettbewerbs brauchen.

Entscheiden die Spieler nicht simultan, sondern *sequentiell* über ihre Strategien, so muss das Nash-Gleichgewicht adaptiert werden, damit die Dynamik des Entscheidungsablaufs erfasst werden kann. Dies lässt sich anhand des dynamischen Spiels von Abb. 3.3 und Tab. 3.4 demonstrieren. Betrachte zunächst Tab. 3.4. Wie die Striche unter den Payoffs zeigen, existieren in diesem Spiel zwei Nash-Gleichgewichte, nämlich (s_1^1, s_2^1) und (s_1^2, s_2^3). Welches dieser Gleichgewichte entspricht dem relevanten Spielausgang? Um diese Frage zu beantworten, verwenden wir die extensive Darstellung des dynamischen Spiels.

Betrachte das Nash-Gleichgewicht (s_1^1, s_2^1) ganz links in Abb. 3.3. Dieses Nash-Gleichgewicht kann *kein* Ausgang des dynamischen Spiels sein. Dies lässt sich wie folgt begründen: Angenommen, Spieler 1 hat Strategie L gewählt, das Spiel ist also im linken Entscheidungsknoten von Spieler

---

[23]Vgl. hierzu FUDENBERG und TIROLE (1993, 13).

2 angelangt. Wird Spieler 2 in diesem Punkt jemals r wählen? Die Antwort lautet: *nein*. Spieler 2 kann sich besser stellen, wenn er l spielt (2 ist grösser als 1); wenn aber Spieler 2 im linken Entscheidungsknoten niemals r spielt, hat Spieler 1 keine Chance, die Auszahlung 3 zu realisieren. Somit kann es für Spieler 1 nicht optimal sein, L zu spielen. Spieler 1 zieht stattdessen R, weil Spieler 2 nicht glaubwürdig drohen kann, dass er Strategie $s_2^1 = (l, l)$ spielt: Ist das Spiel im rechten Entscheidungsknoten von Spieler 2 angelangt, kann sich Spieler 2 besser stellen, wenn er r spielt (0 ist grösser als -1). Als einziges teilspielperfektes Nash-Gleichgewicht, d.h. als Nash-Gleichgewicht, das in jedem Teilspiel[24] eine optimale Lösung darstellt, verbleibt somit nur noch der Spielausgang (s_1^2, s_2^3) mit den Payoffs $(2, 0)$.

Die in diesem Abschnitt eingeführten spieltheoretischen Begriffe und Methoden wollen wir nun bei der Analyse verschiedener Wettbewerbsformen anwenden.

3.4.2 Bertrand-Wettbewerb

Die Beobachtung realer Märkte führt in der Regel zur Überzeugung, dass sich Firmen unter anderem über den Preis konkurrenzieren. Wie aber verhalten sich Oligopolisten, wenn sie im *Preiswettbewerb* stehen? Mit dieser Frage hat sich bereits BERTRAND (1883) beschäftigt. Er gelangte zum kontra-intuitiven Ergebnis, dass oligopolistische Firmen durch Preiswettbewerb dazu veranlasst werden, der Preissetzungsregel "Preis = Grenzkosten" zu folgen, die sich bei vollkommener Konkurrenz ergibt. Sein Ergebnis ist als *Bertrand-Paradoxon* bekannt geworden.

Um das Bertrand-Paradoxon besser verstehen zu können, betrachten wir folgende Konkurrenzsituation. Zwei Firmen produzieren homogene Güter, die aus der Sicht der Nachfrager *perfekte Substitute* darstellen. Die Nachfrager kaufen das Gut folglich beim Anbieter mit dem tieferen Preis. Wenn beide Anbieter denselben Preis setzen, wird die Nachfrage per Annahme zu gleichen Teilen auf die beiden Anbieter verteilt. Die Nachfragefunktion sei gegeben durch $q = D(p)$; die Grenzkosten c für die Produktion des Gutes seien konstant und identisch für beide Firmen. Der Gewinn von Firma $i, j = 1, 2, i \neq j$, beträgt dann

$$\pi_i(p_i, p_j) = (p_i - c) D_i(p_i, p_j), \qquad (3.15)$$

---

[24] Das in Abb. 3.3 dargestellte dynamische Spiel umfasst drei *Teilspiele*: (i) den linken Entscheidungsknoten von Spieler 2 und die beiden zugehörigen Endknoten, (ii) den rechten Entscheidungsknoten und die zugehörigen Endknoten sowie (iii) das gesamte Spiel selbst.

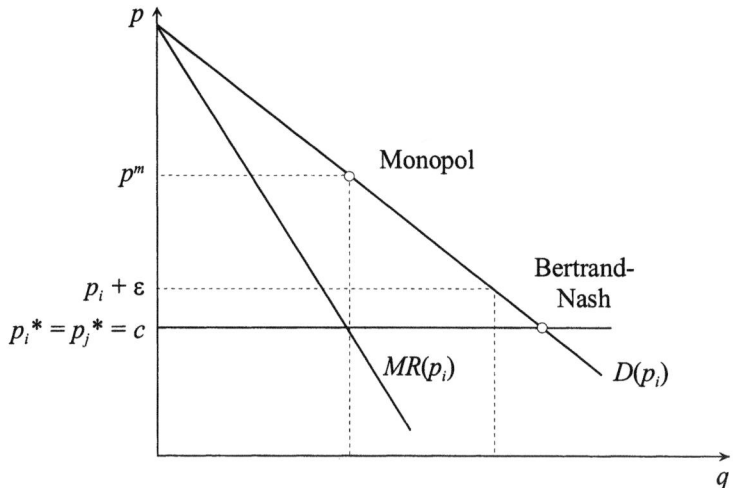

Abb. 3.4. Das Bertrand-Nash-Gleichgewicht

wobei sich $D_i(p_i, p_j)$ aus dem oben beschriebenen Nachfragerverhalten ergibt:

$$D_i(p_i, p_j) = \begin{cases} D(p_i), & \text{wenn } p_i < p_j \\ \frac{1}{2}D(p_i), & \text{wenn } p_i = p_j \\ 0, & \text{wenn } p_i > p_j \end{cases}.$$

Abb. 3.4 veranschaulicht die Bertrand-Konkurrenzsituation. Es lässt sich relativ leicht zeigen, dass Grenzkosten-Preissetzung, d.h. $p_1^* = p_2^* = c$, tatsächlich das Nash-Gleichgewicht bei Preiskonkurrenz ist: Betrachte zunächst einen Preis $p_j = p_i + \varepsilon$ mit $\varepsilon > 0$ und $p_i > c$. Dies kann kein Gleichgewicht sein, weil Firma j auf diese Weise keinen Gewinn erzielt und einen Anreiz hat, p_i zu unterbieten, um einen Marktanteil von 100% zu erzielen ("Undercutting"). Wie verhält es sich, wenn $p_j = p_i > c$? Auch dies kann kein Gleichgewicht sein, weil beide Firmen einen Anreiz haben einander zu unterbieten, um die gesamte anstatt nur die Hälfte der Marktnachfrage zu bedienen. Betrachten wir nun die Preiskombination $p_j > p_i = c$. Sie kann ebenfalls kein Gleichgewicht sein, weil Firma i einen Anreiz hat, ihren Preis zu erhöhen, um einen positiven Gewinn zu erzielen. Schliesslich ist offensichtlich, dass keine der Firmen einen Preis unterhalb der Grenzkosten setzt, weil auf diese Weise Verluste entstehen würden. Es ergibt sich also tatsächlich das Grenzkosten-Pricing

$$p_1^* = p_2^* = c,$$

das mit einer gleichmässigen Aufteilung des Marktes verbunden ist.

Das Bertrand-Ergebnis lässt sich relativ leicht verallgemeinern auf n Firmen mit unterschiedlichen konstanten Grenzkosten $c_1 < c_2 \leq ... \leq c_n$. Unter diesen Bedingungen bedient Firma 1 im Bertrand-Nash-Gleichgewicht den gesamten Markt zum Preis $p_1 = c_2$, solange c_2 kleiner ist als der Monopolpreis $p_1^m(c_1)$ (SHAPIRO 1989, 344).

Das Bertrand-Paradoxon mag auf den ersten Blick als unbefriedigendes Ergebnis erscheinen, weil es realwirtschaftliche Gegebenheiten in der Regel schlecht beschreibt. Abb. 3.4 macht indessen deutlich, dass es sich beim Bertrand-Ergebnis gewissermassen um das *Gegenstück zur Monopolsituation* handelt. Es formalisiert die Vorstellung intensiven Preiswettbewerbs zwischen wenigen Anbietern. Dass in der Praxis normalerweise Spielausgänge *zwischen* den beiden Extremen Monopol und Bertrand-Wettbewerb zu beobachten sind,[25] spricht ebenfalls nicht grundsätzlich gegen diesen Ansatz. Wie wir später noch ausführlicher zeigen werden, lassen sich solche Spielausgänge auch im Rahmen eines adaptierten Bertrand-Modells generieren, wenn man zulässt, dass mindestens eine der drei zentralen Annahmen des einfachen Bertrand-Spiels aufgehoben werden:

(i) Unbegrenzte Kapazitäten (jede Firma kann den ganzen Markt bedienen)

(ii) Simultane, einmalige Entscheidung über den Preis.

(iii) Homogene Produkte.

Die Bedeutung dieser drei Annahmen lässt sich im Rahmen eines Duopols leicht einsehen. Betrachten wir zunächst *Kapazitätsrestriktionen*. In diesem Fall ist $p_1 = p_2 = c$ kein Gleichgewicht mehr: Wenn Firma 2 den Preis leicht anhebt, kann Firma 1 zum Grenzkostenpreis nicht mehr den gesamten Markt bedienen. Ein Teil der Nachfrage kann deshalb zu einem höheren Preis von Firma 2 bedient werden; sie erzielt dabei einen positiven Gewinn.

Führt man eine *Zeitdimension* in das Modell ein und erlaubt damit gegenseitige Reaktionen der Spieler, so muss man zwei Effekte einer Preissenkung beachten:

(i) eine Erhöhung des Marktanteils, und

(ii) das Risiko, dass ein länger andauernder Preiskrieg ausgelöst wird, der nicht nur dem Preisbrecher, sondern auch der anderen Firma schadet.[26]

Unter diesen Bedingungen ist es denkbar, dass die Firmen (voneinander abweichende) Preise oberhalb der Grenzkosten setzen.

Erlaubt man schliesslich, dass die Firmen *differenzierte Produkte* anbieten, so erhalten diese lokale Marktmacht und setzen im allgemeinen Preise

---

[25] Es wird sich zeigen, dass das Cournot-Nash-Gleichgewicht in der Regel diese Eigenschaft aufweist.

[26] Hierbei handelt es sich um die 'Bertrand-Version' des Grundkonflikts, in dem sich jeder Oligopolist in einem dynamischen Umfeld befindet.

oberhalb der Grenzkosten. Dieser Effekt lässt sich auch durch die Implementierung von Transportkosten erzeugen.[27]

3.4.3 Cournot-Wettbewerb

Noch früher als Bertrand beschäftigte sich COURNOT (1838) mit dem Wettbewerb zwischen Oligopolisten. Wir diskutieren eine moderne Interpretation seines ursprünglichen Ansatzes, der heute ein Standardwerkzeug für die Modellierung einer Vielfalt von strategischen Konkurrenzsituationen geworden ist. Im Rahmen des Cournot-Modells konkurrieren die Firmen nicht über den Preis, sondern über die Menge; die Strategieräume S_i der Spieler umfassen also die *Produktionsmengen* und nicht die Preise.[28]

Das Cournot-Modell illustriert auf besonders deutliche Weise den grundsätzlichen *Trade-Off*, dem sich ein Anbieter in einem oligopolistischen Markt gegenüber sieht: Jede Firma ist versucht, aggressiv auf dem Markt aufzutreten, um sich einen möglichst grossen individuellen Marktanteil zu sichern. Wenn sich aber alle Anbieter so verhalten, schaden sie sich letztlich selbst.

Im folgenden führen wir das Cournot-Modell zunächst ohne spezielle Funktionsformen ein. Dies erlaubt es uns, die enge Verwandtschaft dieses Konzepts zum Monopol aufzuzeigen (vgl. Abschnitt 3.3). Die Ergebnisse werden dann anhand eines einfachen Beispiels illustriert und vertieft.

a) Überblick

Auf dem Markt für ein homogenes Gut gebe es $i = 1, ..., n$ Anbieter, die über die Produktionsmengen konkurrieren. Die Nachfrage nach dem Gut sei gegeben durch $Q = D(p)$. Die Grösse $Q = \sum_{i=1}^{n} q_i$ bezeichnet das Gesamtangebot als Summe der individuellen Angebotsmengen, und $P(Q) = D^{-1}(p) = p$ sei die inverse Nachfragefunktion. Die Kostenfunktion der Anbieter sei gegeben durch $C_i(q_i)$. Der Gewinn eines Cournot-Oligopolisten lässt sich dann formal wie folgt darstellen

$$\pi_i(q_i, Q) = P(Q)q_i - C_i(q_i), \qquad i = 1, ..., n. \tag{3.16}$$

Das Nash-Gleichgewicht lässt sich bestimmen, indem man die "beste Antwort" von Spieler i auf die Mengen der anderen Spieler berechnet. Sie genügt der Bedingung erster Ordnung

$$\frac{d\pi_i(q_i, Q)}{dq_i} = P(Q) + P'(Q)q_i - C_i'(q_i) = 0. \tag{3.17}$$

Wie in Abschnitt 3.3.1 lässt sich diese Bedingung so umschreiben, dass eine spezielle Version der bereits bekannten Bedingung "Lerner-Index =

---

[27] In Abschnitt 3.4.4 werden wir näher auf das Thema Produktdifferenzierung eingehen.
[28] Vgl. Abschnitt 3.4.1 zum Begriff des Strategieraums.

Ramsey-Index" resultiert. Zu diesem Zweck bringt man den zweiten Summanden auf die rechte Seite des Gleichheitszeichens, dividiert beide Seiten durch $P(Q)$ und erweitert die rechte Seite mit Q; es ergibt sich dann

$$\frac{P(Q) - C_i'(q_i)}{P(Q)} = -\frac{Q}{Q}\frac{q_i P'(Q)}{P(Q)}. \tag{3.18}$$

Die linke Seite der vorstehenden Beziehung (3.18) ist der bereits eingeführte Lerner-Index. Auf der rechten Seite lassen sich zwei weitere Vereinfachungen vornehmen. Zunächst definieren wir den *Marktanteil* von Firm i mit $\alpha_i \equiv q_i/Q$. Berücksichtigt man zudem, dass der Term $\frac{P'(Q)}{P(Q)}Q$ dem Kehrwert der Preiselastizität der Nachfrage ε entspricht,[29] so ergibt sich für $i = 1, ..., n$ direkt

$$\underbrace{\frac{P(Q) - C_i'(q_i)}{P(Q)}}_{\text{Lerner-Index}} = \underbrace{\frac{\alpha_i}{\varepsilon}}_{\text{Cournot-Ramsey-Index}}. \tag{3.19}$$

Dieses Ergebnis weist verschiedene Eigenschaften auf, die aus der Sicht der Oligopoltheorie 'wünschbar' sind:[30]

- Die Preise der Firmen weichen von den Grenzkosten ab, d.h. die Firmen verfügen über ein begrenztes Mass an Marktmacht.

- Das Cournot-Gleichgewicht liegt zwischen dem Monopol-Ergebnis und dem Gleichgewicht bei vollkommener Konkurrenz (bzw. dem Bertrand-Gleichgewicht).

- Der Markup von Firma i ist umso höher, (i) je grösser der Marktanteil α_i, und (ii) je geringer die Preiselastizität der Nachfrage ε ist.[31]

- Die Marktanteile der Firmen sind abhängig von ihrer Effizienz gemessen durch die Grenzkosten. In dieser Situation können also auch relativ ineffiziente Firmen im Markt bestehen.

Beachte, dass es sich bei der Cournot-Lösung um ein (statisches) *Nash-Gleichgewicht* handelt, das einmalige und simultane Entscheidungen der Konkurrenten voraussetzt und verlangt, dass im Gleichgewicht jede Firma ihre gewinnmaximale Menge produziert, antizipierend, dass alle anderen

---

[29] Vergleiche hierzu die Ausführungen in Anhang 3.5.2.

[30] Vgl. SHAPIRO (1989, 336 f.) für eine ausführlichere Darstellung.

[31] Die Monopol- und die Cournot-Lösung sind einander sehr ähnlich. Es lässt sich zeigen, dass die Monopollösung ein *Spezialfall* der Cournot-Lösung ist: Unterstellen wir zunächst, dass die Grenzkosten $C_i' \equiv c$ aller Firmen identisch und konstant sind. Dann ergibt sich $\frac{p-c}{p} = \frac{1}{n\varepsilon}$ (wegen $Q = nq_i$). Für $n = 1$ entspricht dieser Ausdruck exakt der Monopollösung in Gleichung (3.9).

Firmen dasselbe tun. Dynamische Anpassungsreaktionen der Firmen, wie sie oben für ein dynamisches Bertrand-Spiel beschrieben wurden, sind also ausgeschlossen.

Man könnte versucht sein, das Cournot-Nash-Gleichgewicht dahingehend zu kritisieren, dass es ein *unrealistisches* Wettbewerbsverhalten unterstellt: Die Firmen konkurrieren über die Menge und ein Auktionator legt die Preise so fest, dass der Markt geräumt wird. KREPS und SCHEINKMAN (1983) zeigen indessen, dass man das einstufige Cournot-Spiel auch anders interpretieren kann. Unter bestimmten Bedingungen ergeben sich nämlich in einem (dynamischen) zweistufigen Spiel, in dem die Firmen zunächst ihre Kapazitäten unwiderruflich festlegen und sich dann auf dem Produktmarkt als Bertrand-Konkurrenten gegenüberstehen, dieselben Ergebnisse wie im Cournot-Modell. Das Cournot-Modell lässt sich folglich als *reduzierte Form eines zweistufigen Spiels* interpretieren, in dem bereits berücksichtigt ist, dass die Firmen über die Preise konkurrieren.

Weil dem Cournot-Modell im Rahmen der Analyse von oligopolistischen Märkten besondere Bedeutung zukommt, wollen wir seine wichtigsten Eigenschaften mit Hilfe eines einfachen Beispiels verdeutlichen.

b) Ein einfaches Cournot-Beispiel

Damit sich das Modell grafisch einfach darstellen lässt, wollen wir zunächst davon ausgehen, auf dem betrachteten Markt gebe es nur 2 Firmen $i, j = 1, 2, i \neq j$, mit den individuellen Grenzkosten c_i bzw. c_j. Die inverse Nachfragefunktion sei gegeben durch $P(Q) = a - Q$, wobei a die Nachfrageintensität und $Q = q_1 + q_2$ den Gesamtoutput auf diesem Markt bezeichnen. Der Gewinn von Firma i lässt sich formal also wie folgt ausdrücken:

$$\pi_i(q_i, Q) = (P(Q) - c_i)q_i.$$

Als Optimalitätsbedingung erster Ordnung ergibt sich als Spezialfall von (3.17)

$$\frac{d\pi_i(q_i, Q)}{dq_i} = a - 2q_i^* - c_i - q_j = 0.$$

Firma i produziert also die Cournot-Menge

$$q_i(q_j) = \frac{a - q_j - c_i}{2} \equiv R_i(q_j), \qquad i, j = 1, 2, i \neq j. \tag{3.20}$$

Beachte, dass die optimale Menge $q_i(q_j)$ von Firma i von der Menge abhängt, welche die Firma j produziert. Gleichung (3.20) umschreibt also wiederum die beste Antwort von i auf die Strategie des Gegenspielers. Sie wird deshalb auch als *Reaktionsfunktion* $R_i(q_j)$ bezeichnet, obwohl dieser Begriff etwas missverständlich ist.[32] Streng genommen sind — wie oben

---

[32] Die Reaktionsfunktion $R_i(q_j)$ bezeichnet die Menge von Firma i, bei welcher ihr Gewinn für eine gegebene Menge von Firma j maximiert wird.

ausgeführt — im Rahmen des statischen Nash-Gleichgewichtskonzepts Anpassungsreaktionen nicht möglich; die Spieler 'springen' dank der rationalen Antizipation der gegnerischen Strategie direkt ins Gleichgewicht. Punkte ausserhalb dieses Gleichgewichts werden also nie realisiert.

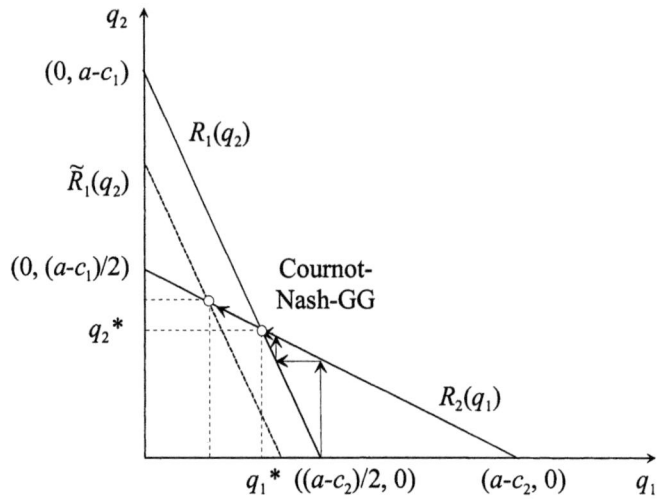

Abb. 3.5. Reaktionsfunktionen im Cournot-Beispiel

Abb. 3.5 zeigt die Reaktionsfunktionen der beiden Spieler für das oben betrachtete Cournot-Spiel. Beachte, dass die Reaktionsfunktionen für beide Spieler *fallend* sind, d.h. je mehr (weniger) Firma j produziert, desto weniger (mehr) produziert Firma i. Die Firmen konkurrieren also mit sogenannten *strategischen Substituten* ($R'_i(q_j) < 0$).[33] Die zwischen den beiden Reaktionsfunktionen eingezeichneten Pfeile deuten auf intuitive Weise die Anpassungsreaktionen der Cournot-Duopolisten an, wenn Firma 1 mit der Monopolmenge $q_1 = \frac{(a-c_2)}{2}$ startet. Firma 2 produziert dann nicht die Menge null, sondern eine grössere Menge. Für Firma 1 ist folglich nicht mehr der Monopol-Output optimal, sondern eine kleinere Menge, was wiederum zu Anpassungen von Firma 2 führt usw. Dieser Anpassungsprozess hört erst dann auf, wenn das Cournot-Gleichgewicht im Schnittpunkt der beiden Reaktionsfunktionen erreicht ist.

Die Linksverschiebung der Reaktionsfunktion von $R_1(q_2)$ nach $\widetilde{R}_1(q_2)$ illustriert die allgemeineren Ergebnisse von oben: Wenn die Grenzkosten c_1 von Firma 1 steigen, so

---

[33] Demgegenüber konkurrieren die Firmen im Bertrand-Fall mit *strategischen Komplementen*, d.h. die Reaktionsfunktionen sind steigend ($R'_i(p_j) > 0$). Die Begriffe der strategischen Substitute und Komplemente wurden von BULOW ET AL. (1985) eingeführt. Vgl. auch Anhang 5.8.2.

- sinkt der Output q_1 von Firma 1;

- steigt der Output q_2 des Konkurrenten. Dies deshalb, weil die höheren Grenzkosten einen geringeren Output q_1 zur Folge haben, was die Nachfrage von Firma 2 erhöht und sie zur Produktion eines höheren Outputs q_2 veranlasst.

Betrachten wir nun n Firmen und unterstellen der Einfachheit halber, dass diese symmetrisch seien und mit identischen Grenzkosten c am Markt operieren, d.h. $Q = nq_i \equiv nq$, wobei q den Output einer beliebigen Firma bezeichnet. Durch Einsetzen in (3.17) erhält man für den gleichgewichtigen Output pro Firma

$$q^* = \frac{a-c}{n+1}, \qquad (3.21)$$

der Marktpreis entspricht

$$p^* = c + \frac{a-c}{n+1}, \qquad (3.22)$$

und der Gewinn pro Firma beträgt

$$\pi = \frac{(a-c)^2}{(n+1)^2}. \qquad (3.23)$$

Die Ergebnisse dieses Cournot-Spiels weisen interessante Eigenschaften auf:

- Der Output pro Firma sinkt mit steigender Anzahl Firmen n.

- Der Marktpreis nähert sich für eine grosse Anzahl Firmen n den Grenzkosten c, d.h. das Cournot-Gleichgewicht entspricht unter diesen Annahmen dem Marktergebnis bei vollkommener Konkurrenz.

- Der Gewinn pro Firma sinkt mit einer steigenden Anzahl Firmen. Als Folge davon nimmt auch der aggregierte Gewinn $\Pi = n\pi$ mit steigender Anzahl Firmen ab.

Abschliessend wollen wir festhalten, dass die Bertrand- und die Cournot-Analyse nicht als widersprüchliche Konzepte mit unterschiedlichen Ergebnissen zu betrachten sind, sondern differenzierte Ansätze zur Analyse oligopolistischer Märkte zur Verfügung stellen. Welcher Ansatz zur Analyse verwendet wird, hängt in der Regel vom vorliegenden Problem ab.

Wie in Abschnitt 3.3 zum Monopol wollen wir auch hier noch auf einige interessante Erweiterungen der bisher behandelten Bertrand- und Cournot-Spiele hinweisen.

3.4.4 Erweiterungen

Sowohl das Bertrand- als auch das Cournot-Spiel sind statischer Natur; solche Spiele werden in der Literatur oft als "*One-Shot-Games*" bezeichnet, weil reaktive Anpassungen auf die Strategiewahl der Gegenspieler ausgeschlossen sind. Gibt man diese Einschränkung auf und betrachtet stattdessen *sequentielle Spiele*, so werden die Spiele in der Regel zwar komplizierter, erlauben aber den Einbezug realitätsnaher Reaktionsmuster, die häufig zu interessanten Ergebnissen führen. Die einfachsten Beispiele für solche Anwendungen sind Modelle zur *Preis-* und *Mengenführerschaft*, die First-Mover-Advantages untersuchen. Sequentielle Spiele erlauben unter anderem auch die Analyse des Verhaltens von Firmen, wenn es um (potentielle) Marktzutritte geht. Hier wird uns insbesondere die Frage interessieren, ob es einer etablierten Firma gelingen kann, durch sogenanntes *Limit-Pricing* Marktzutritte neuer Anbieter zu verhindern.

Andere Erweiterungen betreffen die Lockerung der Annahme homogener Güter. In der Literatur sind eine Vielzahl von Modellen zur Abbildung der *Produktdifferenzierung* entwickelt worden. Wir werden uns darauf beschränken, auf einige wichtige Aspekte dieser teilweise recht komplexen Literatur hinzuweisen.

Wir beginnen mit der Analyse der Mengenführerschaft, weil sich diese direkt in das Cournot-Modell integrieren lässt, wenn man verlangt, dass die beiden Firmen ihre Strategien nicht simultan, sondern *sequentiell* festlegen und folglich ein dynamisches Spiel spielen.

a) Mengenführerschaft

Wir betrachten der Einfachheit halber wiederum lediglich zwei Firmen, wobei Firma 1 der Mengenführer ("Stackelberg-Leader") und Firma 2 der Mengenanpasser ("Stackelberg-Follower") ist. Beide Firmen produzieren mit identischen Grenzkosten c. Die inverse Nachfragefunktion sei wiederum gegeben durch $P(Q) = a - Q$. Das sequentielle Spiel soll wie folgt ablaufen:

- Stufe 1: Firma 1 legt ihren Output q_1 fest.

- Stufe 2: Firma 2 beobachtet q_1 und legt — gegeben den Output q_1 — den für sie gewinnmaximalen Output q_2 fest.

Wie lässt sich der Ausgang dieses sequentiellen Spiels bestimmen? Um diese Frage zu klären, untersuchen wir ein potentielles Gleichgewicht, in dem Firma 2 die Monopolmenge q_2^m setzt, und Firma 1, die Strategie von Firma 2 antizipierend, eine gewinnmaximale Menge $q_1 = 0$ produziert. Ist diese Konstellation ein möglicher Spielausgang? Die Antwort lautet: *nein*. Die Erklärung ist einfach: Die Strategie von Firma 2, die Monopolmenge q_2^m zu produzieren, ist *nicht glaubwürdig*. Hat Firma 1 in Periode 1 nämlich einen Output $q_1 > 0$ produziert, so ist die Monopolmenge q_2^m nicht mehr gewinnmaximierend. Stattdessen wird sich Firma 2 wie ein Cournot-Duopolist verhalten und als beste Antwort auf die Menge q_1 die Cournot-Menge wählen, die durch die Reaktionsfunktion $R_2(q_1)$ gegeben ist. Firma 1 kann dieses Verhalten antizipieren und zu ihren Gunsten nutzen, indem sie auf der Reaktionsfunktion $R_2(q_1)$ von Firma 2 den aus ihrer Sicht 'bestmöglichen Punkt auswählt'. Abb. 3.6 veranschaulicht diese Überlegung. Anhand der *Iso-Gewinnlinien* π_1^S und π_1^C lässt sich zudem erkennen, dass der Gewinn des Stackelberg-Leaders π_1^S grösser ist als derjenige eines Cournot-Duopolisten π_1^C.[34]

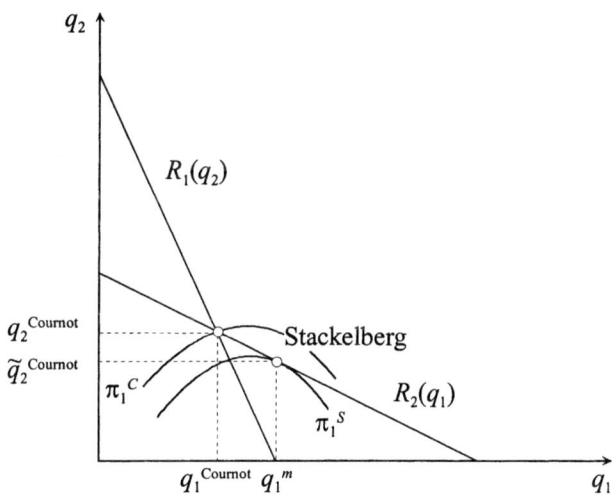

Abb. 3.6. Das Stackelberg-Duopol

Die formale Lösung des Spiels orientiert sich direkt an dieser Logik. Sie beginnt in der zweiten Stufe und berechnet die optimale Antwort bzw. die Reaktionsfunktion $R_2(q_1)$ von Firma 2 für einen beliebigen Output q_1 von Firma 1. Weil Firma 1 diese Reaktionsfunktion (bei vollständiger Information) kennt, wird im zweiten Schritt die optimale Menge q_1 von Firma 1 festgelegt. Hierbei handelt es sich um eine Anwendung des allgemeineren Prinzips der "*Rückwärtsinduktion*", mit dessen Hilfe dynamische Spiele häufig gelöst werden können.[35]

---

[34] Die *Iso-Gewinnlinen* geben alle Mengentupel (q_1, q_2) an, die jeweils den gleichen Gewinn für Firma 1 ergeben. Sie können analog zu Indifferenzkurven interpretiert werden, wobei zu beachten ist, dass 'weiter unten' liegende Iso-Gewinnlinien ein höheres Gewinnniveau angeben, d.h. $\pi_1^S > \pi_1^C$.

[35] Beachte allerdings, dass dynamische Spiele mit *unendlich* vielen Perioden *nicht* mit Rückwärtsinduktion gelöst werden können.

Das Optimierungsproblem für Firma 2 ist dasselbe wie beim Cournot-Duopol, es muss also gelten

$$q_2(q_1) \equiv R_2(q_1) = \frac{a - q_1 - c}{2}. \tag{3.24}$$

Durch Einsetzen ergibt sich für den Gewinn von Firma 1

$$\pi_1(q_1, q_2(q_1)) = \left[P\left(q_1 + \frac{a - q_1 - c}{2}\right) - c \right] q_1. \tag{3.25}$$

Differenziert man (3.25) nach q_1 und löst anschliessend nach q_1 auf, so erhält man die Stackelberg-Mengen von Firma 1 und Firma 2:

$$q_1^* = q_1^m = \frac{a-c}{2} \quad \text{und} \quad q_2^* = \frac{a-c}{4}. \tag{3.26}$$

Vergleicht man diese Mengen mit den Cournot-Mengen $q_i = \frac{a-c}{3}$ für zwei Firmen $i = 1, 2$, so stellt man fest, dass der Stackelberg-Leader (Firma 1) mehr produziert als ein Cournot-Duopolist — nämlich die Monopolmenge —, und der Stackelberg-Follower (Firma 2) weniger als der vergleichbare Cournot-Duopolist.

Beachte, dass dieser Ansatz implizit unterstellt, dass eine der beiden Firmen — z.B. aus historischen Gründen — als Marktführer anerkannt ist und sich auch als solcher verhält. Wäre dem nicht so, würde gewinnmaximierendes Verhalten der beiden Firmen zum Cournot-Oligopol führen.

b) Preisführerschaft

Ein verwandter Ansatz unterstellt, dass die Oligopolisten im Rahmen des dynamischen Spiels nicht über die Menge, sondern über den *Preis* konkurrieren. Dabei wird unterstellt, dass ein Marktführer einen Preis setzt, der allen anderen Firmen als Datum dient. Analytisch lässt sich das Problem der Preisführerschaft gleich behandeln wie jenes der Mengenführerschaft. Man wendet wiederum das Prinzip der Rückwärtsinduktion an. Auf diese Weise legt man zuerst die Reaktionsfunktion $R_2(p_1)$ des Preisnehmers fest und verwendet diese anschliessend für die Berechnung des gewinnmaximalen Preises des Preisführers.

Weil das Vorliegen von vorgegebenen Beziehungen zwischen den Preisen verschiedener Firmen häufig als potentielles Kartell- bzw. Kollusionsproblem interpretiert wird, wollen wir uns nachfolgend darauf beschränken, die Intuition dieses Ansatzes für ein Duopol mit homogenen Gütern kurz zu diskutieren.[36] Kapitel 4 diskutiert das Problem der Kollusion ausführlicher.

Wenn zwei Firmen mit identischen Grenzkosten c ein homogenes Gut produzieren, muss der Preisnehmer das Gut zum selben Preis verkaufen

---

[36] Die Diskussion orientiert sich an VARIAN (1992, 298 ff.). Dort findet sich auch eine detailliertere, formale Analyse.

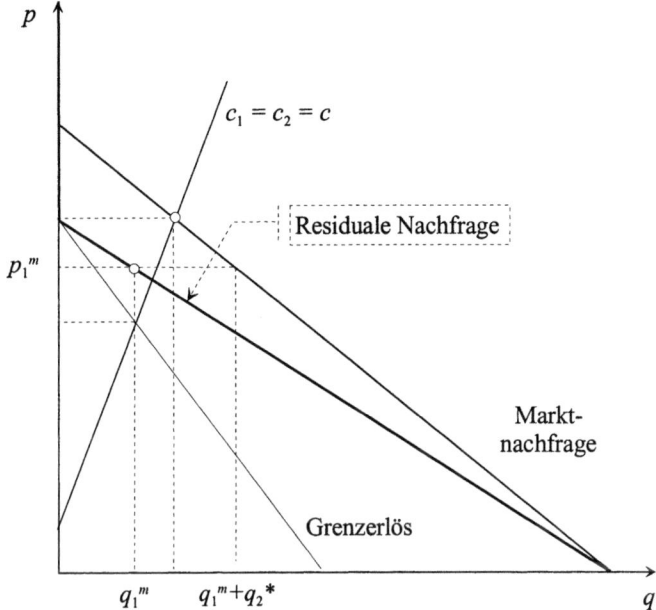

Abb. 3.7. Preisführerschaft bei homogenen Gütern

wie der Preisführer, um einen nicht-negativen Gewinn erzielen zu können. Es gilt also die Bedingung $p_2 = p_1$. Für einen gegebenen Preis p_1 des Preisführers produziert der Preisnehmer den Output $R_2(p_1)$, der seinen Gewinn maximiert. Deshalb entspricht $R_2(p_1)$ exakt der Angebotsfunktion bei vollkommener Konkurrenz. Für den Preisführer bleibt die Bedienung der "*residualen Nachfrage*", die nicht durch den Preisnehmer befriedigt wird. Da keine Konkurrenz um diese residuale Nachfrage existiert, setzt die Firma 1 den Monopolpreis p_1^m. Abb. 3.7 veranschaulicht diese Argumentation.[37]

c) Produktdifferenzierung

Auf den allermeisten Märkten werden keine homogenen, sondern differenzierte Produkte gehandelt. Es ist deshalb nicht erstaunlich, dass sich die Industrieökonomik ausführlich mit der Frage befasst hat, inwiefern Produktdifferenzierung das Marktergebnis beeinflusst. In Abschnitt 3.4.2 wurde bereits darauf hingewiesen, dass die Differenzierung der Produkte eine der Möglichkeiten zur *Auflösung des Bertrand-Paradoxons* darstellt, weil sie die Aufrechterhaltung eines positiven Markups erlaubt.[38] Im folgenden

---

[37] Die residuale Nachfrage lässt sich grafisch ermitteln, indem man die Angebotskurve c_2 von der Nachfrage subtrahiert. Der Monopolpreis p_1^m genügt bei gegebener residualer Nachfrage der Bedingung "Grenzerlös = Grenzkosten".

[38] Vgl. auch Abschnitt 3.2.2 zur monopolistischen Konkurrenz.

wollen wir eine kurze Übersicht über die wichtigsten Ergebnisse der Analyse von Produktdifferenzierungen auf oligopolistischen Märkten geben, die mit einer Arbeit von HOTELLING (1929) begonnen hat.[39]

Die Analyse in der Tradition von Hotelling betrifft den *räumlichen Wettbewerb* ("Location Models"), in dem die Nachfrager heterogen sind und wegen unterschiedlicher Präferenzen oder Standorte bestimmte Produkte im Markt bevorzugen. Der Begriff *"Standort"* kann in diesen Modellen auf zwei verschiedene Arten interpretiert werden:

- Als *physischer Standort* eines Nachfragers; in diesem Fall beobachtet der Nachfrager die Preise aller Anbieter und kauft das Produkt beim Anbieter mit dem tiefsten Bruttopreis, der die Transportkosten einschliesst.

- Als *gewünschte Eigenschaft* eines bestimmten Produkts. Auf diese Weise kann die Distanz zwischen zwei Standorten — häufig gemessen innerhalb eines linearen Intervalls — als Differenz zwischen den tatsächlichen und den gewünschten Eigenschaften eines bestimmten Produktes interpretiert werden. Als Beispiel lässt sich der Malzgehalt von Bier anführen: Nachfrager, die auf der linken Seite des Intervalls angeordnet sind, haben eine Präferenz für Biere mit tiefem Malzgehalt, Nachfrager auf der rechten Seite des Intervalls eine Präferenz für Biere mit hohem Malzgehalt. Die Distanz zwischen einem Nachfrager und einem bestimmten Bier misst dann den *Nutzenverlust*, der dem Nachfrager durch den Kauf eines 'nicht-idealen' Produkts entsteht.[40]

Die bekanntesten Modelle in dieser Tradition betrachten Wettbewerb entlang einer Linie ("Competition on the Line") und Wettbewerb auf einem Kreis ("Competition on the Circle"). Als zentrales Ergebnis dieser Literatur ergibt sich das *"Differenzierungsprinzip"* (TIROLE 1988, 278), gemäss dem sich Firmen nicht am selben Ort niederlassen wollen. Der Grund hierfür ist der oben genannte: Produktedifferenzierung schwächt den Preiswettbewerb ab und erlaubt es den Anbietern Marktnischen aufzubauen, die profitabel bedient werden können.

Andere Arbeiten zur Produktdifferenzierung folgen nicht der Hotelling-Tradition, sondern analysieren Modelle, die dem sog. Non-Address- oder *Non-Location-Approach* zuzurechnen sind. Innerhalb dieser Modelle können wiederum zwei Ansätze unterschieden werden. Der erste erweitert die oben diskutierten *Bertrand-* und *Cournot*-Modelle, indem eine gegebene Anzahl differenzierter Produkte unterstellt wird.[41] Dabei ergibt sich das

---

[39] Vgl. TIROLE (1988, Kapitel 7) und SHY (1995, Kapitel 7) für einen Überblick über die verschiedenen Modelle. ANDERSON ET AL. (1992) präsentieren eine umfassende Analyse.

[40] Dieser Nutzenverlust ist äquivalent zu den Transportkosten in der ersten Interpretation.

[41] Vgl. SHY (1995, 135 ff.); er bezeichnet Modelle dieses Typs als "Simple Models for Differentiated Products".

(erwartete) Ergebnis, dass die Firmengewinne mit zunehmender Produktdifferenzierung steigen. Der zweite Ansatz untersucht im Rahmen *monopolistischer Konkurrenz* (vgl. CHAMBERLIN 1933) die im Gleichgewicht angebotene Produktevielfalt. Dabei wird unterstellt, dass der Markteintritt frei ist, so dass über Marktzutritte neue Produkte auf den Markt gelangen können. Die Resultate sind hier uneindeutig: Im Gleichgewicht mit freiem Marktzutritt kann die Produktvielfalt grösser oder kleiner sein als im Wohlfahrtsoptimum.[42]

Zusammenfassend kann man festhalten, dass die verschiedenen Modelle eine grundlegende Intuition bestätigen: *Produktdifferenzierung erlaubt es den Firmen, lokale Marktmacht zu erringen und den Gewinn zu steigern.* Dies erklärt, warum viele Firmen hohe Kosten (z.B. für Werbung) auf sich nehmen, um ihre Produkte untereinander und von den Produkten anderer Anbieter zu differenzieren.

d) Limit Pricing

Der Marktzutritt von Konkurrenten wird häufig als wichtiger Mechanismus für die Disziplinierung etablierter Firmen mit Marktmacht betrachtet. Wird der Marktzutritt nicht durch wirksame *Marktzutrittsschranken* behindert, so kann das Verhalten eines etablierten Anbieters unter Umständen allein durch die Drohung potentieller Zutritte diszipliniert werden. Etablierte Anbieter können deshalb versucht sein, Marktzutritte mit Hilfe von strategischen Preisen zu verhindern, die nur vorübergehend tiefer angesetzt werden. Diese Praxis wird in der Literatur als *Limit Pricing* bezeichnet.

Unter welchen Bedingungen tritt Limit Pricing auf? Um diese Frage zu beantworten, betrachten wir folgende Situation: Angenommen, es gebe zwei Firmen, wobei Firma 1 der etablierte Anbieter und Firma 2 der potentielle Neuanbieter sei. Die Nachfragefunktion und die Kostenfunktionen seien beiden Firmen bekannt. Es gebe zwei Perioden:

- Periode 1: Firma 1 setzt einen Preis p_1 und produziert die Menge q_1; Firma 2 beobachtet sowohl p_1 als auch q_1 und entscheidet dann über den Marktzutritt.

- Periode 2: Falls kein Marktzutritt erfolgt ist, setzt Firma 1 den Monopolpreis p_1^m; ist Firma 2 eingetreten, konkurrieren beide Firmen auf dem Absatzmarkt.

Tritt in dieser Situation Limit Pricing auf? Die Antwort lautet: *nein*. Für Firma 2 ist bei der Zutrittsentscheidung lediglich der Gewinn in Periode 2 von Interesse. Dieser ist bei vollständiger Information bereits vor der Zutrittsenscheidung bekannt, folglich *enthält der Preis p_1 von Firma 1 in Periode 1 keine Information*. Weil die Zutrittsentscheidung von Firma

---

[42]Vgl. TIROLE (1988, 288).

		Firma 2	
		Zutritt	kein Zutritt
Firma 1	tiefe Kosten	$1, -1/4$	$3, 0$
	hohe Kosten	$0, 3/4$	$1, 0$

Tab. 3.5. Limit Pricing unter Unsicherheit

2 unabhängig ist von p_1, macht das Setzen eines Limitpreises p_1^L aus der Sicht von Firma 1 keinen Sinn: Der Limitpreis p_1^L hat keine Abwehrwirkung, verursacht aber Kosten, weil Firma 1 in Periode 1 stattdessen den Monopolpreis $p_1^m > p_1^L$ setzen könnte. Bei vollständiger Information treten also nie Limitpreise auf.

Limitpreise können jedoch auftreten, wenn der Preis p_1 in Periode 1 einen *Informationsgehalt* hat. Das ist beispielsweise dann der Fall, wenn Unsicherheit besteht über die Kosten des etablierten Anbieters.[43] Dies wollen wir im Rahmen eines einfachen Beispiels zeigen.[44] Angenommen, die Kosten von Firma 1 seien für Firma 2 nicht beobachtbar; es sei indessen bekannt, dass die Kosten von Firma 1 entweder $\underline{c}_1 = 0$ oder $\overline{c}_1 = 2$ seien. Firma 2 weise Kosten von $c_2 = 1$ auf und die Markteintrittskosten betragen $\frac{1}{4}$. Bei einem beliebigen Preis $p \leq 3$ werde eine Einheit eines Gutes nachgefragt. Falls Firma 2 eintritt, werde Bertrand-Wettbewerb gespielt.

Wie verhalten sich die Firmen in einer solchen Lage? Weil die Firmen unterschiedliche Kosten aufweisen, wird im Gleichgewicht eine Firma aus dem Markt ausscheiden. Betrachten wir die möglichen Spielausgänge etwas detaillierter (vgl. Tab. 3.5[45]).

Welchen Preis setzt Firma 1 in der *zweiten* Periode des Spiels?

- Wenn Firma 1 tiefe Kosten hat ($\underline{c}_1 = 0$) und Firma 2 eintritt, setzt Firma 1 den Preis gleich (bzw. ganz knapp unterhalb von) $c_2 = 1$, so dass Firma 2 aus dem Markt ausscheidet und die Marktzutrittskosten $\left(-\frac{1}{4}\right)$ verliert; Firma 1 erzielt dabei einen Gewinn von 1.

- Wenn Firma 1 hohe Kosten hat ($\overline{c}_1 = 2$) und Firma 2 eintritt, setzt Firma 2 den Preis gleich (bzw. ganz knapp unterhalb von) $\overline{c}_1 = 2$, so dass Firma 1 aus dem Markt ausscheidet und keinen Gewinn erzielt. Firma 2 erzielt einen Gewinn von $2 - 1 - \frac{1}{4} = \frac{3}{4}$.

- Wenn Firma 1 tiefe Kosten hat ($\underline{c}_1 = 0$) und Firma 2 *nicht* eintritt, setzt Firma 1 den Monopolpreis 3 und erzielt auch einen Gewinn von 3; Firma 2 erzielt keinen Gewinn.

---

[43] Vgl. MILGROM und ROBERTS (1982) als Standard-Referenz.
[44] Das Beispiel folgt VARIAN (1992, 309 f.).
[45] Beachte, dass es sich bei Tab. 3.5 nicht um die Normalform des Limit-Pricing-Spiels, sondern lediglich um eine Zusammenfassung der möglichen Spielausgänge handelt.

- Wenn Firma 1 hohe Kosten hat ($\bar{c}_1 = 2$) und Firma 2 *nicht* eintritt, setzt Firma 1 den Monopolpreis 3 und erzielt einen Gewinn von 1; Firma 2 erzielt keinen Gewinn.

Die entscheidende Frage lautet indessen: Welchen Preis setzt Firma 1 in der *ersten* Periode des Spiels? Wenn sie tiefe Kosten aufweist, wird sie versuchen einen Limitpreis zu setzen, der für eine Firma mit hohen Kosten *nicht profitabel* ist. Ein solcher Preis *signalisiert* Firma 2 glaubwürdig, dass Firma 1 tiefe Kosten hat. Alle Preise $0 < p_1 < 1$ erfüllen diese Eigenschaft: Wenn Firma 1 tiefe Kosten ($\underline{c}_1 = 0$) aufweist, erzielt sie trotz Limitpreisen einen Gewinn. Für eine Firma 1 mit hohen Kosten ($\bar{c}_1 = 2$) sind Limitpreise jedoch nicht profitabel, weil sie in der ersten Periode einen Verlust erwirtschaftet, der grösser ist als 1 und deshalb in der zweiten Periode nicht mehr aufgefangen werden kann. Limit Pricing ist also nur für eine Firma mit tiefen Kosten profitabel. Wenn Firma 2 einen Limitpreis beobachtet, wird sie folglich nicht in den Markt eintreten.

3.5 Anhang

3.5.1 Monopolpreise und Grenzkosten

Dieser Anhang demonstriert für den einfachsten Fall des Eingüter-Monopols, dass der Monopolpreis mit zunehmenden Grenzkosten steigt (vgl. TIROLE 1988, 66 f.).

Gegeben seien zwei Kostenfunktionen $C_1(q)$ und $C_2(q)$. Diese seien differenzierbar und es gelte $C_2'(q) > C_1'(q)$ für alle Mengen q. Die jeweiligen gewinnmaximalen Monopolpreise seien mit p_1^m bzw. p_2^m und die Monopolmengen mit q_1^m bzw. q_2^m bezeichnet. Angenommen, ein Monopolist weist die Kostenfunktion $C_1(\cdot)$ auf. Dann setzt er den Preis p_1^m, aber nicht den Preis p_2^m, weil er auf diese Weise einen höheren Gewinn erzielt. Formal muss gelten

$$p_1^m q_1^m - C_1(q_1^m) \geq p_2^m q_2^m - C_1(q_2^m).$$

Umgekehrt setzt ein Monopolist mit der Kostenstruktur $C_2(\cdot)$ den gewinnmaximalen Preis p_2^m, und nicht p_1^m, folglich gilt ebenfalls

$$p_2^m q_2^m - C_2(q_2^m) \geq p_1^m q_1^m - C_2(q_1^m).$$

Addieren der beiden Gleichungen liefert direkt

$$[C_2(q_1^m) - C_2(q_2^m)] - [C_1(q_1^m) - C_1(q_2^m)] \geq 0.$$

Also muss auch gelten, dass

$$\int_{q_2^m}^{q_1^m} [C_2'(\tilde{q}) - C_1'(\tilde{q})] \, d\tilde{q} \geq 0.$$

Weil $C_2'(\tilde{q}) > C_1'(\tilde{q})$ für alle $\tilde{q}$ (s. oben), ergibt sich aus der letzten Relation $q_1^m > q_2^m$, d.h. der Monopolpreis steigt mit zunehmenden Grenzkosten.

3.5.2 Preiselastizität der Nachfrage bei Preis- oder Mengensetzung

Es muss gezeigt werden, dass folgende Beziehung erfüllt ist:

$$-\frac{P'(q^m)q^m}{p^m} = -\frac{D(p^m)}{D'(p^m) \cdot p^m} \equiv \frac{1}{\varepsilon}.$$

Zunächst gilt $D(p^m) = q^m$. Es muss nun also lediglich noch gezeigt werden, dass

$$P'(q^m) = \frac{1}{D'(p^m)}, \qquad (3.27)$$

wobei $P'(q^m)$ die Ableitung der inversen Nachfrage nach q^m bezeichnet. Beachte, dass die inverse Nachfrage gegeben ist durch

$$D^{-1}(D(p^m)) = p^m.$$

Differenzieren nach p^m ergibt

$$\underbrace{D^{-1\prime}(q^m)}_{\text{äussere Ableitung}} \cdot \underbrace{D'(p^m)}_{\text{innere Ableitung}} = 1.$$

Durch Einsetzen von $D^{-1\prime}(q^m) \equiv P'(q^m)$ erhält man Gleichung (3.27).

3.5.3 Der Ramsey-Index für interdependente Nachfragen

Für interdependente Nachfragen $q_i = D_i(\mathbf{p})$ nach den verschiedenen Gütern i, $i = 1,...,n$, mit den Güterpreisen $p_1,...,p_n$, lautet das Gewinnmaximierungsproblem des Monopolisten wie folgt:

$$\max_{\mathbf{p}} \pi(\mathbf{p}) = \sum_{i=1}^{n} p_i D_i(\mathbf{p}) - \sum_{i=1}^{n} C_i(D_i(\mathbf{p}))$$

Mittels Differenzieren nach p_i ergibt sich für $i = 1,...,n$

$$\frac{\partial \pi(\mathbf{p})}{\partial p_i} = D_i + p_i \frac{\partial D_i}{\partial p_i} + \sum_{j \neq i} p_j \frac{\partial D_j}{\partial p_i} - \sum_j \frac{\partial C_j}{\partial q_j} \frac{\partial D_j}{\partial p_i} = 0,$$

wobei die Argumente der Funktionen der Einfachheit halber weggelassen werden. Über

$$\frac{\partial \pi(\mathbf{p})}{\partial p_i} = D_i + \sum_j p_j \frac{\partial D_j}{\partial p_i} - \sum_j \frac{\partial C_j}{\partial q_j} \frac{\partial D_j}{\partial p_i}$$

erhalten wir unter Verwendung von $\frac{\partial C_j}{\partial q_j} = C'_j$

$$\sum_j \frac{\partial D_j}{\partial p_i}(p_j - C'_j) = -D_i, \quad i,j = 1,...,n. \qquad (3.28)$$

Lösen wir nun das i-te Gut wieder aus der Summe heraus, führt uns das über

$$\frac{\partial D_i}{\partial p_i}(p_i - C'_i) + \sum_{j \neq i} \frac{\partial D_j}{\partial p_i}(p_j - C'_j) = -D_i$$

auf

$$p_i - C'_i = -\frac{D_i}{\partial D_i/\partial p_i} - \sum_{j \neq i} \frac{\partial D_j/\partial p_i (p_j - C'_j)}{\partial D_i/\partial p_i}.$$

Die Division beider Seiten der Gleichung durch p_i und geschicktes Erweitern des Summenterms führt über

$$\frac{p_i - C'_i}{p_i} = -\frac{D_i}{(\partial D_i/\partial p_i)p_i} - \sum_{j \neq i} \frac{(p_j - C'_j)\overbrace{\frac{\partial D_j}{\partial p_i}\frac{p_i}{D_j}}^{\equiv \varepsilon_{ij}} D_j}{\underbrace{\frac{\partial D_i}{\partial p_i}\frac{p_i}{D_i}}_{\equiv \varepsilon_{ii}}\underbrace{D_i p_i}_{\equiv R_i}}$$

unter Verwendung der Definitionen der Elastizitäten $\varepsilon_{ii} \equiv -\frac{(\partial D_i/\partial p_i)p_i}{D_i}$ und $\varepsilon_{ij} \equiv -\frac{(\partial D_j/\partial p_i)p_i}{D_j}$ sowie dem Erlös $R_i \equiv p_i D_i$ unmittelbar auf

$$\underbrace{\frac{p_i - C'_i}{p_i}}_{\text{Lerner-Index}} = \underbrace{\frac{1}{\varepsilon_{ii}} - \sum_{j \neq i} \frac{(p_j - C'_j)D_j \varepsilon_{ij}}{R_i \varepsilon_{ii}}}_{\text{Ramsey-Index}}, \quad i = 1, ..., n.$$

Auf der linken Seite des Gleichheitszeichens steht der *Lerner-Index*, auf der rechten der *Ramsey-Index* für interdependente Nachfragen.

3.6 Aufgaben

Aufgabe 1

Gegeben sei ein Unternehmen mit der Kostenfunktion $C(q) = 30 + 3q$ und der Nachfrage $D(p) = 200 - 2p$.

a) Wie lautet die allgemeine Preissetzungsregel für einen Monopolisten? Wie lautet die allgemeine Preissetzungsregel bei vollkommener Konkurrenz? Erläutern Sie, warum das Verhalten eines Monopolisten nicht die allgemeine Wohlfahrt maximiert.

b) Bestimmen Sie den Output q^m, den Marktpreis p^m, den Gewinn π^m und die Konsumentenrente CS^m, wenn das Unternehmen als Monopolist agiert. Überprüfen Sie Ihre Ergebnisse anhand der oben genannten Preissetzungsregel.

c) Bestimmen Sie den Output q^c, den Marktpreis p^c, den Gewinn π^c und die Konsumentenrente CS^c, wenn das Unternehmen in einem Markt mit vollkommener Konkurrenz agiert. Bestimmen Sie die Höhe des Wohlfahrtsverlustes, der durch das Anbieterverhalten eines Monopolisten entsteht.

d) Überlegen Sie sich, auf welchen realen Märkten der Preisaufschlag eines Monopolisten hoch (bzw. niedrig) ausfallen würde.

Aufgabe 2

Im Antitrust-Fall U.S. v. Microsoft wurde der bekannte Ökonom Richard L. Schmalensee als Zeuge von Microsoft vernommen. Dieser hatte ein Gutachten verfasst, das die Behauptung aufstellt, dass Microsoft einen Preis von $900-2000 pro Windows-Paket verlangen würde, wenn sich das Unternehmen als Monopolist verhielte. Die Tatsache, dass Windows tatsächlich zu einem tieferen Preis verkauft werde, sei ein Hinweis darauf, dass sich Microsoft nicht als Monopolist verhalten könne, weil der Druck potentieller Konkurrenz zu stark sei.

a) Auf welcher Denkweise beruht diese Argumentation?

b) Sind Sie mit der Argumentation von Schmalensee einverstanden?

Aufgabe 3

Betrachten Sie das Spiel

		Spieler 2	
		a_2^1	a_2^2
Spieler 1	a_1^1	1,1	0,2
	a_1^2	2,0	3,3

in Normalform.

  a) Hat dieses Spiel ein Gleichgewicht in dominanten Strategien? Wenn ja: welches? Wenn nein: warum nicht?

  b) Bestimmen Sie das Nash-Gleichgewicht dieses Spiels.

Aufgabe 4

Was ist unter einer "Reaktionsfunktion" zu verstehen? Welche strategische Variable wird durch sie im Bertrand- bzw. im Cournot-Wettbewerb determiniert?

Aufgabe 5

Zwei Firmen mit konstanten Grenzkosten von 3 bedienen einen Markt mit der inversen Nachfrage $P(q) = 15-q$. Berechnen Sie die individuellen Angebotsmengen q_1 und q_2, die aggregierte Menge $Q = q_1 + q_2$, den Marktpreis p, die individuellen Gewinne π_1 und π_2 sowie den aggregierten Gewinn $\Pi = \pi_1 + \pi_2$, wenn

  a) die Firmen ein Kartell bilden;

  b) die Firmen Cournot-Wettbewerb spielen;

  c) die Firmen Bertrand-Wettbewerb spielen;

  d) Firma 1 der Stackelbergführer und Firma 2 der Mengenanpasser ist.

Aufgabe 6

Zwei Firmen mit konstanten Grenzkosten c bedienen einen Markt mit der inversen Nachfrage $P(q) = 1 - q_1 - q_2$.

  a) Berechnen Sie das Cournot-Gleichgewicht.

  b) Firma 2 sei Mengenführer. Berechnen Sie die gleichgewichtigen Outputs der beiden Firmen.

3.7 Literatur

Anderson, S., de Palma, A., Thisse, J.F. (1992): *Discrete Choice Theory of Product Differentiation*. Cambridge.

Bertrand, J. (1883): "Théorie Mathématique de la Richesse Sociale", *Journal des Savants*, 499-508.

Brown, S., Sibley, D. (1986): *The Theory of Public Utility Pricing*. Cambridge.

Bulow, J., Geanakoplos, J., Klemperer, P. (1985): "Multimarket Oligopoly: Strategic Substitutes and Strategic Complements", *Journal of Political Economy*, 93, 488-511.

Chamberlin, E. (1933): *The Theory of Monopolistic Competition*. Cambridge.

Coase, R. (1972): "Durability and Monopoly", *Journal of Law and Economics*, 15, 143-149.

Cournot, A.A. (1838): *Recherches sur les Principes Mathématiques de la Théorie des Riches*. Paris.

Fudenberg, D., Tirole, J. (1993): *Game Theory*. Cambridge.

Fudenberg, D., Tirole, J. (1989): "Noncooperative Game Theory for Industrial Organization: An Introduction and Overview", in: Schmalensee, R., Willig, R.D. (Hrsg.): *Handbook of Industrial Organization*, Vol. I. Amsterdam, 259-327.

Gibbons, R. (1992): *A Primer in Game Theory*. Hertfordshire.

Gul, F., Sonnenschein, H., Wilson, R. (1986): "Foundations of Dynamic Monopoly and the Coase Conjecture", *Journal of Economic Theory*, 39, 248-254.

Hicks, J. (1935): "Annual Survey of Economic Theory", *Econometrica*, 3, 1-20.

Hotelling, H. (1929): "Stability in Competition", *Economic Journal*, 39, 41-57.

Kahn, A.E. (1986): "The Durable Goods Monopolist and Consistency with Increasing Costs", *Econometrica*, 54, 275-294.

Kreps, D., Scheinkman, J. (1983): "Quantitiy Precommitment and Bertrand Competition Yield Cournot Outcomes", *Bell Journal of Economics*, 14, 326-337.

Leibenstein, H. (1966): "Allocative Efficiency vs. 'X-Efficiency'", *American Economic Review*, 56, 392-415.

Machlup, F. (1955): "Characteristics and Types of Price Discrimination", in: National Bureau of Economic Research (Hrsg.): *Business Concentration and Price Policy*. Princeton.

Milgrom, P., Roberts, J. (1982): "Limit Pricing and Entry under Incomplete Information: An Equilibrium Analysis", *Econometrica*, 50, 443-459.

Phlips, L. (1983): *The Economics of Price Discrimination*. Cambridge.

Scherer, F.M., Ross, D. (1990): *Industrial Market Structure and Economic Performance*. Boston.

Schmidt, K.M. (1997): "Managerial Incentives and Product Market Competition", *Review of Economic Studies*, 64, 191-213.

Shapiro, C. (1989): "Theories of Oligopoly Behavior", in: Schmalensee, R., Willig, R.D. (Hrsg.): *Handbook of Industrial Organization*, Vol. I. Amsterdam, 329-414.

Shy, O. (1995): *Industrial Organization. Theory and Applications*. Cambridge, Massachusetts.

Spence, M. (1975): "Monopoly, Quality, and Regulation", *Bell Journal of Economics*, 6, 417-429.

Stokey, N. (1979): "Intertemporal Price Discrimination", *Quarterly Journal of Economics*, 93, 355-371.

Stokey, N. (1981): "Rational Expectations and Durable Goods Pricinig", *Bell Journal of Economics*, 12, 112-128.

Tirole, J. (1988): *The Theory of Industrial Organization*. Cambridge, Massachusetts.

Varian, H.R. (1992): *Microeconomic Analysis* (3. Auflage). New York.

Varian, H.R. (1989): "Price Discrimination", in: Schmalensee, R., Willig, R.D. (Hrsg.): *Handbook of Industrial Organization*, Vol. I. Amsterdam, 597-654.

Wolfstetter, E. (1999): *Topics in Microeconomics. Industrial Organization, Auctions, and Incentives*. New York.

4
Kooperation und Kollusion

4.1 Einführung

Unter welchen Bedingungen kann es den Anbietern in einem Markt gelingen, die gegenseitige Konkurrenz mittels Kartellen, Absprachen oder auch nur stillschweigender Kooperation wirksam zu begrenzen? Welche Effekte haben diese verschiedenen Formen der Kooperation auf das Marktergebnis? Wie stabil sind solche Kooperationen? Ist Kooperation generell schädlich, oder kann es aus wohlfahrtsökonomischer Sicht unter Umständen vorteilhaft sein, wenn die Unternehmen bestimmte Tätigkeiten koordinieren? Präziser gefragt: Sind Joint Ventures zu verbieten? Wie verhält es sich mit gemeinsamen Investitionen in die Forschung und Entwicklung? Und welche Effekte haben Fusionen auf das Marktergebnis?

Im vorliegenden Kapitel wollen wir versuchen, Antworten auf diese Fragen zu geben. Wir bedienen uns dabei spieltheoretischer Instrumente, die wir in Kapitel 3 eingeführt haben. Gleich zu Beginn eine Einschränkung: Wir werden keine generell gültigen Regeln ableiten können, die für jeden Fall von Kooperation eine Handlungsanleitung bieten. Stattdessen wollen wir uns ein *vertieftes Verständnis für die ökonomischen Zusammenhänge* aneignen, die es von den verschiedenen Entscheidungsträgern zu berücksichtigen gilt: den Marktteilnehmern, den Wettbewerbsbehörden und dem Gesetzgeber.

Wir beginnen unsere Diskussion über Kooperation und Kollusion auf oligopolistischen Märkten mit einem Überblick über verschiedene Formen der Zusammenarbeit (Abschnitt 4.2). Wir unterscheiden zunächst zwischen offenen (Abschnitt 4.2.1) und verdeckten Formen der Kooperation (Abschnitt 4.2.2) und gehen kurz darauf ein, wie Kooperationen konkret ausgestaltet werden können. In den Abschnitten 4.3 und 4.4 diskutieren wir auf relativ allgemeiner Basis die ökonomischen Wirkungsmechanismen, die für die Aufrechterhaltung von Kooperation in strategischen Konkurrenzsituationen relevant sind. In den Abschnitten 4.5 und 4.6 gehen wir schliesslich auf die Analyse von Einzelproblemen ein, die für die Praxis von besonderer Bedeutung sind: die Auswirkungen von Joint Ventures und Fusionen auf das Marktergebnis.

4.2 Alternative Kooperationsformen

Unternehmen kooperieren aus verschiedenen Gründen. Es ist denn auch kaum überraschend, dass man in der Praxis eine Vielzahl von Kooperationsformen vorfindet, die im gesamten Spektrum zwischen vollständiger Konkurrenz und vollständiger Integration — bis hin zu einer Monopolisierung — einzuordnen sind. Im folgenden wollen wir uns deshalb darauf beschränken, einen kurzen Überblick über einige wesentliche, idealtypische Formen der Kooperation zu geben (vgl. Tab. 4.1). Wir unterscheiden dabei zwischen *offenen* und *verdeckten* Formen der Kooperation. Auf diese beiden grundlegenden Kooperationsformen gehen wir in den nächsten beiden Unterabschnitten detaillierter ein.

Offene Kooperation	Verdeckte Kooperation
Kartelle	Geheime Kartelle
Joint Ventures	(Stillschweigende) Kollusion
Fusionen	
Verbände	
Frachtbasissysteme	

Tab. 4.1. Alternative Formen der Kooperation

4.2.1 Offene Kooperation

Alle kooperativen Abreden und Institutionen, die auf der Basis einer *expliziten* (z.B. schriftlichen) Vereinbarung zwischen verschiedenen Unternehmen zustande kommen, begründen eine *offene Kooperation*. Typische Ausprägungen offener Kooperationen sind (offene) Kartelle, Joint Ventures, Fusionen, Verbände und Frachtbasissysteme.

a) Kartelle

Kartelle verfolgen verschiedene Ziele. Typische Argumente für die Bildung eines Kartells sind:

4.2 Alternative Kooperationsformen

- Die Maximierung des Gesamtgewinns der Branche, der Erlöse oder der Umsätze der beteiligten Unternehmen ("Kartellisten");
- Der Schutz von Produzenten und Händlern mit überdurchschnittlichen Produktions- und Vertriebskosten;
- Die Erhaltung einer bestimmten, historisch gewachsenen Betriebsstruktur;
- Die Sicherung eines bestimmten Qualitätsstandards;
- Die Erhaltung breiter Sortimente;
- Die Förderung und Erhaltung von Versorgungs- und Distributionsstrukturen in peripheren Regionen.

Bei offenen Kartellen wird die Einhaltung der Kartellvereinbarungen normalerweise durch eine interne Kartellobrigkeit überwacht. Innerhalb der Klasse der offenen Kartelle existieren wiederum verschiedene Kartellformen, die sich hinsichtlich ihrer Zielsetzungen oder Verhaltensweisen merklich unterscheiden:

- *Horizontale Preiskartelle* legen die Preise verschiedener Anbieter auf derselben Marktstufe fest. Die Kartellisten streben in der Regel die Aufrechterhaltung überhöhter Preise an, die sich bei wirksamer (oligopolistischer) Konkurrenz nicht erzielen liessen.

- Im Rahmen von *vertikalen Preiskartellen* schreiben die Unternehmen einer vorgelagerten Marktstufe (z.B. die Produzenten eines Gutes) die Preise auf einer nachgelagerten Marktstufe (z.B. die Endverkaufs- oder Retail-Preise) vor.[1] Diese Praxis wird als *vertikale Preisbindung* oder *Resale Price Maintenance (RPM)* bezeichnet. Hierbei handelt es sich um eine spezielle Form einer vertikalen Restriktion ("Vertical Restraint"), welche die Beziehungen zwischen zwei oder mehreren Unternehmen auf der Angebotsseite regelt. Andere, häufig auftretende Formen solcher vertikaler Restriktionen sind nichtlineare Tarife ("Franchising") und exklusive Vertriebsverträge. Ziel dieser Restriktionen ist es, die aggregierten Gewinne der Produzenten und der Händler auf der nachgelagerten Stufe zu erhöhen, die Investitionen von Händlern in den Vertrieb eines Produkts zu schützen, sowie die Wettbewerbsintensität zwischen den Händlern (*Intrabrand Competition*) und zwischen den verschiedenen Produzenten (*Interbrand Competition*) zu reduzieren (vgl. REY und STIGLITZ 1995).

---

[1] Beachte, dass vertikale Preiskartelle häufig mit horizontalen Preiskartellen verbunden sind. Die Aufrechterhaltung der Kartelldisziplin ausscherender Mitglieder auf der nachgelagerten Marktstufe ist auf diese Weise leichter zu bewerkstelligen.

4. Kooperation und Kollusion

- *Quotenkartelle* legen den firmenindividuellen Anteil am Gesamtoutput (Quote) fest, welcher durch die relevante Nachfrage über den Kartellpreis bestimmt ist. Ein Ziel von Quotenkartellen ist der Schutz vor dem Kostensenkungs- und Innovationsdruck, der sich bei wirksamer Konkurrenz ergeben würde. Ein Spezialfall eines Quotenkartells ist das sogenannte *Strukturkrisenkartell*, bei dem sich die Kartellmitglieder mit heterogener Kostenstruktur darauf einigen, die Unternehmen mit den höchsten Kosten gegen Entschädigung stillzulegen, um den gemeinsamen Kartellgewinn zu steigern.[2]

b) Joint Ventures

Joint Ventures bezeichnen eine häufig auftretende Kooperationsform, bei der zwei oder mehr Partner eine *rechtlich selbständige Unternehmung* — die Joint-Venture-Unternehmung — gründen. Die Partner des Joint Ventures bleiben als selbständige Gesellschaften bestehen. Für die Gründung eines Joint Ventures werden folgende Argumente genannt:[3]

- Realisierung von Skalen- und Verbundvorteilen,
- Kosten- und Risikominimierung,
- Spezialisierungsvorteile,
- Produktverbesserungen,
- Verhinderung von Fixkostenduplikation (z.B. Vermeidung von Parallelforschung).

Joint Ventures werden vor allem in Industrien gegründet, in denen vergleichsweise hohe Investitionen in Forschung und Entwicklung (F&E) — zum Teil verbunden mit kurzen Produktlebenszyklen — getätigt werden müssen. Die Verwertung der F&E-Ergebnisse, welche im Rahmen des Joint Ventures erzielt werden (Patente, Vorprodukte, etc.), kann möglicherweise unabhängig durch die Partner-Unternehmen des Joint Ventures erfolgen.

c) Fusionen

Fusionen (Mergers) können als intensivste Form der Kooperation zwischen zwei oder mehreren Unternehmen aufgefasst werden. Die fusionierenden Unternehmen geben ihre rechtliche Selbständigkeit auf und übertragen ihre Ressourcen und Verbindlichkeiten in ein einziges gemeinsames Unternehmen. Im Rahmen von Fusionen werden häufig auch einzelne Unternehmensteile umstrukturiert oder ganz ausgegliedert ("Divesture", "Spin-Offs").

---

[2] Die Produktionsquote der Kartellmitglieder mit den höchsten Kosten beträgt im Strukturkrisenkartell null.

[3] Vgl. MARITI und SMILEY (1983) für eine Untersuchung der Motive für das Partizipieren an Joint Ventures.

Grundsätzlich lassen sich drei verschiedene Arten von Fusionen unterscheiden (vgl. SHY 1995, 173):

- *Horizontale* Fusionen: Zwei oder mehrere Unternehmen, die im selben (z.B. geographischen) Markt operieren und ein homogenes oder differenziertes Gut produzieren, schliessen sich zusammen.

- *Vertikale* Fusionen: Zwei oder mehrere Unternehmen, die auf verschiedenen Marktstufen (z.B. Produzent – Händler) operieren, schliessen sich zusammen.

- *Konglomerate* Fusionen: Zwei oder mehrere Unternehmen aus verschiedenen Märkten schliessen sich zusammen.

Die Unternehmen führen in der Praxis verschiedenste Gründe für eine Fusion an. Je nach Art der Fusion werden beispielsweise Kostensenkungen durch Skalen- und Verbundvorteile, eine verbesserte Steuerung der Vertriebskanäle und der Einkauf von Know-How, eine Diversifikation in neue Märkte etc. genannt.[4]

d) Verbände

Der Zusammenschluss zu Wirtschaftsverbänden ist eine andere Form der überbetrieblichen Kooperation, deren Ziel es ist, die relevanten *wirtschaftlichen Rahmenbedingungen* — vor allem im politischen Prozess — zugunsten der Verbandsmitglieder zu beeinflussen.

Verbände existieren auf der Ebene von Unternehmen (Arbeitgeber- und Industrieverbände, Handelskammern), selbständig Erwerbenden (Handwerker-, Landwirtschafts- und Einzelhandelsverbände) sowie Haushalten und Einzelpersonen (Konsumenten-, Arbeitnehmer- und Berufsverbände). Die Bedeutung der einzelnen Verbände ist sehr unterschiedlich und richtet sich insbesondere nach der Durchsetzungsfähigkeit im politischen Prozess. Es ist in diesem Kontext besonders darauf hinzuweisen, dass sich Unternehmensverbände in vielen Fällen nur schwer von horizontalen oder vertikalen Preiskartellen unterscheiden lassen. Dies ist insbesondere dann der Fall, wenn die Verbände (verbindliche oder unverbindliche) Preisempfehlungen für den Handel erlassen.

e) Frachtbasissysteme

Das Frachtbasissystem ("Basing Point System") kommt in Industrien zur Anwendung, in denen die Transportkosten eine wesentliche Komponente des Preises ausmachen — beispielsweise in der Zement- oder Stahlindustrie.

---

[4]Vgl. SCHERER UND ROSS (1990, 159 ff.) sowie ANDRADE ET AL. (2001) für eine ausführlichere Diskussion der Gründe für eine Fusion.

4. Kooperation und Kollusion

Das Frachtbasissystem kann als interessanter Spezialfall eines horizontalen *Preiskartells* betrachtet werden. Das Prinzip des Frachtbasissystems ist denkbar einfach (vgl. Abb. 4.1): Als Grundlage für die Berechnung des Endpreises für die Konsumenten dient der "Ab-Werk"-Preis p_b des Gutes an einem bestimmten Referenz-Produktionsstandort (Basing Point). Zu diesem Ab-Werk-Preis werden die Transportkosten dazugeschlagen, welche prinzipiell durch verschiedene Verfahren berechnet werden können. Vereinfachend wollen wir annehmen, dass die Transportkosten t gerade der Distanz des Kunden zum Referenz-Produktionsstandort entsprechen. Es ergibt sich dann der in den Transportkosten lineare Preis $p(t) = p_b + t$ für einen Kunden mit der Entfernung t von der Frachtbasis.

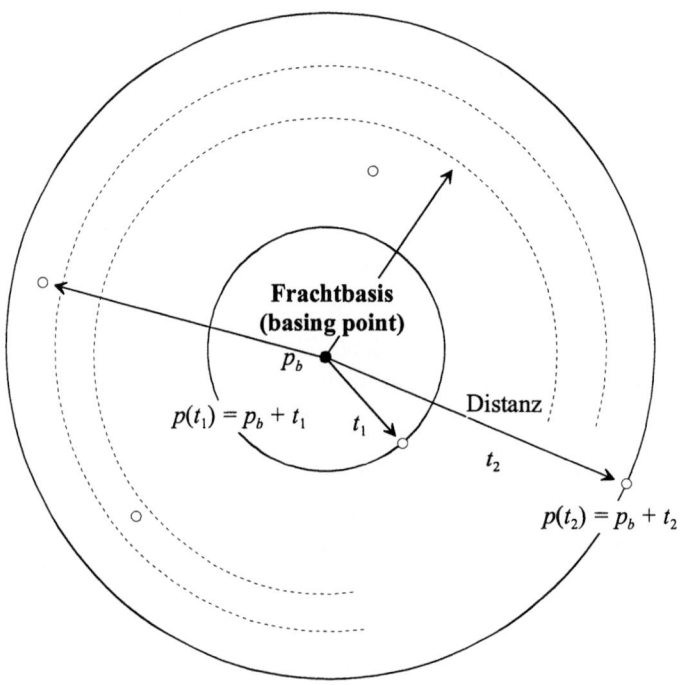

Abb. 4.1. Das Frachtbasissystem

Das Frachtbasissystem impliziert, dass Produzenten an der Frachtbasis im ganzen Gebiet anbieten können, während Produzenten am Rand des Systems nur lokal anbieten können, sofern sie nicht gewillt sind, die gesamten Frachtkosten der Lieferung zu absorbieren.[5] Dafür werden sie jedoch insofern entschädigt, als sie für die Lieferung des Gutes in der Nähe ihres

---

[5] Das Frachtbasissystem kann demzufolge auch als Instrument der geographischen Marktabgrenzung betrachtet werden.

Standortes *Phantomfrachtkosten* verrechnen können, die effektiv gar nicht anfallen. Preisabsprachen dieser Art wurden beispielsweise von den Stahlproduzenten in Frankreich und Deutschland verwendet.[6]

4.2.2 Verdeckte Kooperation

Im Unterschied zu verschiedenen Formen der offenen Kooperation liegen bei *verdeckten Kooperationen* keine expliziten Vereinbarungen zwischen den verschiedenen Unternehmen vor. Ein wichtiger Grund für das Eingehen einer verdeckten Kooperation ist das Verbot bzw. die *Illegalität* verschiedener Formen der offenen Kooperation.[7]

a) Geheime Kartelle

Verdeckte Kooperationen, die inhaltlich den offenen Kooperationsformen gleichkommen und lediglich der Umgehung eines Kooperations- oder Kartellverbots dienen, werden in Tab. 4.1 vereinfachend unter "geheimen Kartellen" zusammengefasst. In diese Kategorie fallen beispielsweise mündlich vereinbarte Preiskartelle, Gebietszuweisungen sowie Kapazitätsbeschränkungen. Geheime Kartelle unterscheiden sich von offenen Kartellen vor allem dadurch, dass die Existenz einer wettbewerbsschädlichen Vereinbarung schwieriger nachzuweisen ist.

b) Stillschweigende Kollusion

Aus Sicht der Industrieökonomik ist die Existenz *stillschweigender Kollusion* (*Tacit Collusion*) von zentraler Bedeutung. Dieser Begriff umschreibt die Existenz kooperativen Verhaltens, selbst wenn die Marktteilnehmer — beispielsweise aus wettbewerbsrechtlichen Gründen — weder schriftliche noch mündliche Absprachen treffen.

Stillschweigende Kollusion ist in der wettbewerbspolitischen Praxis deshalb wichtig, weil Absprachen in der Praxis oftmals schwer nachweisbar sind, obwohl die Marktergebnisse von kooperativem Verhalten beeinflusst scheinen.[8] In den folgenden Abschnitten gehen wir deshalb auf die Frage ein, unter welchen Bedingungen es zu stillschweigender Kollusion kommen kann. Dabei werden wir unter anderem zeigen, dass sich kooperatives Verhalten ohne Absprachen nur dann aufrecht erhalten lässt, wenn keines der kooperierenden Unternehmen einen individuellen Anreiz hat, sich nichtkooperativ zu verhalten. Stillschweigende Kollusion muss deshalb auf einem

---

[6] Vgl. PHLIPS (1995, 119 ff.) für eine ausführlichere Beschreibung des Frachtbasissystems.

[7] So sind beispielsweise Preis- und Mengenabsprachen in den meisten industrialisierten Ländern *nicht* zulässig.

[8] Kollusive Marktergebnisse sind typischerweise charakterisiert durch überhöhte Preise, zu geringe Angebotsmengen, exzessive Unternehmensgewinne und ähnliche Marktverzerrungen.

4. Kooperation und Kollusion

Konzept der 'nicht-kooperativen Kooperation' basieren. Die folgenden Abschnitte werden aufzeigen, was darunter zu verstehen ist.

Wie in Kapitel 3 gezeigt, werden strategische Interaktionen zwischen Oligopolisten in der modernen Industrieökonomik mit Hilfe von spieltheoretischen Konzepten analysiert. Wir wollen mit dem gleichen Instrumentarium versuchen, das kooperative Verhalten auf Märkten mit unvollständiger Konkurrenz zu beleuchten.

Für unsere Ausführungen lautet die zentrale Frage wie folgt: Wie lässt sich die Existenz kollusiven Verhaltens erklären, wenn keine explizite Kommunikation zwischen den Unternehmen stattfinden kann? Um eine Antwort auf diese Frage geben zu können, betrachten wir zunächst ein einfaches *Kartell*-Spiel, dessen Normalform in Tab. 4.2 gegeben ist.

| | Firma 2 | |
	A	NA
Firma 1 A	3,3	6,2
NA	2,6	5,5

Tab. 4.2. Ein einfaches Kartell-Spiel

Die beiden Firmen haben jeweils zwei Wahlmöglichkeiten, nämlich A ("Abweichen vom Kartell") und NA ("Nicht Abweichen vom Kartell"). Es lässt sich leicht zeigen, dass die Strategiekombination (A, A) das Gleichgewicht in dominanten Strategien ist. Stillschweigende Kollusion ist in diesem einfachen, statischen Spiel nicht möglich, weil für beide Firmen ein Anreiz existiert, vom kooperativen Gleichgewicht (NA, NA) abzuweichen. Dieser Anreiz rührt daher, dass sich jede Firma durch nicht-kooperatives Verhalten einen höheren Gewinn sichern kann als bei Kooperation, solange die andere Firma an der kooperativen Strategie NA festhält.

Weil das Spiel *nur einmal* gespielt wird, ist eine "Bestrafung" für nicht-kooperatives Verhalten nicht möglich. Eine mögliche Form einer Bestrafung wäre beispielsweise das Spielen der Strategie A für alle Zeiten, auch wenn der Gegenspieler gerne (wieder) kooperieren würde. Wird das Spiel *wiederholt*, so ist es möglich, dass die Firmen immer wieder die kooperative Strategie NA spielen, weil sie die Bestrafung für nicht-kooperatives Verhalten fürchten. Dazu muss lediglich die Bedingung erfüllt sein, dass nicht-kooperatives Verhalten — also das Spielen der nicht-kooperativen Strategie A — vom Gegenspieler 'hinreichend stark' bestraft wird. Grob gesprochen liegt eine hinreichend starke Bestrafung dann vor, wenn der Barwert der Gewinne bei nicht-kooperativem Verhalten kleiner ist als der Barwert der Gewinne bei kooperativem Verhalten. Ist dies der Fall, so lohnt sich die Wahl der Strategie "Abweichen" nicht. In Abschnitt 4.4 werden wir ausführlicher auf die Existenz von Kollusion in wiederholten Spielen eingehen.

Die Analyse stillschweigender Kollusion ist indessen bereits im Rahmen nicht-wiederholter Spiele möglich, wie wir in Abschnitt 4.3 anhand eines einfachen Cournot-Modells zeigen werden. Beachte, dass die intuitive Erklärung für die Möglichkeit kollusiver Marktergebnisse bei Cournot-Konkurrenz derjenigen bei dynamischer Konkurrenz ähnelt, obwohl sich die Firmen 'nur einmal treffen': Wenn die Gewinne bei nicht-kooperativen Verhalten kleiner sind als bei kooperativem Verhalten, so hat kein Mitglied des Kartells einen individuellen Anreiz aus dem Kartell auszuscheren. Folglich ist Kollusion auch bei statischer Konkurrenz möglich.

4.3 Kollusion bei statischer Konkurrenz

4.3.1 Zur Stabilität von Kartellen

Wir haben bereits gezeigt, dass Kartelle eine *inhärente Neigung zur Instabilität* haben. Diese ist darauf zurückzuführen, dass jedes Kartellmitglied einen Anreiz hat, von den Kartellvereinbarungen abzuweichen, wenn sich die anderen Kartellmitglieder weiterhin kooperativ verhalten. Die Stabilität eines Kartells ist darüber hinaus auch dadurch bedroht, dass Marktteilnehmer die ausserhalb des Kartells operieren, wegen besserer Gewinnaussichten möglicherweise ebenfalls in das Kartell aufgenommen werden wollen. Diese inhärente Instabilität lässt sich unter anderem auch deshalb nicht beseitigen, weil kartellistische Absprachen in der Regel illegal sind bzw. vor Gericht nicht durchgesetzt werden können.

Folglich ist zu fragen, unter welchen Bedingungen ein Kartell beim Fehlen von verbindlichen Absprachen *stabil* ist. In einer einflussreichen Arbeit haben D'ASPREMONT ET AL. (1983) gezeigt, dass ein Kartell nur dann stabil ist, wenn die folgenden beiden Bedingungen erfüllt sind:

- *"Interne Stabilität"*: Jedes Kartellmitglied erzielt bei der Strategiewahl "Nicht Abweichen" (kooperatives Verhalten) einen höheren Gewinn als bei der Strategiewahl "Abweichen" (nicht-kooperatives Verhalten), wobei alle Reaktionen der Konkurrenten berücksichtigt werden müssen. Diese Bedingung schliesst nicht aus, dass ein Kartellist einen tieferen Gewinn als ein Unternehmen ausserhalb des Kartells erzielt. Sie verlangt lediglich, dass das Ausscheren eines Kartellisten den Marktpreis ausreichend stark senkt, so dass der Gewinn bei Ausscheren geringer ist als bei Nicht-Ausscheren.

- *"Externe Stabilität"*: Alle Firmen ausserhalb des Kartells — falls solche überhaupt existieren — können ihren Gewinn durch den Zutritt zum Kartell nicht erhöhen (wiederum müssen alle Anpassungen der Konkurrenten berücksichtigt werden). Die Intuition für diese Bedingung ist einfach: Wenn der Zutritt zum Kartell den Marktpreis nicht genügend in die Höhe treibt, um den Anteil am Kartellgewinn grösser werden zu lassen als den bestehenden Gewinn, so besteht kein Anreiz dem Kartell beizutreten.

110   4. Kooperation und Kollusion

Um die ökonomischen Implikationen dieser Bedingungen besser zu verstehen, betrachten wir wiederum das in Abschnitt 3.4.3 eingeführte Cournot-Spiel. Im Rahmen dieses Spiels lassen sich die Bedingungen für die Existenz einer stabilen Kollusion relativ leicht herleiten und interpretieren.

4.3.2   Stabile Kollusion im Cournot-Oligopol

Im statischen Cournot-Oligopol treffen die Konkurrenten nur einmal aufeinander, weshalb dynamische Reaktionen auf das Verhalten der anderen Marktteilnehmer ausgeschlossen sind.[9] Auf dem betreffenden Markt gebe es n Unternehmen, von denen f einer Gruppe von Kartell-Aussenseitern (*Fringe*) angehören, die sich als Cournot-Oligopolisten verhalten. Die verbleibenden $k = (n - f)$ Unternehmen bilden ein *Kartell*, das den gemeinsamen Kartellgewinn maximiert. Das Kartell verhalte sich gegenüber dem Cournot-Fringe wie ein Stackelberg-Führer (vgl. Abschnitt 3.4.4). Alle Anbieter produzieren mit identischen und konstanten Grenzkosten c. Die inverse Nachfragefunktion ist gegeben durch $P(Q) = a - Q$, wobei $Q = \sum_{i=1}^{n} q_i$ die Aggregation der individuellen Outputs bezeichnet. Weil die oben diskutierten Bedingungen der internen und externen Stabilität die *Gewinne* der verschiedenen Firmen betreffen, müssen zunächst die gleichgewichtigen Gewinne der Kartellisten $\pi_K(f, k)$ und Kartell-Aussenseiter $\pi_F(f, k)$ berechnet werden.[10]

a) Verhalten der Kartell-Aussenseiter im Cournot-Fringe

Die Kartell-Aussenseiter verhalten sich als Cournot-Oligopolisten und setzen also ihre Menge so fest, dass der individuelle Unternehmensgewinn

$$\pi_F = [P(Q) - c] q_F \tag{4.1}$$

maximiert wird. Dabei ist zu beachten, dass der gesamte Output auch als $Q = Q_K + Q_F$ geschrieben werden kann, wobei wegen der Symmetrie der Firmen $Q_K = k \cdot q_K$ den gesamten Output des Kartells, und $Q_F = f \cdot q_F$ den gesamten Output des Fringe bezeichnet. Als Bedingung erster Ordnung erhält man durch Differenzieren der Beziehung (4.1) nach q_F unter Verwendung von $P(Q) = a - Q_K - Q_F$

$$\frac{d\pi_F}{dq_F} = a - Q_K - Q_F - c - q_F = 0. \tag{4.2}$$

---

[9] Die Darstellung des Modells orientiert sich an MARTIN (1993, 98 ff.); vgl. auch WOLFSTETTER (1999, 100 f.) für eine konzise Darstellung.
[10] Weil die Firmen homogen sind, stellt die Aufteilung der Produktionsquoten und Gewinne auf die Kartellmitglieder in diesem Beispiel kein Problem dar.

Löst man die vorstehende Beziehung nach der Menge q_F auf, so ergibt sich wegen $Q_F = f \cdot q_F$

$$q_F(Q_K) = \frac{a - c - Q_K}{f + 1}. \tag{4.3}$$

Gleichung (4.3) entspricht der mittlerweile bekannten 'besten Antwort'-Funktion bzw. der Reaktionsfunktion und beschreibt die Reaktion eines Cournot-Oligopolisten auf das Verhalten des Kartells und seiner Fringe-Konkurrenten.

b) Verhalten der Kartellisten

Das Kartell verhält sich angesichts der Konkurrenz durch einen Fringe von Cournot-Oligopolisten annahmegemäss wie ein Mengenführer. Das Kartell wählt also — wie im Stackelberg-Duopol in Abschnitt 3.4.4 — die gewinnmaximale Menge, gegeben die Reaktionsfunktion der Nicht-Kartellisten $q_F(Q_K)$ in (4.3). Um die optimale Kartellmenge zu ermitteln, setzt man $q_F(Q_K)$ in die inverse Nachfragefunktion ein. Über den Zwischenschritt

$$P(Q) = P(Q_F + Q_K) = a - \left(f \cdot \frac{(a - c - Q_K)}{f + 1} + Q_K \right)$$

erhält man die Funktion

$$P(Q_K) = \frac{a - Q_K + fc}{f + 1},$$

die lediglich noch von der Menge Q_K und den exogenen Parametern abhängig ist. Die optimale Kartellmenge ergibt sich nun aus der Maximierung des aggregierten Kartellgewinns

$$\Pi_K = [P(Q_K) - c]\, Q_K. \tag{4.4}$$

Als Bedingung erster Ordnung erhält man

$$\frac{d\Pi_K}{dQ_K} = \frac{a - Q_K^* + fc}{f + 1} - c - \frac{1}{f + 1} = 0.$$

Durch Auflösen dieser Bedingung nach Q_K^* lässt sich der aggregierte Kartelloutput ermitteln. Die von einem Kartellisten produzierte individuelle Menge entspricht

$$q_K^* = \frac{Q_K^*}{k} = \frac{a - c}{2k}.$$

c) Marktergebnis

Setzt man dieses Ergebnis in die entsprechenden Gleichungen für die Menge eines Nicht-Kartellisten, den Marktpreis und die Gewinne ein, so erhält man die in Tab. 4.3 zusammengefassten Resultate.

	Marktpreis	Menge	Gewinn
Kartellist	$p^* = \frac{(a+c)/2 + fc}{f+1}$	$q_K^* = \frac{a-c}{2k}$	$\pi_K(f,k) = \frac{(a-c)^2}{4(f+1)k}$
Nicht-Kartellist	$p^* = \frac{(a+c)/2 + fc}{f+1}$	$q_F^* = \frac{a-c}{2(f+1)}$	$\pi_F(f) = \frac{(a-c)^2}{4(f+1)^2}$

Tab. 4.3. Zusammenfassung der Marktergebnisse

Tab. 4.3 zeigt, dass die Kartellisierung deutliche Auswirkungen auf das Marktergebnis hat. Dieses Marktergebnis weist interessante Eigenschaften auf. Sowohl die Outputmengen als auch die Gewinne der Kartellisten unterscheiden sich von denjenigen der Nicht-Kartellisten, obwohl die Unternehmen alle dieselben Grenzkosten aufweisen und zum selben Marktpreis p^* anbieten. Beachte insbesondere, dass die Gewinne der Kartellisten von der Anzahl der Kartell-Aussenseiter f sowie der Anzahl Kartellisten k abhängig sind. Im Unterschied hierzu sind die Gewinne der Kartell-Aussenseiter nur davon abhängig, wie viele Fringe-Unternehmen f existieren. Dies liegt daran, dass das Kartell als Stackelberg-Führer — unabhängig von der Anzahl Kartellisten k — den Monopol-Output produziert. Aufgrund der in Tab. 4.3 aufgeführten Gewinnfunktionen sind wir nun in der Lage, präzise Aussagen über die Bedingungen zu machen, die bei statischer Cournot-Konkurrenz die Kartellstabilität gewährleisten.

d) Stabile Kollusion

Betrachten wir zunächst ein *vollständiges* Kartell, das den gesamten Markt umfasst ($k = n$). Wenn alle am Markt operierenden Unternehmen in das Kartell integriert sind, existiert kein Cournot-Anbieter ($f = 0$), und die Bedingung der externen Stabilität ist automatisch gewährleistet. Es muss also lediglich die Bedingung der *internen Stabilität* geprüft werden. Ein vollständiges Kartell ist dann intern stabil, wenn kein Kartellist einen individuellen Anreiz hat aus dem Kartell auszuscheren. Formal muss also die Bedingung

$$\pi_K(0,n) \geq \pi_f(1) \tag{4.5}$$

erfüllt sein. Setzt man die Gewinne aus Tab. 4.3 in die vorstehende Beziehung ein, so erhält man als äquivalente Bedingung

$$n \leq 4. \tag{4.6}$$

Bedingung (4.6) führt zu folgendem Ergebnis: *Ein vollständiges Kartell, das die gesamte Angebotsseite umfasst, ist nur dann stabil, wenn der Markt von höchstens vier Unternehmen bedient wird.* Operieren fünf oder mehr Unternehmen am Markt, so ist der Gewinn eines einzelnen Kartellisten zu gering, um ein Ausscheren aus dem Kartell zu verhindern.[11]

---

[11] Vgl. hierzu SELTEN (1973), der in seiner berühmt gewordenen Arbeit titelt "[...] *four are few and six are many*". PHLIPS (1995, Kapitel 2) stellt den (analytisch anspruchsvolleren) Ansatz von Selten ausführlich dar.

Betrachten wir nun ein *partielles* Kartell. In einer solchen Situation operieren sowohl Kartellisten als auch Kartell-Aussenseiter am Markt. Ein partielles Kartell ist *intern* stabil, wenn bei gegebener Anzahl f Aussenseiter keiner der k Kartellisten einen Anreiz hat, aus dem Kartell auszuscheren. Formal muss also die Bedingung

$$\pi_K(f,k) \geq \pi_F(f+1) \qquad (4.7)$$

erfüllt sein. Einsetzen der relevanten Gewinne und Auflösen[12] nach k ergibt

$$\frac{(f+2)^2}{(f+1)} \geq k$$

als Bedingung für die interne Stabilität. *Externe* Stabilität verlangt, dass keines der f Aussenseiter-Unternehmen durch Zutritt zum Kartell seinen Gewinn steigern kann. Formal muss also die Bedingung

$$\pi_F(f) \geq \pi_K(f-1, k+1) \qquad (4.8)$$

erfüllt sein. Durch Einsetzen der relevanten Gewinne[13] und Auflösen nach k lässt sich leicht zeigen, dass externe Stabilität gegeben ist, wenn die Bedingung

$$k \geq \frac{(f+1)^2}{f} - 1$$

erfüllt ist.

Durch Zusammenfassen der Bedingungen für interne und externe Stabilität und geeignetes Umschreiben erhält man schliesslich die Bedingung

$$f + 3 + \frac{1}{f+1} \geq k \geq f + 1 + \frac{1}{f}, \qquad (4.9)$$

die sich relativ leicht interpretieren lässt: Weil k und f die Anzahl Unternehmen im Kartell und im Fringe bezeichnen und folglich immer *ganzzahlig* sind, können partielle Kartelle nur dann stabil sein, wenn sie entweder $k = (f+2)$ oder $k = (f+3)$ Mitglieder aufweisen.

Die Tatsache, dass eine Gruppe von Kartell-Aussenseitern am Markt operiert, heisst also keineswegs, dass ein bestehendes Kartell auseinanderbrechen muss. Ganz im Gegenteil: Die Existenz eines Fringe, der nur geringfügig kleiner ist als das Kartell, dient sogar der Stabilisierung des partiellen Kartells; würde kein Fringe existieren, könnte kein Kartell aufrecht erhalten werden, das mehr als vier Anbieter umfasst!

Abb. 4.2 illustriert dieses Argument. Sie fasst die verschiedenen Marktkonstellationen zusammen, in denen ein Kartell stabil ist. Es ist klar erkennbar, dass Kartelle mit mehr als vier Mitgliedern nur dann stabil sein können, wenn sie durch eine Gruppe von Kartell-Aussenseitern gestützt werden.

---

[12] Als Zwischenergebnis ergibt sich zunächst $\frac{1}{(f+1)k} \geq \frac{1}{(f+2)^2}$.
[13] Das Zwischenergebnis lautet nun $\frac{1}{(f+2)^2} \geq \frac{1}{f(k+1)}$.

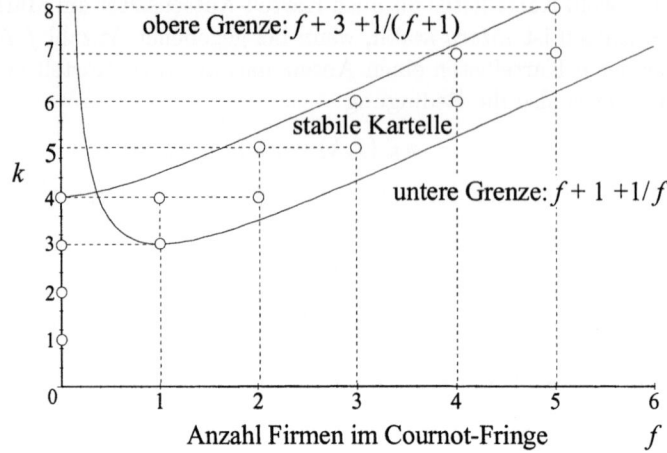

Abb. 4.2. Stabile Kollusion im statischen Cournot-Oligopol

Wie lässt sich dieses Ergebnis intuitiv erklären? Die Antwort ist denkbar einfach: Wenn die Anzahl der Kartell-Aussenseiter f klein ist, so erzielen diese einen relativ grossen Gewinn π_F. Als Folge davon ist das Ausscheren aus dem Kartell attraktiv. Dieselbe Argumentation lässt sich auch für das Kartell anwenden: Wenn die Anzahl der Kartellisten k klein ist, erzielen diese einen relativ grossen Gewinn π_K; folglich ist es attraktiv für einen Kartell-Aussenseiter, sich ebenfalls kooperativ zu verhalten. Kartellstabilität verlangt also, dass die Anzahl der Unternehmen im Kartell und im Fringe in einem für Kooperation 'geeigneten Verhältnis' stehen.

4.4 Kollusion bei dynamischer Konkurrenz

Im obigen Abschnitt haben wir gezeigt, dass Kollusion sogar bei statischer Konkurrenz stabil sein kann. Allerdings sind die Bedingungen, welche bei statischer Konkurrenz an die Stabilität der Kollusion gestellt werden, sehr restriktiv, weil sie ein wichtiges Instrument zur Stabilisierung kollusiven Verhaltens vernachlässigen: Die *Bestrafung nicht-kooperativen Verhaltens* durch die Konkurrenten. Dies deutet darauf hin, dass kollusive Marktergebnisse häufiger auftreten können, als es die Analyse statischer Konkurrenz vermuten lässt. Will man Bestrafungsmechanismen berücksichtigen, muss die Analyse dahingehend modifiziert werden, dass die Unternehmen auf das Verhalten ihrer Konkurrenten in der Vergangenheit reagieren können. Zu diesem Zweck hat die Industrieökonomik den Ansatz der wiederholten Spiele bzw. der sogenannten "Superspiele" entwickelt, welche die Berücksichtigung von Anpassungsprozessen erlauben.

4.4.1 Kollusion in Superspielen

Als Superspiele werden strategische Spiele bezeichnet, die mehrfach wiederholt werden. Durch die mehrmalige Wiederholung des Spiels erhält die Konkurrenzsituation eine *zeitliche Dimension*, welche die Bestrafung eines nicht-kooperativen Unternehmens möglich macht. Im Rahmen eines einfachen Kartell-Spiels (vgl. Tab. 4.2) haben wir die zeitliche Dimension ansatzweise bereits diskutiert. Wir wollen nun untersuchen, inwiefern die Bestrafung nicht-kooperativen Verhaltens die Existenz stillschweigender Kollusion auf Oligopol-Märkten stabilisieren kann. Zu diesem Zweck betrachten wir zunächst wiederholte Spiele mit endlichem Zeithorizont ($T < \infty$). Anschliessend untersuchen wir wiederholte Spiele mit unendlichem Zeithorizont ($T = \infty$).

a) Endlicher Zeithorizont ($T < \infty$)

Betrachten wir ein wiederholtes Gefangenendilemma-Spiel, das insgesamt viermal ($T = 4$) gespielt werde (vgl. Tab. 4.4). Der Diskontfaktor, mit dem die Erträge der jeweils nächsten Periode abdiskontiert werden, ist definiert als $\delta \equiv \frac{1}{1+r}$, wobei r den Zinssatz bezeichnet.

		Firma 2	
		A	NA
Firma 1	A	2,2	6,1
	NA	1,6	5,5

Tab. 4.4. Wiederholtes Gefangenendilemma

Die für uns relevante Frage lautet: Können die beiden Firmen in diesem wiederholten Gefangenendilemma das kooperative Gleichgewicht (NA, NA) erreichen? Diese Frage lässt sich relativ leicht beantworten, wenn man überlegt, wie sich die Spieler in jeder einzelnen Periode $t = 1, ..., T$ des Spiels verhalten werden. Weil dieses Spiel einen endlichen Zeithorizont aufweist, lässt es sich mit Hilfe der in Kapitel 3 eingeführten *Rückwärtsinduktion* lösen.

Betrachten wir also zunächst die letzte Periode $T = 4$, und dann alle früheren Perioden:

$T = 4$: In der letzten Periode ist die beste Antwort eines Spielers auf das Verhalten des anderen Spielers *unabhängig* davon, was in den vorangehenden Perioden gespielt wurde. Folglich ergibt sich das nichtkooperative Gleichgewicht (A, A).

$t = 3$: Weil die Spieler in der letzten Periode $T = 4$ ihre optimalen Aktionen unabhängig von der 'Geschichte' der Spielzüge in den Perioden $t = 1, ..., T - 1$ festlegen, ist die strategische Situation in der zweitletzten Periode $T - 1$ identisch mit derjenigen der letzten Periode T: Die

Spieler wählen ihre beste Antwort so, wie wenn die zweitletzte Periode die letzte wäre, d.h. es ergibt sich wiederum das nicht-kooperative Gleichgewicht (A, A).

$t = 2$: Dasselbe Argument wie für $t = 3$ lässt sich auch für $t = 2$ anwenden, so dass sich wiederum das Gleichgewicht (A, A) ergibt.

$t = 1$: Führt man die Rückwärtsinduktion schliesslich bis zu $t = 1$ weiter, so zeigt sich, dass auch in der ersten Periode das nicht-kooperative Gleichgewicht (A, A) gespielt wird.

Betrachtet man die Abfolge der Aktionen der beiden Spieler über die Zeit, so stellt man fest, dass in jeder Periode $t = 1, ..., T$ des Spiels exakt das Gleichgewicht des statischen Teilspiels gespielt wird. Folglich gilt: Das Gleichgewicht des wiederholten Spiels mit endlichem Zeithorizont ist nichts anderes als die *Abfolge der statischen Gleichgewichte* — hier (A, A) bzw. (2,2) — in jeder Spielperiode.[14] Die Dynamisierung der strategischen Konkurrenzsituation im Rahmen eines beschränkten Zeithorizontes führt also nicht dazu, dass es den Unternehmen gelingt, über einen Bestrafungs- oder Disziplinierungsmechanismus nicht-kooperatives Verhalten auszuschliessen. Im vorliegenden wiederholten Gefangenendilemma erzielen die Unternehmen deshalb in jeder Periode den statischen (nicht-kooperativen) Gewinn, über alle Perioden also $\sum_{t=1}^{4} \delta^{t-1} \cdot 2$. Für $\delta = \frac{1}{2}$ betragen die Gewinne $\pi_1 = \pi_2 = 3.75$.

Damit ergibt sich das etwas überraschende Resultat, dass die dynamische Struktur des Modells nichts zur Erklärung des Gleichgewichts beiträgt. Dies ist, wie wir im nächsten Abschnitt zeigen werden, darauf zurückzuführen, dass der Zeithorizont der strategischen Konkurrenz endlich ist.

b) Unendlicher Zeithorizont ($T = \infty$)

Die Einführung eines unendlichen Zeithorizontes ($T = \infty$) verändert die strategische Konkurrenzsituation in fundamentaler Weise: Die Abfolge der statischen Gleichgewichte in den einzelnen Perioden t stellt *nicht mehr das einzige Gleichgewicht* des wiederholten Spiels dar.[15] Stattdessen ergibt sich für die Unternehmen nun die Möglichkeit, über das Wählen von sogenannten Trigger-Strategien kooperatives Verhalten aufrecht zu erhalten.[16] Trigger-Strategien werden wie folgt definiert:

---

[14] Hierbei handelt es sich um ein allgemeines Ergebnis für endlich wiederholte statische Oligopol-Spiele, das sich auch bei der Analyse von Bertrand- oder Cournot-Konkurrenz anwenden lässt (vgl. SHAPIRO 1989, 360).

[15] Dass das statische Gleichgewicht weiterhin eines der möglichen Gleichgewichte bleibt, ist leicht einzusehen: Wenn sich eines der beiden Unternehmen in jeder Periode t nicht-kooperativ verhält und folglich die Aktion A wählt, so ist A in jeder Periode die dominante Strategie für die andere Firma.

[16] Zur Stabilisierung des kooperativen Verhaltens können auch andere (kompliziertere) Strategien beitragen. Vgl. MARTIN (1993, Kapitel 5) für weitere Ausführungen.

Definition 4.4.1 *Ein Unternehmen, das eine **Trigger-Strategie** verwendet, befolgt in jeder Periode t folgende Verhaltensregeln:*

(i) *"Verhalte Dich kooperativ, falls sich alle Konkurrenten in allen vorangehenden Perioden kooperativ verhalten haben";*

(ii) *"Verhalte Dich nicht-kooperativ in allen nachfolgenden Perioden, sobald sich ein Konkurrent nicht-kooperativ verhalten hat".*

Diese Definition macht deutlich, dass ein *einmaliges* Abweichen eines einzelnen Konkurrenten vom kooperativen Verhalten eine Abkehr vom kooperativen Verhalten auslöst. Der *Bestrafungscharakter* der Trigger-Strategie ist offensichtlich: Nicht-kooperatives Verhalten wird mit nicht-kooperativem Verhalten für *alle Zeiten* beantwortet. Diese Bestrafung erfolgt selbst dann, wenn das abweichende Unternehmen später wieder zu einer Kooperation bereit wäre, wodurch letztlich auch der Gewinn des 'bestrafenden' Unternehmens erhöht würde.

Unter welchen Bedingungen ermöglicht das Spielen von Trigger-Strategien im obigen Gefangendilemma das Aufrechterhalten der Kooperation? Um diese Bedingungen zu charakterisieren, betrachten wir die Gewinne, welche die Unternehmen erzielen können, wenn sie kooperieren bzw. nicht kooperieren. Wenn sich beide Unternehmen kooperativ verhalten, so können sie für alle Zeiten einen Gewinn von 5 erzielen (vgl. Tab. 4.4). Wenn eine der beiden Firmen vom kooperativen Verhalten abweicht, so kann sie während der Periode der Abweichung zunächst den grösstmöglichen Gewinn von 6 erzielen. In allen Folgeperioden erhält sie dann eine Auszahlung von 2 pro Periode. Die Trigger-Strategie erlaubt also die Stabilisierung der Kooperation, wenn bei gegebenem Diskontfaktor δ der Gewinn bei Kooperation grösser ist als der Gewinn bei Nicht-Kooperation. Formal muss die Bedingung

$$\underbrace{5\left(1 + \delta + \delta^2 + ...\right)}_{\text{Gewinn bei Kooperation}} \geq \underbrace{6 + 2\left(\delta + \delta^2 + ...\right)}_{\text{Gewinn bei Nicht-Kooperation}}. \tag{4.10}$$

erfüllt sein. Löst man die vorstehende Ungleichung nach δ auf,[17] so erhält man als äquivalente Bedingung

$$\delta \geq \frac{1}{4}. \tag{4.11}$$

Der Diskontfaktor muss folglich hinreichend gross sein, damit kooperatives Verhalten stabil ist. Beachte, dass der Diskontfaktor $\delta = \frac{1}{1+r}$ hinreichend gross ist, wenn der Zinssatz r genügend klein ist. Zukünftige Gewinne werden dann mit einem tiefen Zinssatz abdiskontiert und erhalten deshalb ein

---

[17]Die geometrische Reihe $(1 + \delta + \delta^2 + ...)$ konvergiert für $|\delta| < 1$ gegen ihren Grenzwert $\frac{1}{1-\delta}$. Mit einem analogen Argument konvergiert dann $\delta(1 + \delta + \delta^2 + ...) = (\delta + \delta^2 + \delta^3 ...)$ gegen den Grenzwert $\frac{\delta}{1-\delta}$.

"starkes" Gewicht. Bedingung (4.11) verlangt also, dass die Unternehmen 'geduldig' sind bzw. eine *tiefe Gegenwartspräferenz* aufweisen.

Die Intuition für dieses Ergebnis ist einfach: Ein Unternehmen, das vom kooperativen Verhalten abweicht, erzielt in der Abweichungsperiode einen einmaligen *Abweichungsgewinn* $(6-5=1)$. Nach der Abweichungsperiode hingegen erzielen die Unternehmen einen geringeren Gewinn als bei Kooperation bzw. einen *Abweichungsverlust* von $(5-2=3)$ pro Periode, so dass Abweichen nur dann attraktiv ist, wenn die entgangenen Gewinne in der Zukunft kaum ins Gewicht fallen bzw. sehr stark abdiskontiert werden. Dies ist ausgeschlossen, wenn der Diskontfaktor δ hinreichend gross ist. Wie sich dieser Ansatz auf die Analyse oligopolistischer Konkurrenz übertragen lässt, wollen wir im nächsten Abschnitt zeigen.

4.4.2 Kollusion im Oligopol

a) Abweichungsanreize und Bestrafung

Wir betrachten eine Oligopol-Konkurrenzsituation mit n Unternehmen, die in jeder Periode — von denen es unendlich viele gibt — ihre individuellen Handlungen festlegen.[18] Dabei wollen wir die Analyse so allgemein fassen, dass wir sowohl Bertrand- als auch Cournot-Konkurrenz diskutieren können.

Dazu verwenden wir folgende Definitionen: Der Gesamtgewinn von Unternehmen $i = 1, ..., n$ sei gegeben durch den Barwert der zukünftigen Gewinne $\Pi_i = \sum_{t=1}^{\infty} \delta^{t-1} \pi_{it}$, wobei $\pi_{it} \equiv \pi_i(\mathbf{x}_t)$ die Gewinne von Unternehmen i in Periode t bezeichnet, die von der Wahl der Aktionen $\mathbf{x}_t \equiv (x_{1t}, x_{2t}, ..., x_{nt})$ aller Spieler abhängig sind. Die Handlungsvariablen $\mathbf{x}_t$ sind bei Bertrand-Konkurrenz die Preise und bei Cournot-Konkurrenz die Mengen.

Unter welchen Bedingungen lässt sich in einem solchen Oligopol die Kooperation aufrecht erhalten? Um diese Frage beantworten zu können, müssen wir eine analoge Bedingung zu (4.10) für die hier betrachtete Situation formulieren. Dazu definieren wir zunächst die relevanten gleichgewichtigen Gewinne von Firma i, die wir auch weiter unten wieder verwenden werden.

Definition 4.4.2 *Es sei*

(i) π_i^* *der Gewinn, der bei **Kooperation** aller Firmen erzielt wird;*

(ii) π_i^A *der Gewinn, der in der **Abweichungsperiode** erzielt wird;*

(iii) π_i^B *der Gewinn, der bei **Bestrafung** bzw. nach Rückkehr zu nichtkooperativem Verhalten erzielt wird.*

---

[18] Die Darstellung in diesem Abschnitt orientiert sich an SHAPIRO (1989, 362 ff.).

4.4 Kollusion bei dynamischer Konkurrenz

Nun lässt sich die Bedingung (4.10) für die Oligopol-Situation direkt adaptieren, indem man die entsprechenden Gewinndefinitionen einsetzt. Es resultiert die Beziehung

$$\underbrace{\pi_i^* \left(1 + \delta + \delta^2 + ...\right)}_{\text{Gewinn bei Kooperation}} \geq \underbrace{\pi_i^A + \pi_i^B (\delta + \delta^2 + ...)}_{\text{Gewinn bei Nicht-Kooperation}} . \qquad (4.12)$$

Ersetzt man wiederum die geometrischen Reihen durch ihre Grenzwerte und löst nach δ auf, so ergibt sich für alle Firmen $i = 1, ..., n$

$$\delta \geq \frac{\pi_i^A - \pi_i^*}{\pi_i^A - \pi_i^B}. \qquad (4.13)$$

Diese Bedingung lässt sich relativ leicht interpretieren. Betrachte dazu die rechte Seite der Ungleichung: Der Gewinn π_i^* bei Kooperation ist höher als der Gewinn π_i^B bei Bestrafung, so dass der Zähler kleiner ist als der Nenner. Bedingung (4.13) ist also dann erfüllt, wenn δ nahe genug bei eins liegt, d.h. wenn die Unternehmen hinreichend geduldig sind.

Beachte, dass sich dieses Ergebnis unabhängig davon ergibt, ob (i) die Aktionsvariablen Preise oder Mengen bezeichnen und (ii) welche expliziten Werte die von den verschiedenen Unternehmen gewählten Aktionen $\mathbf{x}_t$ annehmen, solange sie zu beliebigen Gleichgewichtsgewinnen π_i^*, π_i^A und π_i^B führen. Hierbei handelt es sich um eine Variante des *Folk-Theorems*:[19]

> "[...] if the game is repeated infinitely often and players are sufficiently patient, then "virtually anything" is an equilibrium outcome."

Dies bedeutet, dass sich beispielsweise im Falle eines Bertrand-Oligopols mit homogenen Gütern und identischen, konstanten Grenzkosten c alle Preise $p \in [c, p^m]$ zwischen den Grenzkosten c und dem Monopolpreis p^m als kooperative Gleichgewichte stützen lassen, solange δ gross genug ist. Im Unterschied zu endlich wiederholten Spielen, wo sich kein einziges kooperatives Gleichgewicht aufrecht erhalten lässt, ergibt sich bei unendlich wiederholten Spielen also das Problem, dass *überabzählbar* viele Gleichgewichte möglich sind ("Embarrassment of Riches"). Auf die Frage, auf *welches* der zahlreichen kollusiven Gleichgewichte sich die Unternehmen koordinieren werden — wenn sie keine bindenden Verträge abschliessen bzw. überhaupt nicht miteinander kommunizieren können — gibt die spieltheoretische Analyse leider keine Antwort. Insbesondere prognostiziert sie kein bestimmtes kollusives Gleichgewicht: Sie legt lediglich fest, welche Spielausgänge als kooperative Gleichgewichte gestützt werden können (SHAPIRO 1989, 379).

---

[19] Vgl. FUDENBERG und TIROLE (1989) sowie TIROLE (1988, 246 f.) und die dort angegebene Literatur für eine ausführliche Darstellung.

120   4. Kooperation und Kollusion

Die Bedingung (4.12) für stabile Kollusion lässt sich alternativ auch mit Hilfe der *Abweichungsgewinne* und *-verluste* aufstellen. Dabei gilt folgende Definition für Firma i:

Definition 4.4.3 *Es sei*

(i) $\left(\pi_i^A - \pi_i^*\right)$ *der* **Abweichungsgewinn**, *welcher einmal in der Abweichungsperiode erzielt werden kann und*

(ii) $\left(\pi_i^* - \pi_i^B\right) \frac{\delta}{1-\delta}$ *der* **Abweichungsverlust** *als Barwert der zukünftigen entgangenen Gewinne.*

Setzt man diese Definition in (4.12) ein, so ergibt sich als alternative Anforderung für stabile Kollusion

$$\underbrace{\left(\pi_i^A - \pi_i^*\right)}_{\text{Abweichungsgewinn}} \leq \underbrace{\left(\pi_i^* - \pi_i^B\right) \frac{\delta}{1-\delta}}_{\text{Abweichungsverlust}}. \tag{4.14}$$

Der Abweichungsverlust nimmt mit δ zu.[20] Je höher also δ ist, umso eher ist auch die vorstehende Ungleichung erfüllt und desto weniger attraktiv ist nicht-kooperatives Verhalten. Es ergibt sich dasselbe Ergebnis wie oben: Ist δ nahe genug bei eins, so ist der Abweichungsverlust stets grösser als der Abweichungsgewinn und die Kollusion ist stabil.

b) Diskussion

Aus unseren bisherigen Überlegungen können wir eine wichtige Folgerung für die Wettbewerbspolitik ableiten. Ein tiefer Wert von δ — d.h. die Unternehmen sind ungeduldig bzw. haben eine hohe Gegenwartspräferenz — verhindert stillschweigende Kollusion wirksam. Umgekehrt gilt: Ein hoher Wert von δ hat zur Folge, dass die *Möglichkeiten für kollusive Gleichgewichte praktisch unbeschränkt* sind, sofern die Unternehmen nicht-kooperatives Verhalten beobachten und wirksam bestrafen können — beispielsweise durch die Rückkehr zu nicht-kooperativem Verhalten. Daraus können wir folgern, dass eine *hohe Markttransparenz Kollusion begünstigt*, weil Preisunterbietungen von Konkurrenten rasch erkannt und bestraft werden können.

Im weiteren haben wir anhand des allgemein formulierten Modells gezeigt, dass auf Märkten, in denen die Anbieter über die Preise konkurrieren, Kollusion nicht automatisch ausgeschlossen ist. Eine *hohe Wettbewerbsintensität* bei Nicht-Kooperation *kann Kollusion sogar begünstigen*, weil sie den Gewinn π_i^B bei Bestrafung reduziert.[21]

---

[20] Wenn δ steigt, so wird der Zähler von $\frac{\delta}{1-\delta}$ grösser und der Nenner kleiner. Der Quotient wird also grösser.

[21] In der Literatur wird diese Eigenschaft von Superspielen auch als "topsy-turvy"-Prinzip bezeichnet, was etwa soviel wie 'drunter und drüber' oder 'auf den Kopf gestellt'

Aus theoretischer Sicht gilt es festzuhalten, dass der Ansatz der Superspiele gewissermassen "zu erfolgreich" in der Erklärung stillschweigender Kollusion ist (TIROLE 1988, 247): Eine Vielzahl von Spielausgängen können das Ergebnis kollusiven Verhaltens der Marktteilnehmer sein. Unbefriedigend ist auch die Tatsache, dass die Androhung der Strafe für nichtkooperatives Verhalten *nicht glaubwürdig* ist. Ist nicht-kooperatives Verhalten einmal aufgetreten, so haben die Unternehmen, die durch die Strafaktion einen tieferen Gewinn erzielen als bei Kollusion, einen Anreiz, die Kollusion später wieder aufzunehmen. Dies wird in den hier betrachteten Modellen ausgeschlossen.[22]

Ein anderer Einwand lässt sich relativ leicht zurückweisen: Man könnte argumentieren, dass unendlich wiederholte Spiele *unrealistisch* sind, weil die Konkurrenten sich zwar in der Regel längerfristig, aber nicht unendlich lang auf dem Markt interagieren. Es lässt sich zeigen, dass unendlich wiederholte Spiele auch als Spiele interpretiert werden können, die nach einer *zufälligen* Anzahl von Perioden abbrechen.[23] Angenommen, das Spiel werde mit Wahrscheinlichkeit ϕ sofort beendet. Dann beträgt der erwartete Barwert des Gewinns π_i der nächsten Periode $\frac{(1-\phi)}{1+r}\pi_i = (1-\phi)\delta\pi_i$ und derjenige der übernächsten Periode $(1-\phi)^2\delta^2\pi_i$. Definiert man $\overline{\delta} \equiv (1-\phi)\delta$, so erkennt man die Äquivalenz dieser beiden Interpretationen.

4.4.3 Erweiterungen

Um die wettbewerbspolitischen Implikationen von (unendlich wiederholten) Superspielen besser zu verstehen, betrachten wir im folgenden einige wichtige Erweiterungen des oben vorgestellten Ansatzes.

a) Kollusion und Konzentration

Die ökonomische Intuition legt nahe, dass Kollusion besonders schwer aufrecht zu erhalten ist, wenn eine Vielzahl von Anbietern am Markt operiert. Dies ergibt sich zum einen aus dem oben erwähnten Umstand, dass Märkte mit vielen Anbietern in der Regel *weniger transparent* sind als solche mit wenigen Anbietern. Es ist also schwieriger, nicht-kooperatives Verhalten festzustellen und zu bestrafen. Zum andern lässt sich zeigen, dass sich

---

bedeutet. Betrachte ein homogenes Bertrand-Oligopol als einfaches Beispiel. Hier beträgt der Gewinn nach Bestrafung $\pi_i^B = 0$. Dass in einem solchen Spiel Kollusion möglich ist, lässt sich leicht zeigen (vgl. SHAPIRO 1989, 370 f.): Setzt man $\pi_i^B = 0$ in (4.12) ein und berücksichtigt, dass der Gewinn in der Abweichungsperiode $\pi_i^A = n\pi_i^*$ beträgt, so erhält man direkt

$$n(1-\delta) \leq 1.$$

Für $\delta = 0.9$ lässt sich Kollusion aufrecht erhalten, solange $n < 10$.

[22] Beachte allerdings, dass im Gleichgewicht nicht-kooperatives Verhalten nicht auftritt.

[23] Vgl. GIBBONS (1992, 90) oder TIROLE (1988, 253).

bei steigender Anzahl n der Firmen auch die *Anreize für nicht-kooperatives Verhalten erhöhen*. Dies wollen wir anhand eines einfachen Beispiels demonstrieren.

Dazu betrachten wir ein unendlich wiederholtes Bertrand-Oligopolspiel, in dem sich die Anbieter stillschweigend darauf koordiniert haben, zum Monopolpreis p^m anzubieten. Jeder Anbieter erzielt pro Periode also einen kooperativen Gewinn $\pi_i^* = \frac{\pi^m}{n}$. Durch marginales Unterbieten des Monopolpreises erzielt ein Unternehmen einen einmaligen Gewinn von $\pi^A = \pi^m$ und anschliessend für alle Zeiten den Gewinn $\pi^B = 0$. Die Stabilitätsbedingung für Kooperation verlangt, dass

$$\frac{\pi^m}{n}\left(1 + \delta + \delta^2 + \ldots\right) \geq \pi^m + 0 + 0 + \ldots \qquad (4.15)$$

gilt. Bringt man den ersten Summanden $\frac{\pi^m}{n}$ auf die rechte Seite und formt um, dann erhält man unmittelbar die Beziehung

$$\underbrace{\pi^m\left(1 - \frac{1}{n}\right)}_{\text{Abweichungsgewinn}} \leq \underbrace{\frac{\pi^m}{n}\frac{\delta}{1-\delta}}_{\text{Abweichungsverlust}}. \qquad (4.16)$$

Es ist leicht zu erkennen, dass der Abweichungsgewinn mit steigendem n zunimmt; gleichzeitig sinkt der Abweichungsverlust (bei gegebenem δ), weil der Gewinn pro Unternehmen bei Kollusion sinkt (der Monopolgewinn muss auf mehr Anbieter aufgeteilt werden). Dadurch wird der Anreiz zu nicht-kooperativem Verhalten verstärkt, und die Stabilitätsbedingung ist schwieriger zu erfüllen.

b) Kollusion im Konjunkturverlauf

Eine weitere interessante Fragestellung betrifft die Stabilität von Kollusion im Konjunkturverlauf. In einer wichtigen Arbeit von ROTEMBERG und SALONER (1986) wird gezeigt, dass Kollusion in Zeiten *hoher* Nachfrage typischerweise *weniger stabil* ist als in Zeiten tiefer Nachfrage. Die Intuition für dieses Ergebnis ist weniger offensichtlich als diejenige für abnehmende Stabilität bei sinkender Konzentration, so dass es hilfreich ist, ihre Argumentation im Rahmen eines einfachen Bertrand-Modells nachzuvollziehen.[24]

Der Konjunkturverlauf wird durch eine im Zeitablauf schwankende Nachfrage modelliert. Die Nachfrageschwankung ist durch die Realisation θ der Zufallsvariable $\tilde{\theta}$ — deren Erwartungswert null ist — gegeben. Zudem wird unterstellt, dass die heutige Nachfrage keinerlei Rückschlüsse auf die Nachfrage der nächsten Periode zulässt.[25] Der erwartete Gewinn

---

[24] Dabei stützen wir uns wiederum auf die vereinfachende Darstellung von SHAPIRO (1989, 371 ff.).

[25] Diese Annahme bedeutet, dass die Zufallsvariable $\tilde{\theta}$ keine serielle Korrelation aufweist.

$E[\pi_i^*]$ der nächsten Periode ist deshalb in jeder Periode gleich. Die Periodengewinne bei Kooperation und Nicht-Kooperation betragen $\pi_i^*(\theta)$ und $\pi_i^A(\theta) = n\pi_i^*(\theta)$.[26] Weil sich die Unternehmen in dynamischer Bertrand-Konkurrenz befinden, gilt zudem $\pi_i^B(\theta) = 0$. Stellt man für diese Situation wiederum die Stabilitätsbedingung für die Kooperation auf, so ergibt sich

$$\underbrace{\pi_i^*(\theta) + E[\pi_i^*](\delta + \delta^2 + ...)}_{\text{Gewinn bei Kooperation}} \geq \underbrace{n\pi_i^*(\theta) + 0 + 0 + ...}_{\text{Gewinn bei Nicht-Kooperation}} \qquad (4.17)$$

Durch Umformen erhält man die Bedingung

$$\underbrace{(n-1)\pi_i^*(\theta)}_{\text{Abweichungsgewinn}} \leq \underbrace{E[\pi_i^*]\frac{\delta}{1-\delta}}_{\text{Abweichungsverlust}} \qquad (4.18)$$

für eine stabile Kollusion. Beachte nun folgendes: Der Abweichungsgewinn hängt von der relativen Nachfrageschwankung ab; der Abweichungsverlust ist jedoch unabhängig von der Realisation θ. Folglich *steigt* bei hohem θ — also dann, wenn die Nachfrage hoch ist bzw. ein konjunktureller Boom auftritt — der *Anreiz für nicht-kooperatives Verhalten*. Zur Stabilisierung der Kollusion in einem Boom müssen nun unter Umständen die Preise gesenkt werden, damit die Bedingung (4.18) — wegen des tieferen Gewinns $\pi_i^*(\theta)$ — erfüllt bleibt. Dies ist auch der Grund, warum ROTEMBERG und SALONER im Titel ihrer Arbeit von "price wars during booms" sprechen.[27]

c) Kollusion bei Multimarkt-Kontakt

Als letzte Erweiterung unseres Ansatzes diskutieren wir schliesslich die stabilisierenden Effekte, die sich daraus ergeben, dass die Oligopolisten sich häufig nicht nur auf einem, sondern auf mehreren Märkten treffen. Zunächst betrachten wir nur einen Markt und unterstellen wiederum, es handle sich um ein symmetrisches Bertrand-Oligopol ohne Kapazitätsrestriktionen. Wir haben oben bereits gezeigt, dass in einem solchen Markt eine Kollusion stabil ist, wenn die Bedingung

$$\underbrace{\pi^m\left(1 - \frac{1}{n}\right)}_{\text{Abweichungsgewinn}} \leq \underbrace{\frac{\pi^m}{n}\frac{\delta}{1-\delta}}_{\text{Abweichungsverlust}} \qquad (4.19)$$

---

[26] Beachte, dass diese Gewinne selbstverständlich von den Preisen abhängig sind, die bei Kollusion gesetzt werden.

[27] Der gewählte Titel ist allerdings etwas irreführend, weil in einem Boom-Gleichgewicht die Preise typischerweise trotzdem höher sind als in einer Rezession. Oder, wie SHAPIRO (1989, 372) es formuliert: "During booms, the oligopolists collude somewhat less in order to prevent the collapse of the implicit cartel."

erfüllt ist. Der Einfachheit halber wollen wir im folgenden davon ausgehen, dass nur $n = 2$ Anbieter am Markt operieren.[28] Setzt man diesen Wert ein und löst nach δ auf, so ergibt sich $\delta \geq \frac{1}{2}$. Kollusion ist also nur dann stabil, wenn der Diskontfaktor $\delta \geq \frac{1}{2}$ ist.

Angenommen, es gebe nun einen zweiten Markt. Der einzige Unterschied zum ersten Markt bestehe darin, dass sich die Konkurrenten auf dem zweiten Markt nur jede zweite Periode treffen. Der implizite Diskontfaktor auf dem zweiten Markt beträgt also $\delta^2 \equiv \widehat{\delta}$. Wir unterstellen zudem, dass $\widehat{\delta} < \frac{1}{2} \leqslant \delta$. Hieraus folgt direkt, dass nur im ersten Markt Kollusion möglich ist, wenn die Märkte unabhängig voneinander sind, weil der Diskontfaktor auf dem zweiten Markt zu klein ist ($\widehat{\delta} < \frac{1}{2}$). Wir gehen davon aus, dass die beiden Anbieter auf beiden Märkten operieren und sich folglich im *Multimarkt-Kontakt* befinden. Wir wollen nun für diese Konstellation zeigen, dass sich Kollusion unter Umständen auch im zweiten Markt aufrecht erhalten lässt, obwohl $\widehat{\delta} < \frac{1}{2}$ ist.

Wir betrachten nun das Kalkül einer nicht-kooperativen Firma. Eine Firma, die den Preis marginal reduziert, wird dies auf beiden Märkten gleichzeitig tun, weil sie — im Falle einer Entdeckung — auf beiden Märkten für ihr nicht-kooperatives Verhalten bestraft wird. Eine nicht-kooperative Firma wird 'Kampfpreise' also in einer Periode setzen, in der sich die Firmen auf beiden Märkten treffen. Der maximale *Abweichungsgewinn* beträgt wegen Beziehung (4.16) für $n = 2$ Firmen $2 \times \frac{\pi^m}{2}$. Auf dem ersten Markt wird das nicht-kooperative Verhalten bereits in der nächsten Periode bestraft, so dass der *Abweichungsverlust* auf dem ersten Markt $\frac{\pi^m}{2}\left(\delta + \delta^2 + ...\right)$ beträgt. Auf dem zweiten Markt erfolgt die Bestrafung erst in der übernächsten Periode, so dass der Abweichungsverlust dort $\frac{\pi^m}{2}\left(\delta^2 + \delta^4 + ...\right)$ beträgt. Die Anwendung der Summenformel für die geometrischen Reihen führt auf folgende Stabilitätsbedingung für die Kooperation.

$$\underbrace{2 \times \frac{\pi^m}{2}}_{\text{Abweichungsgewinn}} \leq \underbrace{\frac{\pi^m}{2}\frac{\delta}{1-\delta} + \frac{\pi^m}{2}\frac{\delta^2}{1-\delta^2}}_{\text{Abweichungsverlust}}. \quad (4.20)$$

Durch Kürzen der Terme $\frac{\pi^m}{2}$ und Umformen[29] erhält man die quadratische Gleichung $4\delta^2 + \delta - 2 \geq 0$, woraus sich als Anforderung für *stabile Multimarkt-Kollusion*

$$\delta \geq 0.593$$

ergibt. Über die Beziehung $\delta^2 = \widehat{\delta}$ folgt, dass sich Kollusion auf dem zweiten Markt bereits ab einem Diskontfaktor von $\widehat{\delta} \geq 0.352$ aufrecht erhalten lässt, was ohne Multimarkt-Kontakt ausgeschlossen ist. *Multimarkt-Kontakt kann folglich zur Stabilisierung von Kollusion führen.*

---

[28] Das folgende Beispiel orientiert sich an TIROLE (1988, 251). Die klassische Referenz für Multimarkt-Kollusion ist BERNHEIM und WHINSTON (1990).
[29] Hinweis: Es gilt $(1 - \delta^2) = (1 - \delta)(1 + \delta)$.

Die Intuition für dieses Ergebnis ist einleuchtend: Der Effekt einer Bestrafung auf dem ersten Markt, der stabile Kollusion eigentlich erlauben würde, ist so stark, dass nicht-kooperatives Verhalten nicht nur auf dem ersten, sondern auch auf dem zweiten Markt verhindert wird.[30]

4.4.4 Zusammenfassung

Im Sinne einer kurzen Zusammenfassung wollen wir uns nun die Frage stellen, unter welchen Bedingungen eine Kollusion relativ leicht zu bewerkstelligen ist.

a) Probleme für kolludierende Unternehmen

Wir haben festgestellt, dass sich für Unternehmen, die offen oder verdeckt kooperieren bzw. kolludieren, folgende *Probleme* stellen:[31]

(i) Die Unternehmen müssen sich zunächst explizit oder implizit auf die Wahl eines bestimmten kollusiven Gleichgewichtes einigen.

(ii) Mit der Kooperations- bzw. Kollusionsvereinbarung (explizit oder implizit) entsteht gleichzeitig ein Anreiz, vom kooperativen Verhalten abzuweichen. Eine stabile Kooperation verlangt deshalb, dass nicht-kooperatives Verhalten *festgestellt* und glaubwürdig *sanktioniert* werden kann.

Angesichts dieser Schwierigkeiten könnte man erwarten, dass Kollusion nur selten auftritt. Die realwirtschaftliche Praxis zeigt indessen, dass dem keineswegs so ist.

b) Faktoren, die Kollusion begünstigen

Wir haben gezeigt, dass unter anderem folgende Marktbedingungen das Zustandekommen von Kooperation und Kollusion begünstigen:

- *Starke Anbieterkonzentration:* Eine starke Konzentration trägt einerseits dazu bei, dass die Konkurrenzverhältnisse transparent und übersichtlich bleiben. Auf diese Weise lässt sich nicht-kooperatives Verhalten rasch erkennen, was eine der Grundvoraussetzungen für stabile Kollusion darstellt. Andererseits sind bei einer geringen Anzahl von Anbietern die Anreize für nicht-kooperatives Verhalten geringer. Dieser Umstand ist dadurch zu erklären, dass der Abweichungsgewinn

---

[30] Zur Erinnerung: Nicht-kooperatives Verhalten auf einem Markt hat eine Bestrafung auf *beiden* Märkten zur Folge.
[31] Vgl. auch JACQUEMIN und SLADE (1989, 417).

mit sinkender Anzahl Anbieter abnimmt, während der Abweichungsverlust zunimmt.[32]

- *Konkurrenz auf mehreren Märkten:* Wenn sich die Unternehmen auf mehreren Märkten immer wieder begegnen, ist es möglich, dass sich das nicht-kooperative Verhalten eines Unternehmens in einem Markt auf andere Märkte überträgt; dies deshalb, weil die anderen Unternehmen nicht-kooperatives Verhalten auf mehreren Märkten bestrafen können. Bei Multimarkt-Kontakt ist das Bestrafungspotential folglich besondes gross, was eine stabilisierende Wirkung auf die Kollusion ausübt.

- *Stabile Nachfrageverhältnisse:* Nachfragesteigerungen haben ceteris paribus Gewinnsteigerungen zur Folge, die nicht-kooperatives Verhalten attraktiver machen können: Der Abweichungsgewinn steigt, und der Anreiz zu nicht-kooperativem Verhalten erhöht sich. Umgekehrt ist die Stabilität der Kollusion eher gefährdet, wenn die Firmen Veränderungen der Nachfrage oder Preise (bzw. Mengen) der anderen Anbieter nicht oder nur mit einer gewissen Zeitverzögerung beobachten können. Geheime Preissenkungen ("Secret Price Cuts") oder Mengenausdehnungen erscheinen dann besonders attraktiv, weil Bestrafungen gar nicht oder erst relativ spät erfolgen können.

c) Faktoren, die Kollusion erschweren

Betrachten wir schliesslich Marktbedingungen, welche die oben angeführten Probleme (i) und (ii) besonders ausgeprägt erscheinen lassen:

- *Reaktionsverzögerungen:* Im Rahmen der dynamischen Konkurrenz lässt sich Kollusion deshalb aufrecht erhalten, weil nicht-kooperatives Verhalten durch die Androhung einer Bestrafung abgeschreckt wird. Erfolgt diese Bestrafung verspätet, weil das nicht-kooperative Verhalten nur mit einer Verzögerung festgestellt werden kann, verursacht sie geringere Abweichungsverluste; es ist deshalb schwieriger, Kollusion aufrecht zu erhalten. Für den Extremfall, dass nicht-kooperatives Verhalten gar nie festgestellt wird (unendliche Zeitverzögerung), ist die Situation gleich wie bei statischer Konkurrenz: Reaktionen der anderen Anbieter sind ausgeschlossen. Bei Bertrand-Konkurrenz kann dann keine Kollusion entstehen, bei Cournot-Konkurrenz hingegen bleibt (statische) Kollusion möglich (vgl. Abschnitt 4.3).

- *Asymmetrien:* Wie oben ausgeführt wurde, besteht eine der Schwierigkeiten der Kollusion darin, sich auf ein bestimmtes Gleichgewicht

---

[32] Zur Erinnerung: Bei einer kleinen [grossen] Anzahl Anbieter muss der Monopolgewinn auf wenige [viele] Unternehmen aufgeteilt werden.

zu koordinieren. Dies ist dann besonders einfach, wenn die kolludierenden Firmen symmetrisch sind. Der 'natürliche' Preis in einer solchen Konstellation ist der Monopolpreis, die 'natürliche' Menge die Monopolmenge.[33] Falls die Unternehmen jedoch unterschiedliche Präferenzen hinsichtlich der zu setzenden Preise oder Mengen haben — weil sie beispielsweise unterschiedliche Grenzkosten aufweisen — ist eine (explizite oder implizite) Einigung auf ein Gleichgewicht schwieriger zu erreichen.

4.5 Partielle Kollusion und Joint Ventures

4.5.1 Partielle Kollusion

In den bisherigen Ausführungen zur Kooperation und Kollusion sind wir jeweils implizit davon ausgegangen, dass kooperierende Unternehmen *alle* die für die strategische Konkurrenzsituation relevanten Entscheidungen — insbesondere die Festlegung ihrer Preise und Mengen — kooperativ treffen. In der Praxis lässt sich jedoch beobachten, dass einzelne Entscheidungen *kooperativ* und andere wiederum *nicht-kooperativ* getroffen werden, ohne dass dadurch Bestrafungsmechanismen ausgelöst werden. Typisches Beispiel für eine solche *"partielle Kollusion"* sind kooperative Investitionen in Forschung und Entwicklung (F&E) im Rahmen eines Joint Ventures und deren individuelle Auswertung im Produktmarkt-Wettbewerb durch die involvierten Unternehmen.[34] PHLIPS (1995, 151) definiert den Begriff "partielle Kollusion" wie folgt:

> " 'Semicollusion' (or 'partial collusion' as it is sometimes called) arises when decisions have to be made in a competitive way but with the understanding that product market collusion will follow, or, alternatively, when collusive decisions are made with the understanding that they will be followed by competition on the product market."

Die ökonomische Intuition legt nahe, dass partielle Kollusion zu einem Ergebnis führt, das zwischen den Ergebnissen oligopolistischer Konkurrenz und vollständiger Kollusion liegt. Dies ist jedoch nicht immer richtig. Wir wollen in Abschnitt (4.5.3) am Beispiel eines *vertikalen* F&E-Joint-Ventures demonstrieren, dass eine partielle Kollusion im Vergleich zu oligopolistischer Konkurrenz zu Wohlfahrtssteigerungen führen kann. Zunächst

---

[33] Solche 'natürlichen' Optionen für eine Übereinkunft werden auch als *"Focal Points"* bezeichnet (vgl. SCHERER und ROSS 1990, 265 ff. für einen Überblick).
[34] Einer der Gründe für die Existenz partieller Kollusion ergibt sich aus der *Illegalität* bestimmter kooperativer Entscheidungen; so sind nach den meisten nationalen Rechtsordnungen Preisabsprachen im Produktmarkt-Wettbewerb nicht zulässig.

aber wollen wir aber die Gründe für die Bildung eines Joint Ventures aus der Sicht der Unternehmen diskutieren. Zu diesem Zweck analysieren wir in Abschnitt 4.5.2 ein einfaches Beispiel eines *horizontalen* Joint Ventures.

4.5.2 Horizontale Joint Ventures

a) Ein einfaches Modell

Betrachten wir die Auswirkungen der Bildung von horizontalen Joint Ventures im Rahmen des in Kapitel 3 eingeführten Cournot-Modells. Wir gehen also davon aus, dass es $i = 1, ..., n$ Anbieter auf dem Markt für das homogene Gut gibt, die über die Produktionsmengen konkurrieren. Die Nachfrage nach dem Gut sei gegeben durch $Q = D(p)$. Die Gösse $Q = \sum_{i=1}^{n} q_i$ ist die Summe der individuellen Outputs und $P(Q)$ ist die inverse Nachfragefunktion. Die Kostenfunktion sei gegeben durch $C_i(q_i)$.

Um die Effekte der Bildung von Joint Ventures untersuchen zu können, lassen wir zu, dass ein Unternehmen i verschiedene *Eigentumsanteile* $\varphi_{ik} \in [0, 1]$ an den anderen Unternehmen $k \neq i$ halten kann. Jedes Unternehmen bestimmt weiterhin selbständig über die Festsetzung seiner Produktionsmenge.[35] Beachte, dass

(i) die Eigentumsanteile $\varphi_{1k} + \varphi_{2k} + ... + \varphi_{nk}$ der verschiedenen Firmen an einem Unternehmen k sich auf eins summieren müssen. Es gilt also $\sum_{i=1}^{n} \varphi_{ik} = 1$, weil sonst die Zuweisung der Eigentumsrechte an den Unternehmen unvollständig bleibt; und

(ii) der Eigentumsanteil φ_{ik} eines Unternehmens i an einem Unternehmen $k \neq i$ null sein kann.

Der Gewinn des i-ten Oligopolisten der Industrie mit horizontalen Joint Ventures lässt sich dann formal wie folgt darstellen:

$$\pi_i = (1 - \underbrace{\sum_{k \neq i} \varphi_{ki}}_{\text{Fremdanteile}}) \times \underbrace{[P(Q)q_i - C_i(q_i)]}_{\text{Gewinn der eigenen Firma}}$$

$$+ \underbrace{\sum_{k \neq i} \varphi_{ik} [P(Q)q_k - C_k(q_k)]}_{\text{Gewinn aus Anteilen an anderen Firmen}}. \quad (4.21)$$

Dieser Gewinn entspricht exakt der einfachen Cournot-Gewinnfunktion, wenn gegenseitige Beteiligungen ausgeschlossen sind, d.h. wenn $\varphi_{ki} = \varphi_{ik} =$

---

[35] Dieser Ansatz wird in der Literatur als *"partial equity interest"* bezeichnet. Die klassische Referenz für dieses Modell ist die Arbeit von REYNOLDS und SNAPP (1986). Die Darstellung orientiert sich an JACQUEMIN und SLADE (1989, 437 ff.). Vgl. auch MARTIN (1993, 256 ff.) für einen Überblick.

0 für alle $i \neq k$ gilt. Berechnet man die Bedingung erster Ordnung und formt um, so ergibt sich folgendes Resultat

$$\underbrace{\frac{P(Q)-C'_i(q_i)}{P(Q)}}_{\text{Lerner-Index}} = \frac{1}{\varepsilon}\left[\alpha_i + \frac{\sum_{k\neq i}\varphi_{ik}\alpha_k}{1-\sum_{k\neq i}\varphi_{ki}}\right], \qquad (4.22)$$

wobei ε die Preiselastizität der Nachfrage und $\alpha_i \equiv q_i/Q$ sowie $\alpha_k \equiv q_k/Q$ die Marktanteile von Unternehmen i und k bezeichnen.[36] Die linke Seite von Gleichung (4.22) — der Lerner-Index — ist uns aus Kapitel 3 bereits bekannt. Auf der rechten Seite steht eine adaptierte Variante des Cournot-Ramsey-Indexes, der die Existenz von Joint Ventures berücksichtigt. Wenn die Firmen keine Kreuzbeteiligungen halten, entspricht die rechte Seite dem Cournot-Ramsey-Index α_i/ε.

Wie lässt sich das Ergebnis interpretieren? Weil der zweite Term in der Klammer auf der rechten Seite von Beziehung (4.22) immer positiv ist, fällt der *Markup* ceteris paribus *grösser* aus als im einfachen Cournot-Oligopol, wenn die Unternehmen Joint Ventures eingehen. Dies lässt sich dadurch erklären, dass die gegenseitigen Beteiligungen zu einer Angleichung der finanziellen Interessen führen. Sie konkurrenzieren sich deshalb weniger intensiv als im einfachen Cournot-Oligopol, selbst wenn sie *keine* (stillschweigende) Kollusion eingehen. JACQUEMIN und SLADE (1989, 438) verdeutlichen dieses Ergebnis anhand eines einfachen Beispiels. Angenommen, zehn symmetrische Unternehmen operieren am Markt. Der Marktanteil jedes Unternehmens beträgt dann $\alpha_i = \frac{1}{10}$. Wenn die Unternehmen *keine* Joint Ventures eingehen, beträgt der Lerner-Index $\frac{1}{10\varepsilon}$, falls hingegen jede der zehn Firmen zehn Prozent an jeder anderen Firma hält, so ergibt sich $\sum_{k\neq i}\varphi_{ki} = 0.9$ und $\sum_{k\neq i}\varphi_{ik}\alpha_k = 0.09$; der Lerner-Index beträgt dann $\frac{1}{\varepsilon}$, genau gleich wie im Monopol.[37]

b) Diskussion

In Abschnitt 4.2 haben wir die Gründe, die von den Unternehmen üblicherweise für das Engagement in einem Joint Venture angeführt wer-

---

[36] Das Vorgehen ist analog zu Kapitel 3. Zunächst erhält man durch Differenzieren der Beziehung (4.21)

$$\frac{d\pi_i}{dq_i} = (1 - \sum_{k\neq i}\varphi_{ki})\left[P(Q) + P'(Q)q_i - C'_i(q_i)\right] + \sum_{k\neq i}\varphi_{ik}P'(Q)q_k = 0.$$

Bringt man alle Terme mit den Eigentumsanteilen und $P'(Q)q_i$ auf die rechte Seite, dividiert durch $P(Q)$ und erweitert die rechte Seite mit $\frac{Q}{Q}$, so erhält man — unter Verwendung der Definition der Preiselastizität der Nachfrage und der Marktanteile — die Beziehung (4.22).

[37] Dasselbe Resultat ergibt sich übrigens, wenn zwei symmetrische Firmen jeweils die Hälfte der anderen Firma halten, drei Firmen jeweils einen Drittel an den anderen Firmen halten usw.

den, bereits diskutiert: Realisierung von Skalen- und Verbundvorteilen, Kosten- und Risikominimierung, Spezialisierungsvorteile, Produktverbesserungen und Verhinderung von Fixkostenduplikation. Die modellgestützte Analyse hat indessen gezeigt, dass solchen *Effizienzgewinnen* — sofern sie bei horizontalen Joint Ventures überhaupt zum Tragen kommen — *Effizienzverluste* gegenüber stehen, die auf die Reduktion der Wettbewerbsintensität zurückzuführen sind.

Darüber hinaus gilt es zu beachten, dass Joint Ventures die Kollusion tendenziell *erleichtern*, besonders dann, wenn sie von Management-Teams geführt werden, die sich aus den Partner-Unternehmen rekrutieren. Der Informationsaustausch zwischen den Konkurrenzunternehmen wird einfacher, und nicht-kooperatives Verhalten lässt sich in der Regel rascher feststellen.

Oft wird auch argumentiert, dass sich Joint Ventures dazu missbrauchen lassen, Konkurrenten vom Markt auszuschliessen. Obwohl ein solches Verhalten vor allem bei vertikalen Joint Ventures auftreten dürfte (z.B. Nichtbelieferung mit einem wichtigen Inputgut), ist es prinzipiell auch bei horizontalen Joint Ventures ein Problem: Konkurrenten werden beispielsweise von der gemeinsamen Vermarktung ausgeschlossen oder erhalten keinen Zugang zu kompatiblen Informationsverarbeitungs- und Reservationssystemen (z.B. in der Hotellerie).

4.5.3 Joint Ventures in F&E

Wir wollen nun die Effekte auf das Marktergebnis beleuchten, die von Joint Ventures in der Forschung und Entwicklung (F&E) ausgehen. Eine Arbeit von D'ASPREMONT und JACQUEMIN (1988) hat die Grundlage für die Analyse dieser Effekte gelegt. Anstelle eines umfassenden Überblicks über die mittlerweile sehr umfangreiche Literatur wollen wir anhand eines einfaches Modells einige wichtige ökonomische Effekte diskutieren, die im Hinblick auf die wettbewerbspolitische Diskussion von Interesse sind.[38]

a) Ein einfaches Modell: Joint Ventures und Spillovers

Wir betrachten eine vereinfachte Variante des von D'ASPREMONT und JACQUEMIN (1988) entwickelten Modells. Hierbei handelt es sich wiederum um eine adaptierte Form des in Kapitel 3 eingeführten Cournot-Modells. Im betrachteten Markt mit der inversen Nachfragefunktion $P(Q) = a - Q$, $Q \equiv q_1 + q_2$, gebe es zwei Unternehmen $i, j = 1, 2$, mit $i \neq j$. Die Grenzkosten des Unternehmens i betragen für $\lambda \in [0, 1]$

$$c_i = (A - x_i - \lambda x_j), \tag{4.23}$$

wobei x_i eine *Kostenreduktion* durch F&E-Investitionen von Firma i und x_j eine Kostenreduktion durch F&E-Investitionen von Firma j ist. Das

---

[38] Vgl. PHLIPS (1995, Kapitel 10) für eine Einführung in die neuere Literatur.

4.5 Partielle Kollusion und Joint Ventures

Ausmass, in welchem Kostensenkungen von Unternehmen j auch Unternehmen i zugute kommen, wird durch den Parameter λ bestimmt. Dieser legt fest, wie gross die *externen Effekte* von F&E-Investitionen bzw. die firmenübergreifenden "*Spillovers*" sind. Schliesslich nehmen wir an, dass eine Kostenreduktionen x_i Investitionen in F&E im Umfang von $I(x_i) = \frac{\gamma x_i^2}{2}$ erfordert.

Relation (4.23) macht deutlich, dass die Grenzkosten von Firma i nicht nur von den eigenen, sondern auch von den Investitionen des Konkurrenten abhängig sind. Dies ist dadurch zu erklären, dass F&E-Investitionen häufig die Eigenschaft einer (partiellen) "Nichtausschliessbarkeit" ("Non-Exclusion") aufweisen: Konkurrenten können ein Forschungsergebnis ohne Leistung eines Entgelts nutzen oder kopieren. Die Existenz solcher externer Effekte reduziert die Investitionsanreize und führt zu suboptimalen Investitionen in die F&E. Wir wollen nun zeigen, dass Joint Ventures in F&E das Problem zu geringer Investitionen lösen können, indem sie die externen Effekte von F&E internalisieren.

Wir unterstellen, dass die Unternehmen ein zweistufiges Spiel spielen. In der ersten Stufe legen sie zunächst ihre Kostenreduktionen x_i fest. In der zweiten Stufe bestimmen sie dann — gegeben die Kostenreduktion — die Cournot-Produktionsmengen. Das Spiel wird wiederum mit Hilfe der Rückwärtsinduktion gelöst. Ermittelt man die verschiedenen Gleichgewichte, so ergeben sich die in Tab. 4.5 aufgeführten Resultate.[39]

	Kostenreduktion	**Produktionsmengen**
Kein Joint Venture	$x^* = \frac{(a-A)(2-\lambda)}{\frac{9\gamma}{2}-(2-\lambda)(1+\lambda)}$	$q^* = \frac{\frac{9}{2}(a-A)}{3\left[\frac{9\gamma}{2}-(2-\lambda)(1+\lambda)\right]}$
Joint Venture	$x^{JV} = \frac{(a-A)(1+\lambda)}{\frac{9\gamma}{2}-(1+\lambda)^2}$	$q^{JV} = \frac{\frac{9}{2}(a-A)}{3\left[\frac{9\gamma}{2}-(1+\lambda)^2\right]}$
Wohlfahrtsoptimum	$x^W = \frac{(a-A)(1+\lambda)}{2\gamma-(1+\lambda)^2}$	$q^W = \frac{(a-A)}{2\gamma-(1+\lambda)^2}$

Tab. 4.5. Kostenreduktion und Produktionsmengen im Gleichgewicht

Betrachten wir zunächst die F&E-induzierten *Kosteneinsparungen* der beiden Unternehmen. Vergleicht man die Kostenreduktionen x^* und x^{JV}, so stellt man fest, dass sie sich nur hinsichtlich eines einzigen Terms unterscheiden: Im Ausdruck für x^{JV} steht anstelle von $(2-\lambda)$ die Grösse $(1+\lambda)$. Folglich ist $x^{JV} > x^*$, wenn die Bedingung

$$(1+\lambda) > (2-\lambda) \tag{4.24}$$

erfüllt ist. Dies ist immer dann der Fall, wenn $\lambda > \frac{1}{2}$ ist, d.h. wenn Spillovers eine bedeutende Rolle spielen. Abb. 4.3 illustriert dieses Ergebnis für explizite Werte der Modellparameter. Beachte, dass bei hohem λ in einem Joint

---

[39] Vgl. Anhang 4.7.1 für eine ausführliche Herleitung der verschiedenen Gleichgewichte.

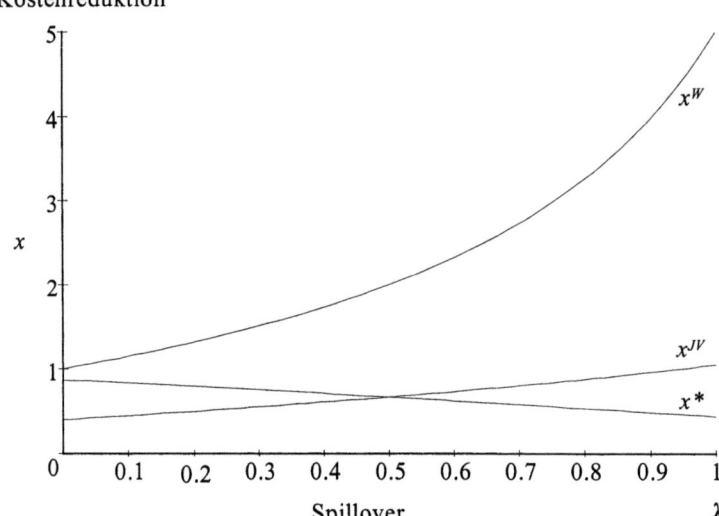

Abb. 4.3. Kostenänderungen durch F&E

Venture zwar mehr investiert wird als bei oligopolistischer Konkurrenz, aber immer noch deutlich weniger als im Wohlfahrtsoptimum $\left(x^W > x^{JV}\right)$.

Betrachten wir nun die *Produktionsmengen* der beiden Anbieter in den verschiedenen Gleichgewichten. Vergleicht man die beiden Mengen q^* und q^{JV}, so stellt man fest, dass wie bei den Kosteneinsparungen argumentiert werden kann: Wiederum steht in q^{JV} der Ausdruck $(1 + \lambda)$ anstelle von $(2 - \lambda)$. Folglich muss gelten: Wenn die Spillovers von Bedeutung sind — Bedingung (4.24) sei erfüllt — dann ist der Output grösser, wenn die Unternehmen ein F&E-Joint-Venture gründen. Dies impliziert folgendes, interessantes Ergebnis: Der Preis auf dem Produktemarkt ist *tiefer* als bei oligopolistischer Konkurrenz, obwohl die Unternehmen in der Stufe der F&E kolludieren bzw. in einem Joint Venture zusammenarbeiten! Das Beispiel zeigt, dass *partielle Kollusion* im Vergleich zu oligopolistischer Konkurrenz tatsächlich zu *Wohlfahrtssteigerungen* führen kann.[40]

Sind die externen Effekte bzw. die Spillovers indessen von geringer Bedeutung, so weist die oligopolistische Konkurrenz bessere Wohlfahrtseigenschaften auf als kooperatives Verhalten bei F&E-Entscheidungen. Dies ist dadurch zu erklären, dass die Internalisierung der externen Effekte unter diesen Bedingungen geringere Effizienzgewinne generiert als die Aufrechterhaltung von Konkurrenz. Schliesslich ist darauf hinzuweisen, dass ein Übergreifen der F&E-Kollusion auf den Produktmarkt generell wohlfahrtsschädlich ist. Wie sich zeigen lässt, wird dann zwar mehr in die F&E in-

---

[40] Der grösste Output wird allerdings weiterhin im Wohlfahrtsoptimum produziert.

vestiert, dieser Vorteil wird aber überkompensiert durch den Nachteil des fehlenden Wettbewerbs auf dem Produktmarkt.

b) Diskussion

Aus der Analyse des obigen Modells lassen sich zwei wichtige Schlussfolgerungen für die Wettbewerbspolitik ziehen.

(i) Unter bestimmten (günstigen) Bedingungen kann partielle Kollusion *wohlfahrtsfördernd* sein. Kooperation sollte also nicht per se verboten werden, sondern nach Massgabe der relevanten Umstände beurteilt werden. Hinsichtlich der Beurteilung von Joint Ventures in F&E kann im Sinne einer Mustervoraussage festgehalten werden, dass solche Joint Ventures im Bereich eher selten wohlfahrtsschädlich sind.[41]

(ii) Für Joint Ventures in F&E gilt (wie auch für horizontale Joint Ventures, vgl. Abschnitt 4.5.2), dass sie tendenziell die *Kollusion auf dem Produktmarkt erleichtern*. Ein Übergreifen der F&E-Kooperation auf die Produktmärkte ist indessen wohlfahrtsschädlich und deshalb, wo möglich, zu verhindern. Joint Ventures, die lediglich zum Austausch von Produktmarkt-Informationen gegründet werden, sind aus dieser Perspektive besonders suspekt.[42]

4.6 Fusionen

4.6.1 Vorbemerkungen

Die Auswirkungen von Fusionen auf das Marktergebnis sind ein äusserst kontrovers diskutiertes Thema der wirtschafts- und wettbewerbspolitischen Praxis. Lange Zeit wurden Fusionen per se als schädlich betrachtet, weil sie ceteris paribus die *Konzentration* erhöhen. Damit ist oft — jedoch nicht generell — eine *Erhöhung der Marktpreise* verbunden. In den folgenden Abschnitten wollen wir diese Wirkungskette etwas detaillierter untersuchen. Dabei konzentrieren wir uns zunächst auf die Analyse von horizontalen Fusionen. Weiter unten diskutieren wir einige wichtige Aspekte der Beurteilung vertikaler Fusionen.

Wir untersuchen zunächst den Zusammenhang zwischen Marktkonzentration und Marktpreis. Zu diesem Zweck führen wir zwei häufig verwendete Konzentrationsmasse ein: den m-Firmen-Index und den Herfindahl-Index. Anschliessend untersuchen wir am Beispiel des Herfindahl-Indexes, wie sich eine höhere Konzentration — die sich in einem höheren Index

---

[41] In vielen industrialisierten Ländern sind Kooperationen in F&E denn auch zulässig.
[42] Vgl. auch PHLIPS (1995, 179).

niederschlägt — auf den durchschnittlichen Preissetzungsspielraum im betreffenden Markt auswirkt. Dann analysieren wir, welche Veränderungen sich innerhalb der fusionierenden Firma abspielen. Dabei werden wir zum Ergebnis gelangen, dass nicht jede Fusion zwingend zu einer Preiserhöhung führen muss, obwohl die Wettbewerbsintensität abnimmt. Schliesslich werden wir zeigen, dass selbst eine Fusion, die eine Preiserhöhung zur Folge hat, nicht notwendigerweise zu Wohlfahrtsverlusten führen muss.

4.6.2 Zusammenhang zwischen Konzentration und Marktpreis

Wie soll Konzentration gemessen werden? Die intuitive Antwort auf diese Frage liegt auf der Hand: Ein Index für die Marktkonzentration soll (i) leicht zu berechnen sein, (ii) konstant bleiben, wenn zwei Unternehmen bei gegebener Marktgrösse ihre Marktanteile tauschen, und (iii) sinken, wenn die Anzahl Marktteilnehmer steigt. Prinzipiell kann eine Vielzahl verschiedener Indizes diese Eigenschaften erfüllen. Wir diskutieren im folgenden den m-Firmen-Index und den Herfindahl-Index, die am häufigsten verwendet werden.[43]

a) Zwei Konzentrations-Indizes

Wir betrachten einen Markt mit n Unternehmen, die insgesamt einen Output $Q = \sum_{i=1}^{n} q_i$ produzieren. Der Marktanteil des i-ten Unternehmens wird mit $\alpha_i \equiv q_i/Q$ bezeichnet, wobei $\sum_{i=1}^{n} \alpha_i = 1$ gilt. Die Marktanteile der Unternehmen sind annahmegemäss der Grösse nach geordnet, d.h. $\alpha_1 \geq \alpha_2 \geq ... \geq \alpha_n$.

Ein besonders einfaches Konzentrationsmass ist der sogenannte m-Firmen-Index $K_m, m \leq n$, der die m grössten Marktanteile addiert:

$$K_m \equiv \sum_{i=1}^{m} \alpha_i. \qquad (4.25)$$

Er gibt den Anteil der Menge an, der von den m grössten Unternehmen im Markt produziert wird. Grundsätzlich gilt: Je höher der Konzentrations-Index ist, desto höher ist die Konzentration im betrachteten Markt (beachte allerdings Tab. 4.6).

Das gebräuchlichste Konzentrationsmass ist der *Herfindahl-(Hirschman)-Index* K_H (oftmals auch mit HHI bezeichnet), der die quadrierten Marktanteile aller Firmen aufsummiert

$$K_H = \sum_{i=1}^{n} \alpha_i^2. \qquad (4.26)$$

---

[43] Vgl. TIROLE (1988, 221 ff.) für eine ausführlichere Darstellung.

Der Herfindahl-Index nimmt sein Maximum bei 1 an — bzw. bei 10'000, wenn die Marktanteile in Prozent gemessen werden — wenn der gesamte Output von einem Monopolisten produziert wird. Auch hier gilt: Je höher der Index, desto höher ist die Konzentration im betrachteten Markt. Tab. 4.6 verdeutlicht die unterschiedliche Aussagekraft der beiden Indizes.

Markt abgedeckt durch:	K_3	K_H
Monopol	100	10'000
2 symmetrische Firmen	100	5'000
4 Firmen; Marktanteile: 60%, 20%, 10%, 10%	90	4'200
5 Firmen; Marktanteile: 40%, 30%, 20%, 5%, 4%, 1%	90	2'942

Tab. 4.6. m-Firmen- vs. Herfindahl-Index: Ein Beispiel

Die Beispiele in Tab. 4.6 zeigen, dass der Herfindahl-Index K_H in der Regel aussagekräftiger ist als der m-Firmen-Index. Letzterer stellt indessen geringere Anforderungen an das verfügbare Datenmaterial.

b) Konzentration und Preissetzung

Wir haben bereits erwähnt, dass die Wettbewerbsbehörden — insbesondere in den USA — eine ablehnende Haltung gegenüber Fusionen einnehmen, weil sie die Konzentration und damit die Preissetzungsspielräume der Unternehmen erhöhen. Wie aber lässt sich der Zusammenhang zwischen Konzentration und Marktpreis erklären? Im Extremfall von homogener Bertrand-Konkurrenz beispielsweise ergibt sich kein solcher Zusammenhang, solange die Unternehmen nicht zu einem Monopol fusionieren: Der Preis entspricht für $n \geq 2$ Firmen immer den Grenzkosten.

Betrachten wir die Cournot-Konkurrenz. Wir haben in Kapitel 3 gezeigt, dass die Preissetzung im Cournot-Oligopol mit unterschiedlichen Grenzkosten mit Hilfe des Lerner-Indexes L_i für alle Firmen $i = 1, ..., n$ wie folgt beschrieben werden kann:

$$L_i \equiv \frac{P(Q) - C'_i(q_i)}{P(Q)} = \frac{\alpha_i}{\varepsilon}.$$

Wie gross ist dann im betreffenden Markt der *durchschnittliche Lerner-Index* $\bar{L} \equiv \sum_i \alpha_i L_i$, den man erhält, wenn man die individuellen Lerner-Indizes mit dem jeweiligen Marktanteil gewichtet? Die Antwort auf diese Frage ist einfach: Durch Einsetzen von L_i in $\bar{L}$ erhält man direkt

$$\bar{L} = \sum_{i=1}^{n} \alpha_i \left(\frac{\alpha_i}{\varepsilon}\right) = \frac{\sum_{i=1}^{n} \alpha_i^2}{\varepsilon} = \frac{K_H}{\varepsilon},$$

d.h. der durchschnittliche Lerner-Index entspricht dem Herfindahl-Index K_H dividiert durch die Nachfrageelastizität ε. Eine Fusion kann also den Preissetzungsspielraum tatsächlich erhöhen, wenn sie die Konzentration des

Marktes und damit den Herfindahl-Index erhöht. Wie aber kommt dieses Ergebnis zustande? Um diese Frage zu beantworten, untersuchen wir im folgenden, welche Veränderungen sich für das Verhalten einer Firma durch eine horizontale Fusion ergeben.

4.6.3 Horizontale Fusionen

Die erste Analyse zur Frage, welche Effekte eine horizontale Fusion auf das Verhalten der Unternehmen in der betroffenen Industrie hat, stammt von SALANT ET AL. (1983). Sie zeigen, dass eine horizontale Fusion zum kuriosen Ergebnis führen kann, dass der Gewinn der fusionierten Firma sinkt (relativ zur Summe der individuellen Gewinne vor der Fusion), obwohl die aggregierten Gewinne aller übrigen Unternehmen steigen. Ihr Ergebnis basiert allerdings auf der Annahme, dass nach der Fusion alle Unternehmen den gleichen Output produzieren. Diese Annahme wird in der Literatur zum Teil heftig kritisiert. JAQUEMIN und SLADE (1989, 435) etwa halten fest:

> "This model [...] violates our intuitive notion of what merger is all about. If we start with n identical firms and two merge, we expect the result to be $n - 2$ small old firms and one large new firm."

Die neuere Forschung hat sich dieses Problems angenommen, wie wir im folgenden anhand einer stark vereinfachten Version der Analyse von FARRELL und SHAPIRO (1990) zeigen wollen.[44]

a) Auswirkungen auf den Marktpreis: ein einfaches Modell

Wir betrachten wiederum das bekannte Cournot-Oligopol aus Kapitel 3 mit $i = 1, ..., n$ Anbietern, die unterschiedliche Grenzkosten $C_i(q_i)$ aufweisen und einen Gesamtoutput $Q = \sum_{i=1}^{n} q_i$ herstellen. Die inverse Nachfragefunktion sei gegeben durch $P(Q)$. Angenommen, die ersten m Unternehmen fusionieren. Wie wird dadurch der *Marktpreis* beeinflusst?

Die Gewinnfunktion des i-ten Unternehmens ist gegeben durch

$$\pi_i = P(Q)q_i - C_i(q_i).$$

Wir wollen folgende Notation verwenden:

Definition 4.6.1 *Die relevanten Produktionsmengen* **vor der Fusion** *seien gegeben durch*

(i) $\bar{q}_i$, *die Menge von Firma i;*

(ii) $\bar{Q}_F$, *die Summe der individuellen Mengen der fusionierenden Firmen;*

---

[44] Die Darstellung orientiert sich an MARTIN (1993, 238 ff.).

(iii) $\bar{Q}$, den Gesamtoutput.

Definition 4.6.2 *Die Kostenfunktion des fusionierten Unternehmens* **nach der Fusion** *wird mit $C_F(\cdot)$ bezeichnet.*

Die Bedingung erster Ordnung für Unternehmen i lautet *vor* der Fusion

$$\frac{d\pi_i}{dq_i} = P(\bar{Q}) + \bar{q}_i P'(\bar{Q}) - C'_i(\bar{q}_i) = 0, \tag{4.27}$$

d.h. der Grenzerlös entspricht im Optimum den Grenzkosten. Nach der Fusion wird das neu entstandene Unternehmen die Produktionsmenge dann relativ zur vorher produzierten Menge $\bar{Q}_F$ *senken* — und damit den *Marktpreis erhöhen*[45] — wenn die Grenzkosten C'_F des fusionierten Unternehmens bei der Menge $\bar{Q}_F$ höher sind als der Grenzerlös, d.h. wenn gilt

$$C'_F(\bar{Q}_F) > P(\bar{Q}) + \bar{Q}_F P'(\bar{Q}). \tag{4.28}$$

Durch geeignetes Umformen[46] lässt sich diese Bedingung umschreiben zu

$$\underbrace{\sum_{i=1}^{m}[P(\bar{Q}) - C'_i(\bar{q}_i)]}_{\text{Summe der individuellen Markups}} > \underbrace{P(\bar{Q}) - C'_F(\bar{Q}_F)}_{\text{Markup der fusionierten Firma}}. \tag{4.29}$$

Auf der linken Seite von (4.29) steht die Summe der individuellen Markups der an der Fusion teilnehmenden Firmen, und auf der rechten Seite steht der Markup der fusionierten Firma, wobei die Grenzkosten bei den entsprechenden Mengen $\bar{q}_i$ bzw. $\bar{Q}_F$ evaluiert werden.

Dieses Ergebnis lässt sich wie folgt interpretieren: Die Fusion führt immer dann zu einer Mengenreduktion bzw. Preiserhöhung, wenn die Summe der Markups vor der Fusion grösser ist als der Markup der fusionierten Firma. Relation (4.29) ist allenfalls dann nicht erfüllt, wenn im Rahmen der Fusion eine sehr starke Reduktion der variablen Kosten erreicht wird, d.h. wenn $C'_F(\bar{Q}_F)$ sehr klein ist im Verhältnis zu $C'_i(\bar{q}_i), i = 1, ..., m$. Mit anderen Worten: *Fusionen führen nur dann zu Preissenkungen, wenn sie zur Realisierung von sehr starken Synergien führen.*

Man könnte versucht sein zu folgern, dass Fusionen aufgrund von Preissteigerungen und der damit einhergehenden Reduktion der Konsumentenrente generell zu Wohlfahrtsverlusten führen. FARRELL und SHAPIRO (1990) zeigen jedoch, dass ein solcher Schluss falsch wäre: Die Zunahme der Konzentration darf nicht mit einer Reduktion der sozialen Wohlfahrt gleichgesetzt werden!

---

[45] FARRELL und SHAPIRO (1990) zeigen, dass die aggregierte Menge sinkt, wenn das fusionierte Unternehmen seine Menge reduziert; folglich steigt der Marktpreis.
[46] Vgl. Anhang 4.7.2.

b) Konzentration und Wohlfahrt

Betrachten wir die Beziehung zwischen Marktpreis und Wohlfahrt noch etwas näher. Die zentrale Frage lautet dabei: Unter welchen Bedingungen kann eine Zunahme der Marktkonzentration zu einer Erhöhung der Wohlfahrt führen? Eine *erste* Antwort auf diese Frage ist einfacher, als es zunächst scheinen mag. Betrachten wir ein Cournot-Oligopol, in dem die Unternehmen unterschiedliche Grenzkosten aufweisen. In Abschnitt 3.4.3 haben wir gezeigt, dass im Gleichgewicht diejenigen Unternehmen grössere Mengen produzieren, die effizienter sind als die anderen. Wird infolge einer Fusion ein grösserer Anteil eines gegebenen Gesamtoutputs Q von einer grösseren, effizienteren Firma produziert, so steigt die Wohlfahrt, obwohl die Konzentration zunimmt. Hierbei handelt sich nicht um ein theoretisches Kuriosum, sondern um eine frühe Erkenntnis, dass *grosse* Firmen möglicherweise gerade deshalb gross sind, weil sie *effizienter* sind als andere (vgl. DEMSETZ 1973).

Es existiert indessen eine *zweite*, weniger offensichtliche Antwort auf die Frage, unter welchen Bedingungen eine höhere Konzentration mit einer höheren Wohlfahrt einhergeht. FARRELL und SHAPIRO (1990) argumentieren nämlich, dass eine Fusion nicht nur dann wohlfahrtssteigernd sein kann, wenn sie zu Kosteneinsparungen führt. Um dieses Argument zu illustrieren ist es zweckmässig, die Effekte einer Fusion wie folgt aufzuschreiben: ΔW bezeichnet den aggregierten Wohlfahrtseffekt, $\Delta \pi^I$ den Effekt auf den Gewinn der an der Fusion beteiligten Firmen ("Insider"), $\Delta \pi^O$ den Effekt auf den Gewinn aller anderen Firmen ("Outsider") und ΔKR den Effekt auf die Konsumentenrente. Der *externe Effekt* einer Fusion, der ausserhalb der fusionierenden Firmen anfällt, beträgt dann per Definition

$$\underbrace{\Delta \pi^O + \Delta KR}_{\text{externer Fusionseffekt}} \equiv \Delta W - \Delta \pi^I. \qquad (4.30)$$

Nun wird offensichtlich, dass der aggregierte *Wohlfahrtseffekt positiv* sein muss, wenn der *externe Fusionseffekt positiv* ist, auch und zwar selbst dann, wenn *keine Synergien* realisiert werden und die fusionierenden Firmen ihre Gewinne nicht steigern können $(\Delta \pi^I = 0)$.[47]

c) Diskussion

Welche Politikempfehlungen ergeben sich aus der Analyse horizontaler Fusionen? Betrachten wir dazu Abb. 4.4: Auf der horizontalen Achse ist der externe Fusionseffekt $(\Delta W - \Delta \pi^I)$ abgetragen und auf der vertikalen Achse der Effekt einer Fusion auf die Insidergewinne $\Delta \pi^I$. Eine Fusion kann durch ein Tupel $(\Delta W - \Delta \pi^I, \Delta \pi^I)$ in der Ebene dargestellt werden. *Alle Fusionen rechts oberhalb der 45°-Geraden führen zu einem aggregierten*

---

[47] Wir gehen davon aus, dass keine nicht-profitablen Fusionen stattfinden, die zu $\Delta \pi^I < 0$ führen.

Wohlfahrtsgewinn $\Delta W > 0$ (Regionen A, B und C).[48] Fusionen in Region D verringern die Wohlfahrt.

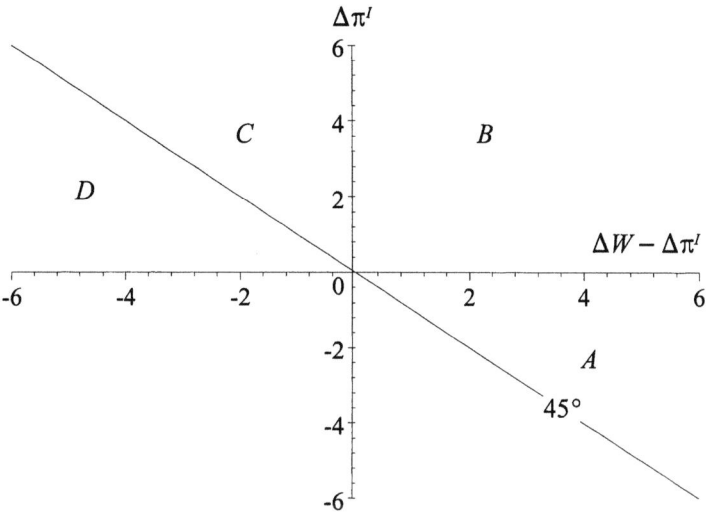

Abb. 4.4. Verschiedene Fusionstypen

Wie sind aus wohlfahrtsökonomischer Sicht Fusionen durch die Wettbewerbsbehörden zu beurteilen? Das zweckmässige Vorgehen besteht darin, in einem *ersten Schritt* zu überprüfen, ob die betreffende Fusion einen positiven externen Effekt aufweist. Ist dies der Fall, dann ist sie stets auch wohlfahrtssteigernd (wir unterstellen wiederum, dass Fusionen unterhalb der Abszisse nicht durchgeführt werden, weil sie zu einer Gewinnreduktion der Insider führt ($\Delta \pi^I < 0$).

Ist der externe Effekt hingegen negativ, so gilt es in einem *zweiten Schritt* den Gewinneffekt $\Delta \pi^I$ auf die fusionierenden Firmen zu schätzen. Dieser kann beispielsweise ermittelt werden, indem man die Veränderung der Börsenbewertung der fusionierenden Firmen nach der Ankündigung der Fusion analysiert. Trägt man dann die Fusion — gegeben den negativen externen Effekt — im Diagramm ab, sollte sie für die gegebenen Evaluationskriterien nur zugelassen werden, wenn sie Region C zuzuordnen ist. Ist sie der Region D zuzuordnen, so ist sie als wohlfahrtsschädlich zu beurteilen und sollte folglich unter diesen Bedingungen nicht zugelassen werden.

---

[48] Beachte, dass die 45°-Gerade durch folgende Bedingung charakterisiert wird:

$$-\Delta \pi^I = (\Delta W - \Delta \pi^I).$$

Addiert man auf beiden Seiten der Gleichung $\Delta \pi^I$, so ergibt sich $\Delta W = 0$. Oberhalb der Linie gilt deshalb $\Delta W > 0$, unterhalb ergibt sich $\Delta W < 0$.

140   4. Kooperation und Kollusion

Es soll nicht verschwiegen werden, dass dieses Vorgehen in der Praxis mit einigen *Problemen* behaftet ist. Insbesondere die Schätzung und Gewichtung der verschiedenen Argumente der Wohlfahrtsfunktion (z.B. Nachfrage- und Kostenfunktionen) dürfte umstritten sein. FARRELL und SHAPIRO (1990, 118) weisen zudem auf den interessanten Punkt hin, dass die Veränderung der Börsenbewertung der Unternehmen, die an einer "Region-C-Fusion" teilnehmen, mit den Erwartungen der Marktteilnehmer über die Zulassung der Fusion durch die Wettbewerbsbehörden verknüpft ist. Wenn die Marktteilnehmer antizipieren, dass die Fusion (korrekterweise) zugelassen wird, wenn der Börsenwert der fusionierenden Unternehmen hinreichend stark ansteigt, so wird $\Delta \pi^I$ in dem Ausmass steigen, dass die Fusion aus der Sicht der Wettbewerbsbehörde Region C zuzuordnen ist. Erwarten die Marktteilnehmer indessen, dass die Wettbewerbsbehörde die Fusion in jedem Fall unterbindet, kommt sie wegen des zu geringen $\Delta \pi^I$ in Region D zu liegen und wird (fälschlicherweise) unterbunden.

4.6.4   Vertikale Fusionen

Vertikale Fusionen sind Fusionen von Firmen, die auf verschiedenen Marktstufen bzw. unterschiedlichen Stufen der Wertschöpfungskette operieren. Weil die Anzahl Anbieter auf jeder Marktstufe konstant bleibt, haben vertikale Fusionen im Unterschied zu horizontalen Fusionen *keine direkten Auswirkungen auf die Konzentration* in den betroffenen Märkten. Dennoch vermögen sie das Marktergebnis auf den verschiedenen Stufen der Wertschöpfungskette zu beeinflussen. Wie dies geschieht, wollen wir im folgenden diskutieren.

a) Vertikal verknüpfte Märkte und doppelte Marginalisierung

Betrachten wir zunächst eine Situation in der eine monopolistische Firma auf der vorgelagerten Stufe ("upstream"-Produzent) ein Gut mit konstanten Grenzkosten c herstellt, das er zum Preis w an einen Händler ("downstream") verkauft. Der Händler sei ebenfalls ein Monopolist und verkaufe das Produkt ohne weitere Kosten zum Preis p an die Konsumenten. Die lineare Nachfrage nach dem Produkt ist gegeben durch $q = D(p) = a - p$. Beide Anbieter verfügen über Marktmacht und setzen also einen Preis oberhalb der jeweiligen Grenzkosten, was zu einer *doppelten Marginalisierung* führt.[49] Abb. 4.5 fasst diese vertikale Marktstruktur zusammen.

Die doppelte Marginalisierung führt dazu, dass das Produkt zu einem Endpreis p^{dm} verkauft wird, der höher ist als der Preis p^m, den ein Monopolist setzen würde, der sein Produkt direkt an die Nachfrager verkauft. Der überhöhte Preis ergibt sich wegen der *vertikalen Externalität*, die daraus

---

[49]Die klassische Referenz für die Analyse der doppelten Marginalisierung ist SPENGLER (1950).

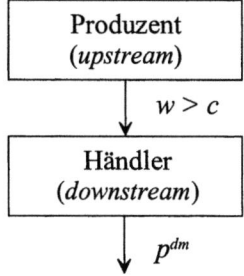

Abb. 4.5. Doppelte Marginalisierung

resultiert, dass das Preissetzungsverhalten des Händlers den Produzenten tangiert: Reduziert der Händler seinen Preis, so hat dies wegen der steigenden Nachfrage einen positiven Effekt auf den Gewinn des Produzenten.

Um die Auswirkungen einer vertikalen Fusion auf die Wohlfahrt zu verstehen, müssen wir zunächst das Marktergebnis ableiten, das sich bei *vertikaler Separation* — also bei Selbständigkeit der Firmen — ergibt. Wir ermitteln die Lösung des Spiels mittels Rückwärtsinduktion. Der *Händler* löst das Gewinnmaximierungsproblem

$$\max_{p} \pi_H^{vs} = (p-w)(a-p),$$

wobei π_H^{vs} den Gewinn des Händlers bei vertikaler Separation bezeichnet. Aus der Bedingung erster Ordnung ergibt sich unmittelbar $p^*(w) = \frac{a+w}{2}$. Das Gewinnmaximierungsproblem des *Produzenten* lautet

$$\max_{w} \pi_P^{vs} = (w-c)D(p^*(w)).$$

Wenn wir den Retailpreis $p^*(w)$ in die Nachfragefunktion einsetzen, erhalten wir $D(p^*(w)) = \frac{a-w}{2}$. Differenzieren wir nun den Gewinn π_P^{vs} des Produzenten nach w, so erhalten wir aus der Bedingung erster Ordnung $w^* = \frac{a+c}{2}$. Der Endpreis p^{vs} bei vertikaler Separation resultiert aus dem Einsetzen des Produzentenpreises w^* in $p^*(w) = \frac{a+w}{2}$ und beträgt

$$p^{vs} = p^{dm} = \frac{3a+c}{4}. \tag{4.31}$$

Der aggregierte Gewinn beider Firmen beläuft sich auf

$$\pi_T^{vs} = \frac{3(a-c)^2}{16}. \tag{4.32}$$

Die Beziehungen (4.31) und (4.32) charakterisieren das Marktergebnis bei vertikaler Separation.

b) Fusion und Franchising

Wir wollen nun zeigen, dass eine vertikale Fusion von Händler und Produzent nicht nur zu einem tieferen Endpreis, sondern auch zu einem höheren Gesamtgewinn im Vergleich zu einer Situation mit vertikaler Separation führt, weil sich das *vertikal integrierte* Unternehmen wie ein Monopolist verhält ("ein Monopol ist besser als eine Kette von Monopolen"). Das vertikal integrierte Unternehmen löst das Gewinnmaximierungsproblem

$$\max_p \pi^{vi} = (p-c)(a-p),$$

wobei $(a-p) = D(p)$ die Marktnachfrage bezeichnet. Auflösen der Bedingung erster Ordnung nach dem Endverkaufspreis p^{vi} und Einsetzen führt auf

$$p^{vi} = p^m = \frac{a+c}{2}; \qquad (4.33)$$

der aggregierte Gewinn beider Firmen beträgt

$$\pi_T^{vi} = \pi^m = \frac{4(a-c)^2}{16}. \qquad (4.34)$$

Der Vergleich von (4.32) und (4.34) zeigt, dass bei vertikaler Integration der aggregierte Gewinn höher und der Endverkaufspreis tiefer ist als bei vertikaler Separation. Dabei ist zu beachten, dass die vertikale Fusion unter diesen Bedingungen nicht nur die Gewinne der beteiligten Unternehmen, sondern auch die *Wohlfahrt* erhöht, weil der Endverkaufspreis sinkt.

Um das Marktergebnis der vertikalen Integration realisieren zu können, müssen die beiden Unternehmen nicht notwendigerweise fusionieren. Wenn der Produzent anstelle eines linearen Tarifes einen *zweistufigen Tarif* $T(q) = A + wq$ setzen kann — wobei A die fixe und wq die variable Komponente des Tarifs bezeichnet —, so ergibt sich ebenfalls der Endverkaufspreise p^m und der aggregierte Gewinn π^m. Dabei resultiert derselbe Gewinn wie bei vertikaler Integration, aber eine andere Gewinnverteilung. Dies lässt sich folgendermassen zeigen: Wenn der Händler einen zweistufigen Tarif für den Einkauf des Produktes bezahlen muss, ist sein Gewinnmaximierungsproblem gegeben durch

$$\max_p \pi_H^{vs} = (p-w)(a-p) - A.$$

Für ein gegebenes w erzielt er den maximalen Gewinn, wenn er den Monopolpreis $p^*(w)$ setzt. Der dabei erwirtschaftete Gewinn $\pi_H^{vs}(p^*(w))$ kann vom Produzenten durch das Festsetzen der fixen Prämie auf $A = \pi_H^{vs}(p^*(w))$ vollständig abgeschöpft werden. Der Produzent hat deshalb einen Anreiz, den gemeinsamen Gewinn π_T^{vs} von Produzent und Händler zu maximieren. Der maximal erzielbare Gewinn beträgt π^m und kann nur dann erreicht werden, wenn die vertikale Integration "virtuell" realisiert wird. Dies setzt voraus, dass der Händler das Produkt zu Grenzkosten $w = c$ beschaffen und zum Monopolpreis p^m verkaufen kann. Der Produzent verkauft das Gut dem Händler also zum Tarif $T(q) = \pi^m + cq$ und schöpft dabei den maximal möglichen Industriegewinn ab.

Die fixe Komponente des zweistufigen Tarifs wirkt wie eine *Franchising-Gebühr*, die der Händler dem Produzenten für das Recht bezahlt, den Downstream-Markt für das vom Produzenten hergestellte Gut zu bedienen. Sie erlaubt es dem Produzenten, das Verhalten des Händlers so zu steuern, dass sich dieser wie eine integrierte Verkaufsabteilung verhält.[50]

c) Vertikale Diskriminierung

Die Analyse der Auswirkungen von vertikalen Fusionen ist naturgemäss komplexer, wenn wir anstelle einer Kette von Monopolen oligopolistische Firmen zulassen. Existieren beispielsweise auf der Ebene der Händler zwei Unternehmen (vgl. Abb. 4.6), so entsteht durch die Fusion des Produzenten mit Händler 1 ein Anreiz, Händler 2 zu diskriminieren.

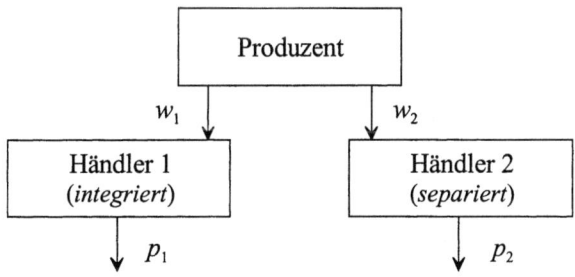

Abb. 4.6. Vertikale Diskriminierung

Die Bedeutung der vertikalen Diskriminierung wird in der Literatur unter dem Titel *Vertical Foreclosure* seit einiger Zeit kontrovers diskutiert. Hierzu ist zunächst festzuhalten, dass die Auswirkungen von vertikalen Fusionen in Oligopolmärkten davon abhängig sind, in welcher Form die Händler konkurrieren. Dies lässt sich leicht einsehen, wenn man davon ausgeht, dass der Produzent den Händlern das mit den Grenzkosten c hergestellte, homogene Gut zum gleichen Preis $w \equiv w_1 = w_2$ verkauft. Weiter gehen wir davon aus, dass diese das Gut ohne zusätzliche Kosten direkt weiterverkaufen und in Bertrand-Konkurrenz stehen. In Kapitel 3 haben wir gezeigt, dass die Händler unter diesen Bedingungen zu den Grenzkosten verkaufen ($p_1 = p_2 = w$) und folglich keine Gewinne erzielen. Eine vertikale Fusion kann also die Gewinne des Produzenten nicht steigern. Konkurrieren die Händler stattdessen über die Menge (Cournot-Wettbewerb), so kön-

---

[50] Vgl. TIROLE (1988, Kapitel 4) für eine ausführlichere Darstellung.

nen sie Preise $p_i > w, i = 1, 2$, erzielen und positive Gewinne erwirtschaften.[51] Eine vertikale Fusion kann dann wie bei einer Kette von Monopolen zur Elimination einer doppelten Marginalisierung führen und deshalb die *Produktionseffizienz erhöhen*. Vertreter der Chicago-Schule wie BORK (1978) und POSNER und EASTERBROOK (1981) argumentierten deshalb, dass vertikale Fusionen in vertikal verknüpften Märkten mit Downstream-Oligopolen entweder wettbewerbsneutral oder -fördernd seien.

Neuere Untersuchungen, die auf dem von SALOP und SCHEFFMAN (1983) begründeten Ansatz der strategischen Kostenerhöhung ("Raising Rivals' Cost") basieren, führen zu einer kritischen Einschätzung der Argumentation der Chicago-Schule.[52] Diese berücksichtigt insbesondere nicht, dass das vertikal integrierte Unternehmen einen Anreiz hat, die *Konkurrenz auf der Handelsstufe zu reduzieren*, indem es den konkurrierenden Händler nur noch zu einem höheren Preis oder überhaupt nicht mehr beliefert. Gleichzeitig existiert indessen auch ein gegenläufiger Effekt: Die strategische Diskriminierung von Händler 2 führt zwar zu einem höheren Gewinn bei Händler 1, reduziert wegen der geringeren Nachfrage von Händler 2 nach dem Inputgut aber auch die Gewinne des Produzenten. Ob und unter welchen Bedingungen vertikale Diskriminierung in Märkten mit Oligopolstrukturen profitabel ist und deshalb im Gleichgewicht auftritt, bleibt also unbestimmt.[53]

d) Diskussion

Die neuere industrieökonomische Literatur zeigt, dass bei der Beurteilung von vertikalen Fusionen besonders der *Trade Off* zwischen höherer Produktionseffizienz und geringerer Wettbewerbsintensität zu beachten ist. Die höhere Produktionseffizienz resultiert aus der Elimination kumulativer Markups in vertikalen Strukturen. Die potentiell geringere Wettbewerbsintensität rührt vom Anreiz der fusionierenden Unternehmen her, die Konkurrenten zu diskriminieren. Welcher Effekt überwiegt, muss im Einzelfall geprüft werden.

---

[51] Dasselbe gilt auch, wenn die Händler differenzierte Endprodukte anbieten.

[52] Vgl. KLASS und SALINGER (1995) für einen Überblick über die neuere Literatur zur vertikalen Diskriminierung.

[53] Vgl. SIBLEY und WEISMAN (1998) für eine Anwendung auf die U.S.-Telekommunikationsindustrie.

4.7 Anhang

4.7.1 Vertikale Joint Ventures und Spillovers

Dieser Anhang diskutiert die Herleitung der in Tab. 4.5 aufgeführten Gleichgewichte einer vereinfachten Version des Modells von D'ASPREMONT und JACQUEMIN (1988). Wie im Text ausgeführt, handelt es sich um ein zweistufiges Spiel, das mit Hilfe der Rückwärtsinduktion gelöst wird.

Im folgenden betrachten wir zunächst die Herleitung der Ergebnisse für den Fall, dass die Unternehmen *kein* Joint Venture eingehen. Anschliessend weisen wir auf das Vorgehen für das Ermitteln der übrigen Gleichgewichte hin.

1. Schritt

Zunächst gilt es die Reaktionsfunktionen beider Unternehmen zu bestimmen. Diese erhält man, wenn man folgendes Maximierungsproblem löst:

$$\max_{q_i} \pi_i = [P(Q) - (A - x_i - \lambda x_j)] q_i - \frac{\gamma x_i^2}{2}. \tag{4.35}$$

Löst man die Bedingung erster Ordnung $\frac{d\pi_i}{dq_i} = 0$ nach q_i auf, so ergibt sich als Reaktionsfunktion

$$R_i(q_j) = \frac{a - A - q_j + x_i + \lambda x_j}{2}. \tag{4.36}$$

Nun kann man die Tatsache ausnutzen, dass die Unternehmen symmetrisch sind. Setzt man für $q_j = R_j(q_i)$ in (4.36) ein, so erhält man das Nash-Produktmarktgleichgewicht

$$q_i = \frac{(a - A) + (2 - \lambda) x_i + (2\lambda - 1) x_j}{3} \tag{4.37}$$

in Abhängigkeit von den Modellparametern sowie den Variablen x_i und x_j.

2. Schritt

Nun müssen wir die gewinnmaximierenden Kostenreduktionen x_i und x_j herleiten. Zunächst setzt man die Funktionen für q_i und q_j aus (4.37) in das Maximierungsproblem von weiter oben ein. Dieses wird dadurch auf eine Funktion in den Variablen x_i und x_j reduziert und lautet nach einfachen Umformungen wie folgt:

$$\max_{x_i} \pi_i = \frac{1}{9} [(a - A) + (2 - \lambda) x_i + (2\lambda - 1) x_j]^2 - \frac{\gamma x_i^2}{2}. \tag{4.38}$$

Nun verfährt man wieder gleich wie beim 1. Schritt: Man löst die Bedingung erster Ordnung $\frac{d\pi_i}{dx_i} = 0$ nach x_i auf und erhält direkt (vgl. Tab. 4.5)

$$x^* = \frac{(a - A)(2 - \lambda)}{\frac{9\gamma}{2} - (2 - \lambda)(1 + \lambda)}.$$

146   4. Kooperation und Kollusion

Die Produktionsmenge q^* ergibt sich unmittelbar durch Einsetzen von x^* für $x_i = x_j$ in (4.37). Es resultiert (vgl. Tab. 4.5)

$$q^* = \frac{\frac{9}{2}(a-A)}{3\left[\frac{9\gamma}{2} - (2-\lambda)(1+\lambda)\right]}.$$

Ergänzende Hinweise

Wenn die Unternehmen ein vertikales *Joint Venture* gründen, legen sie die Kostenreduktionen x_i und x_j kooperativ fest, d.h. sie maximieren den gemeinsamen Gewinn $\Pi = \pi_i + \pi_j$. Dies vereinfacht die Berechnungen insofern, als man in (4.38) $x \equiv x_i = x_j$ setzen kann und über die Bedingung erster Ordnung direkt x^{JV} erhält. Diesen Wert kann man dann wieder für $x_i = x_j$ in (4.37) einsetzen, um q^{JV} zu ermitteln.

Das Wohlfahrtsoptimum maximiert die *soziale Wohlfahrt* $W(Q)$, die wie üblich als Summe der Konsumenten- und Produzentenrente definiert ist:

$$W(Q) = \underbrace{\frac{1}{2}(a - P(Q))Q}_{\text{Konsumentenrente}} + \underbrace{(a-Q)Q - AQ + (1+\lambda)xQ - \gamma x^2}_{\text{Produzentenrente für beide Unternehmen}}. \quad (4.39)$$

Nun ermittelt man x^W, indem man $\frac{dW(Q)}{dQ} = 0$ nach Q auflöst, wieder in $W(Q)$ einsetzt und bezüglich x differenziert. Man erhält (vgl. Tab. 4.5)

$$x^W = \frac{(a-A)(1+\lambda)}{2\gamma - (1+\lambda)^2}. \quad (4.40)$$

Durch Einsetzen in den Ausdruck für Q erhält man nach der Division durch 2 (wegen der Symmetrie) schliesslich (vgl. Tab. 4.5)

$$q^W = \frac{(a-A)}{2\gamma - (1+\lambda)^2}.$$

4.7.2 Horizontale Fusionen: Bedingung für Preiserhöhung

In Abschnitt 4.6.3 wird diskutiert, unter welchen Bedingungen eine Fusion zu einer Reduktion der Produktionsmenge bzw. zu einer Preiserhöhung führt. Ausgangspunkt der Diskussion ist die Einsicht, dass eine fusionierte Unternehmung die Produktionsmenge dann relativ zur Summe $\bar{Q}_F$ der *vorher* produzierten Mengen der fusionierten Firmen senken wird, wenn bei dieser Menge die Grenzkosten der Produktion höher sind als der Grenzerlös. Es muss also

$$\underbrace{C'_F(\bar{Q}_F)}_{\text{Grenzkosten } nach \text{ Fusion}} > \underbrace{P(\bar{Q}) + \bar{Q}_F P'(\bar{Q})}_{\text{Grenzerlös } nach \text{ Fusion}} \quad (4.41)$$

gelten. Nun gilt es zu zeigen, wie man — ausgehend von (4.41) — die im Text angegebene Bedingung (4.29) ermittelt. Die Herleitung folgt MARTIN (1993, 239 f.).

Zunächst bringt man (4.41) auf die Form

$$-\bar{Q}_F P'(\bar{Q}) > P(\bar{Q}) - C'_F(\bar{Q}_F). \tag{4.42}$$

Die Bedingung erster Ordnung für Unternehmen $i = 1, ..., m$ lautet vor der Fusion

$$P(\bar{Q}) - C'_i(\bar{q}_i) = -\bar{q}_i P'(\bar{Q}). \tag{4.43}$$

Summiert man über alle m, so ergibt sich aus dieser Gleichung

$$-\sum_{i=1}^{m} \bar{q}_i P'(\bar{Q}) = -\bar{Q}_F P'(\bar{Q}) = \sum_{i=1}^{m} \left[P(\bar{Q}) - C'_i(\bar{q}_i) \right]. \tag{4.44}$$

Setzt man nun den Term nach dem zweiten Gleichheitszeichen wieder in (4.42) ein, so ergibt sich die im Text angegebene Bedingung:

$$\underbrace{\sum_{i=1}^{m} \left[P(\bar{Q}) - C'_i(\bar{q}_i) \right]}_{\text{Summe der individuellen Markups}} > \underbrace{P(\bar{Q}) - C'_F(\bar{Q}_F)}_{\text{Markup der fusionierten Firma}}. \tag{4.45}$$

4.8 Aufgaben

Aufgabe 1

Gegeben ist folgende Auszahlungsmatrix für zwei Spieler A und B:

	Spieler A	
Spieler B	L_A	R_A
L_B	2,2	6,1
R_B	1,6	5,5

Bestimmen Sie das Gleichgewicht durch Rückwärtsinduktion, wenn das Spiel dreimal wiederholt wird und der Diskontfaktor $\delta = \frac{1}{2}$ beträgt.

Aufgabe 2

Gegeben seien zwei Unternehmen $i = 1, 2$, mit identischen Kostenfunktionen $C_i(q) = cq$ und der inversen Nachfragefunktion $P(Q) = 1 - q_1 - q_2$. Die Unternehmen spielen dreimal hintereinander Cournot-Wettbewerb. Der Diskontfaktor sei der Einfachheit halber $\delta = 1$.

a) Ermitteln Sie das Marktgleichgewicht dieses Spiels für jede Periode.

b) Ändert sich etwas, wenn die Firmen Bertrand-Wettbewerb spielen?

c) Interpretieren Sie Ihre Ergebnisse kritisch. Halten Sie die Aussagen dieses Modells mit Bezug auf Unternehmen in Oligopolmärkten für relevant?

Aufgabe 3

Gegeben sei das Modell aus Aufgabe 2. Die Unternehmen spielen nun Bertrand-Wettbewerb und der Zeithorizont umfasst nicht mehr drei, sondern unendlich viele Perioden ($T = \infty$). Der Diskontfaktor ist nicht mehr fest vorgegeben, sondern genügt folgender Bedingung: $\frac{1}{2} < \delta < 1$.

a) Zeigen Sie, dass das Spielen der Triggerstrategie

   "Wähle in der ersten Periode den Monopolpreis. Wähle in jeder weiteren Periode den Monopolpreis, sofern auch das andere Unternehmen in allen vorangehenden Perioden den Monopolpreis gesetzt hat. Ist dies nicht der Fall, so setze den Preis gleich den Grenzkosten."

   eine Gleichgewichtsstrategie ist. Überlegen Sie, welche Bedingungen in jeder (und damit einer repräsentativen) Periode gelten muss, und zeigen Sie, dass diese Bedingung für $\delta > \frac{1}{2}$ erfüllt ist.

b) Ist dies das einzige Gleichgewicht? Wenn ja, warum? Wenn nein, nennen Sie zwei weitere.

c) Nehmen Sie an, es bestehe eine Zeitverzögerung in der Reaktion eines Unternehmens auf die Preissetzung des anderen. Diese Zeitverzögerung betrage eine Periode. Welche Auswirkung hat dies auf die Stabilität der Kollusion? Was passiert, wenn die Zeitverzögerung zunimmt (gegen unendlich geht)? Interpretieren Sie Ihr Ergebnis.

d) Was passiert, wenn $\delta < \frac{1}{2}$? Interpretieren Sie Ihr Ergebnis.

e) Hängt das prinzipielle Ergebnis, dass die Firmen bei einem unendlichen Zeithorizont Kollusion betreiben können, von der Marktform ab?

Aufgabe 4

Nehmen Sie an, zwei Firmen spielen Bertrand-Wettbewerb auf zwei identischen Märkten. Auf dem ersten Markt trifft man sich in jeder Periode, auf dem zweiten Markt nur in jeder zweiten Periode. Der Diskontfaktor ist so vorgegeben, dass gilt $\delta > \frac{1}{2}$ und $\delta^2 < \frac{1}{2}$.

a) Nehmen Sie an, dass die Firmen ihre Strategien unabhängig für jeden Markt einzeln festlegen. Zu welchem Ergebnis führt dann die Triggerstrategie aus der vorherigen Aufgabe?

Nehmen Sie an, dass die Firmen ihre Strategien nicht unabhängig wählen. Stattdessen laute ihre Strategie nun:

"Wähle in der ersten Periode den Monopolpreis auf den beiden Märkten. Wähle in jeder weiteren Periode den Monopolpreis, unter der Voraussetzung, dass auch das andere Unternehmen in allen vorherigen Perioden und auf allen Märkten den Monopolpreis gesetzt hat. Ist dies nicht der Fall, setze auf allen Märkten den Grenzkostenpreis."

b) Ist es für eine Firma optimal — wenn überhaupt — den Kampf in einer Periode zu beginnen, in dem die Preise auf beiden Märkten geändert werden können, oder eher in einer Periode, in der die Preise nur auf dem ersten Markt variabel sind?

c) Wird eine Firma — wenn überhaupt — nur auf dem ersten Markt Kampfpreise setzen?

4.9 Literatur

Andrade, G., Mitchell, M., Stafford, E. (2001): "New Evidence and Perspectives on Mergers", *Journal of Economic Perspectives*, 15, 103-120.

D'Aspremont, C., Jacquemin, A. (1986): "Cooperative and Noncooperative R&D in Duopoly with Spillovers", *American Economic Review*, 78, 1133-1337.

D'Aspremont, C., Jacquemin, A., Jaskold-Gabszewicz, J., Weymark, J.A. (1983): "On the Stability of Collusive Price Leadership", *Canadian Journal of Economics*, 16, 17-25.

Bernheim, D.B. , Whinston, M.D. (1990): "Multimarket Contact and Collusive Behavior", *Rand Journal of Economics*, 21, 1-26.

Bork, R.H. (1978): The Antitrust Paradox. New York.

Demsetz, H. (1973): "Industry Structure, Market Rivalry, and Public Policy", *Journal of Law and Economics*, 16, 1-10.

Farrell, J., Shapiro, C. (1998): "Horizontal Mergers: An Equilibrium Analysis", *American Economic Review*, 80, 107-126.

Fudenberg, D., Tirole, J. (1989): "Noncooperative Game Theory", in: Schmalensee, R., Willig, R.D. (Hrsg.): *Handbook of Industrial Organization*, Vol. I. Amsterdam, 259-327.

Jacquemin, A., Slade, M.E. (1989): "Cartels, Collusion, and Horizontal Merger", in: Schmalensee, R., Willig, R.D. (Hrsg.): *Handbook of Industrial Organization*, Vol. I. Amsterdam, 415-473.

Klass, M.W., Salinger, M.A. (1995): "Do New Theories of Vertical Foreclosure Provide Sound Guidance for Consent Agreements in Vertical Merger Cases?", *Antitrust Bulletin*, Fall 1995, 667-698.

Martin, S. (1993): *Advanced Industrial Economics*. Oxford.

Mariti, P., Smiley, R.H. (1983): "Cooperative Agreements and the Organization of Industry", *Journal of Industrial Economics*, 31, 437-451.

Phlips, L. (1995): *Competition Policy: A Game Theoretic Perspective*. Cambridge.

Posner, R.A., Easterbrook, F.H. (1981): *Antitrust: Cases, Economic Notes and Other Materials (second edition)*, St. Paul.

Rey, P., Stiglitz, J. (1995): "The Role of Exclusive Territories in Producer's Competition", *Rand Journal of Economics*, 26, 431-451.

Reynolds, R., Snapp, B.R. (1986): "The Economic Effects of Partial Equity Interests and Joint Ventures", *International Journal of Industrial Organization*, 4, 141-154.

Rotemberg, J., Saloner, G. (1985): "A Supergame-Theoretic Model of Business Cycle and Price Wars During Booms", *American Economic Review*, 76, 390-407.

Salant, S.W., Switzer, S., Reynolds, R.J. (1983): "Losses from Horizontal Merger: The Effects of an Exogenous Change in Industry Structure on Cournot-Nash Equilibrium", *Quarterly Journal of Economics*, 98, 185-199.

Scherer, F.M., Ross, D. (1990): *Industrial Market Structure and Economic Performance* (Third Edition). Boston.

Shapiro, C. (1989): "Theories of Oligopoly Behavior", in: Schmalensee, R., Willig, R.D. (Hrsg.): *Handbook of Industrial Organization*, Vol. I. Amsterdam, 329-414.

Selten, R. (1973): "A Simple Model of Imperfect Competition where Four are Few and Six are Many", *International Journal of Game Theory*, 2, 141-201.

Sibley, D.S., Weisman, D.L. (1998): "Raising Rival's Costs: The Entry of an Upstream Monopolist into Downstream Markets", *Information Economics and Policy*, 10, 451-470.

Spengler, J. (1950): "Vertical Integration and Anti-trust Policy", *Journal of Political Economy*, 58, 347-352.

Tirole, J. (1988): *The Theory of Industrial Organization*. Cambridge, Massachusetts.

Wolfstetter, E. (1999): *Topics in Microeconomics. Industrial Organization, Auctions, and Incentives*. New York.

5
Marktstruktur und Marktdynamik

5.1 Einführung

Wie lässt sich die Herausbildung bestimmter Marktstrukturen erklären? Wann ergibt sich eine Marktstruktur wie bei vollkommener Konkurrenz? Wann ergibt sich eine oligopolistische Marktstruktur? Welche Rolle spielt dabei die Kostenstruktur der Firmen in einem bestimmten Markt? Wie können Marktteilnehmer durch ihr Verhalten die Herausbildung der Marktstruktur beeinflussen? Stellt sich normalerweise automatisch eine effiziente Marktstruktur ein? Konkreter gefragt: Welche Effekte auf das Marktergebnis haben Marktzutrittsschranken? Welche strategischen Verhaltensweisen sollten Marktteilnehmer einschlagen, wenn sie das zukünftige Verhalten ihrer Konkurrenten in ihrem Sinne beeinflussen wollen?

Dies sind einige der Fragen, die im vorliegenden Kapitel diskutiert werden. Ziel dieses Kapitels ist es, ein vertieftes Verständnis für die Herausbildung von Marktstrukturen zu gewinnen. Wir greifen dabei wiederholt auf Begriffe und analytische Konzepte zurück, die in den vorangehenden Kapiteln eingeführt wurden.

Wir abstrahieren zunächst von strategischen Interaktionen zwischen den Marktteilnehmern und beginnen mit der Untersuchung des Zusammenhangs zwischen der Konzentration und den relevanten Durchschnittskosten in einem Markt (Abschnitt 5.2). Dabei diskutieren wir unter anderem verschiedene natürliche Marktformen. Anschliessend erläutern wir das Konzept der Contestable Markets und seinen Anspruch, die Herausbildung von Marktstrukturen endogen zu erklären (Abschnitt 5.3). Dann folgt eine spieltheoretisch fundierte Analyse der Rolle von exogenen und endogenen Marktzutrittskosten bei der Herausbildung von Marktstrukturen (Abschnitt 5.4). Dabei wird insbesondere auch diskutiert, welche Effekte Marktzutritte auf die Gewinne der etablierten Marktteilnehmer haben (Abschnitt 5.5). Ein Schwergewicht dieses Kapitels ist die darauffolgende Charakterisierung des strategischen Verhaltens bei zweistufiger Konkurrenz (Abschnitt 5.6). Hier wird zunächst ein allgemeines Raster für die optimale Wahl des strategischen Verhaltens in verschiedenen Konkurrenzsituationen erarbeitet. Dieses wird dann für die Analyse der strategischen Anreize bei sequentiellen Fusionen angewendet. Abschnitt 5.7 schliesslich fasst die wettbewerbspolitischen Implikationen der spieltheoretisch fundierten Industrieökonomik in Form von Thesen zusammen.

5.2 Konzentration und Durchschnittskosten

Wir haben in Kapitel 2 gezeigt, dass die optimale Betriebsgrösse einer Firma vom Verlauf der relevanten Durchschnittskostenfunktion abhängig ist. Die optimale Betriebsgrösse ist auch von Bedeutung, wenn es um die Analyse der strukturellen Eigenschaften eines bestimmten Marktes geht. Die Intuition legt nahe, dass bei gegebener Nachfrage die Konzentration in einem Markt umso *höher* ist, je *grösser* die optimale Betriebsgrösse ist. Dies deshalb, weil der Markt mit steigender optimaler Betriebsgrösse weniger Anbieter "verträgt". Dieser Zusammenhang lässt sich grafisch leicht veranschaulichen, wenn man von strategischen Interaktionen zwischen den Unternehmen abstrahiert (vgl. Abb. 5.1).

Trägt man verschiedene Durchschnittskosten- und Nachfragefunktionen in einem Diagramm ab, so lassen sich verschiedene *'natürliche'* Marktformen unterscheiden (vgl. PANZAR 1989, 35 f.). Wir betrachten einen Markt, in dem n homogene Firmen das Gut mit den U-förmigen Durchschnittskosten $AC(q_i)$ herstellen können, d.h. die optimale Betriebsgrösse q_i^* wird durch den Verlauf der Durchschnittskostenfunktion eindeutig festgelegt.

Betrachten wir zunächst die inverse Nachfragefunktion $P_1(Q)$, wobei $Q = nq$ die Summe der Produktionsmengen aller potentiell auf dem Markt tätigen Anbieter bezeichnet. Die inverse Nachfragefunktion $P_1(Q)$ schneidet die Durchschnittskostenfunktion $AC(q_i)$ im Bereich sinkender Durchschnittskosten; als Folge davon resultiert eine Produktionsmenge q_i, welche geringer als die optimale Produktionsmenge q_i^* ist. Ein Markt mit dieser Kosten-/Nachfrage-Konstellation wird als *natürliches Monopol* bezeichnet.[1] Ist die Marktnachfrage stattdessen durch $P_2(Q)$ gegeben, so dass beim Konkurrenzpreis p^c die Menge $Q^c = nq_i^*$ angeboten wird, so hängt die na-

---

[1] Im Eingüter-Fall implizieren steigende Skalenerträge bzw. sinkende Durchschnittskosten über dem relevanten Mengenbereich auch die Subadditivität (vgl. Kapitel 2).

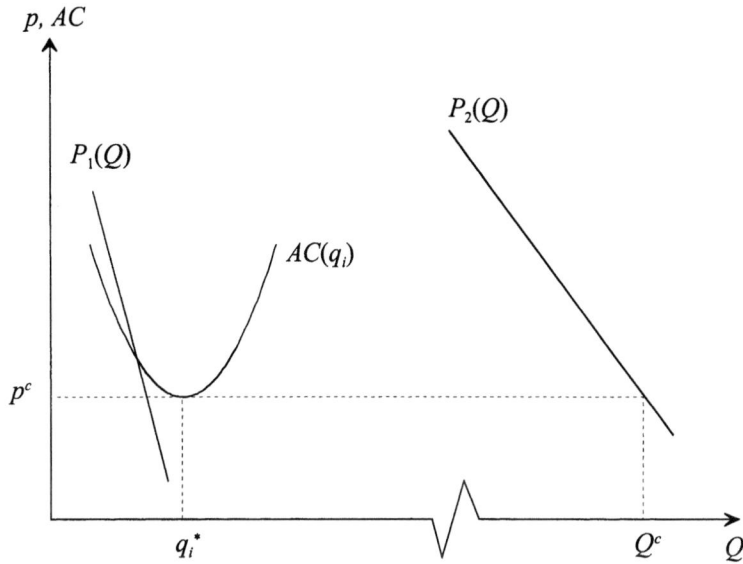

Abb. 5.1. Natürliche Marktformen

türliche Marktform von der Anzahl Firmen n ab. Ist n klein, so handelt es sich beim fraglichen Markt um ein *natürliches Oligopol*. Ist n dagegen gross, so wird der Markt als *natürliches Polypol* bezeichnet. Die Anzahl der Firmen, welche die Marktnachfrage bedienen, erhält man über die Division des Gesamtoutputs — der im Gleichgewicht mit der Gesamtnachfrage zum kompetitiven Preis zusammenfällt — durch die optimale Betriebsgrösse,[2] d.h.

$$n = \frac{Q^c}{q_i^*}. \tag{5.1}$$

Beachte, dass eine Veränderung der Konzentration direkt durch die Veränderung der Anzahl Firmen gemessen werden kann, wenn die Firmen homogen sind. Dies lässt sich mit Hilfe des m-Firmen-Indexes leicht demonstrieren: Angenommen, der Markt wird durch n homogene Unternehmen bedient. Der Marktanteil der drei grössten Firmen beträgt dann insgesamt $3/n$,[3] d.h. der Drei-Firmen-Index ist gegeben durch $K_3 = 3/n$. Wenn die

---

[2] Abb. 5.1 macht deutlich, dass sich die natürliche Marktstruktur bei U-förmigen Durchschnittskostenkurven dann ergibt, wenn der Gesamtoutput gleichmässig auf alle Firmen aufgeteilt wird, die mit der optimalen Betriebsgrösse q_i^* produzieren.

[3] Der Marktanteil von Firma i beträgt bei homogenen Firmen gemäss Gleichung (5.1)

$$\frac{q_i^*}{Q^c} = \frac{1}{n}.$$

optimale Betriebsgrösse bei gegebener Nachfrage steigt, so muss die Anzahl n der im Markt tätigen Firmen sinken, und K_3 nimmt folglich zu.

Wie aber lässt sich die Herausbildung einer bestimmten Marktstruktur endogen erklären? Wann ist ein Markt ein natürliches Oligopol, wann ein natürliches Polypol? Welche Rolle spielen dabei Marktzutrittskosten? Das von BAUMOL ET AL. (1982) entwickelte Konzept der *bestreitbaren Märkte* ("Contestable Markets"), das wir im nächsten Abschnitt diskutieren, versucht eine erste Antwort auf diese Frage zu geben.

5.3 Das Konzept der Contestable-Markets

Das Konzept der *Contestable Markets* hat den Anspruch, die Herausbildung der Struktur eines bestimmten Marktes endogen erklären zu können. BAUMOL (1982, 3) formuliert dies wie folgt:

> "In our analysis, [...], an industry's structure is determined explicitly, endogenously, and simultaneously with the pricing, output, advertising, and other decisions of the firms of which it is constituted."

Im folgenden stellen wir zunächst die Annahmen und die wichtigsten Ergebnisse des Konzepts der Contestable Markets vor. Anschliessend diskutieren wir die Bedeutung dieses Ansatzes für die moderne Industrieökonomik.

5.3.1 Definitionen

Wir betrachten der Einfachheit halber wiederum einen Markt mit n Firmen, die ein homogenes Gut produzieren. Alle Firmen verfügen über eine identische Produktionstechnologie und stellen den Output q_i mit den Kosten $C(q_i)$ her. Die Marktnachfrage sei gegeben durch $D(p)$. Die Anzahl n der Firmen wird für die folgende Argumentation in zwei Gruppen aufgespalten: Die Firmen $i = 1, ..., m$ sind als *etablierte Anbieter* am Markt tätig. Die restlichen $(n - m)$ Firmen sind *potentielle Konkurrenten*.

Es gelten folgende Definitionen:[4]

Definition 5.3.1 *Eine **Marktkonfiguration** ist ein Vektor*

$$(m, q_1, q_2, ..., q_m, p),$$

wobei m die Anzahl etablierter Firmen, q_i den Output von Firma $i = 1, ..., m$ und p den Marktpreis bezeichnet, der den Markt räumt ($\sum_{i=1}^{m} q_i = D(p)$).

---

[4] Diese Definitionen lassen sich auf Mehrgüter-Industrien verallgemeinern, wenn man die Outputs und den Preis als Vektoren auffasst.

Definition 5.3.2 *Eine Marktkonfiguration ist* **möglich** *("feasible"), wenn beim Preis p keiner der etablierten Anbieter einen Verlust erzielt ($pq_i \geq C(q_i)$ für alle i).*

Definition 5.3.3 *Eine Marktkonfiguration ist* **nachhaltig** *("sustainable"), wenn sie möglich ("feasible") ist und kein potentieller Konkurrent einen Gewinn erzielen kann, wenn er in den Markt eintritt und einen Preis $\tilde{p} \leq p$ setzt.*

Definition 5.3.4 *Ein* **bestreitbarer** *("contestable") Markt ist ein Markt, in dem jede gleichgewichtige Marktkonfiguration nachhaltig ist.*

Im nächsten Abschnitt wollen wir zeigen, welche Ergebnisse sich aus diesen Definitionen ableiten lassen.

5.3.2 Ergebnisse

Wir betrachten zunächst die Eigenschaften einer nachhaltigen Marktkonfiguration, die das Gleichgewicht in einem perfekt bestreitbaren Markt mit homogenen Firmen und konstanten Grenzkosten charakterisiert. Anschliessend illustrieren wir die Ergebnisse des Contestable-Markets-Ansatzes anhand eines einfachen Beispiels.

a) Eigenschaften einer nachhaltigen Marktkonfiguration

In einer *nachhaltigen Marktkonfiguration* muss folgendes gelten:

(i) *Jede Firma erzielt einen Gewinn von null.*
Würde ein etablierter Anbieter einen positiven Gewinn erzielen, so könnte ein potentieller Konkurrent denselben Output produzieren, einen marginal tieferen Preis setzen und dabei einen Gewinn erzielen. In einer nachhaltigen Marktkonfiguration ist dies jedoch ausgeschlossen (s. Definition 5.3.3).

(ii) *Der Marktpreis ist mindestens gleich gross wie die Grenzkosten, d.h. es gilt $p \geq c$.*

(iii) *Ist die Anzahl der etablierten Anbieter $m \geq 2$, so ...*

- *... entspricht der Marktpreis den Grenzkosten, d.h. es gilt $p = c$.*
Wäre der Marktpreis grösser als die Grenzkosten, so könnte ein potentieller Konkurrent den gleichen Output produzieren, aber zu einem leicht geringeren Preis verkaufen, so dass er immer noch einen positiven Gewinn erzielen könnte. Weil die etablierten Anbieter in einer nachhaltigen Marktkonfiguration einen Gewinn von null erzielen, ist dies jedoch ausgeschlossen.

- ... *wählt (in der Eingüter-Industrie) jede Firma ihren Output so, dass die Skalenerträge konstant sind.*
  Gemäss Ergebnis (i) erzielt in einer nachhaltigen Marktkonfiguration jede Firma einen Gewinn von null, d.h. der Preis muss den Durchschnittskosten entsprechen. Wie erwähnt muss der Preis jedoch ebenfalls den Grenzkosten entsprechen. Dies ist dort der Fall, wo die Skalenerträge konstant sind.[5]

(iv) *Die Produktionskosten werden minimiert.*
  Würden die Produktionskosten nicht minimiert, so könnte derselbe Gesamtoutput zu tieferen Kosten hergestellt werden, indem die Outputmengen anders auf die m Firmen aufgeteilt werden. Zum gegebenen Marktpreis könnte dann mindestens ein etablierter Anbieter einen positiven Gewinn erzielen. Dann könnte jedoch auch ein potentieller Konkurrent einen positiven Gewinn erzielen, indem er dieselbe Menge zu einem leicht tieferen Preis absetzt. Dies ist in einer nachhaltigen Marktkonfiguration jedoch ausgeschlossen.

Die Ergebnisse machen deutlich, dass der Contestable-Markets-Ansatz zu ausserordentlich starken Ergebnissen führt. Dies wollen wir anhand eines einfachen Beispiels mit zunehmenden Skalenerträgen illustrieren.[6]

b) Ein Beispiel mit zunehmenden Skalenerträgen

Wir betrachten einen Markt, in dem die Kostenfunktion gegeben ist durch

$$C(q) = cq + F,$$

wobei c die konstanten Grenzkosten und F die Fixkosten bezeichnen. Der Brutto-Monopolgewinn betrage $\tilde{\pi}^m > F$, d.h. ein Monopolist, der potentieller Konkurrenz nicht ausgesetzt ist, kann einen positiven Gewinn erzielen. Die einzige *nachhaltige Marktkonfiguration* ist unter diesen Bedingungen gegeben durch den Vektor $(1, q^n, p^n)$ (vgl. Abb. 5.2).

Abb. 5.2 illustriert, dass dieser bestreitbare Markt von einem Monopolisten bedient wird. Der Monopolist setzt jedoch nicht den Monopolpreis p^m, sondern den Preis p^n, welcher den Durchschnittskosten $AC(q^n) = c + F/q^n$ entspricht. Dieses Ergebnis lässt sich intuitiv leicht erklären. Für tiefere Preise $p < p^n$ erleidet der Monopolist Verluste; für höhere Preis $p > p^n$ ist die Marktkonfiguration nicht nachhaltig, weil ein potentieller Konkurrent den Preis unterbieten und einen positiven Gewinn erzielen könnte. Für den vorliegenden Fall zunehmender Skalenerträge gelangt der Contestable-Markets-Ansatz also zu folgenden Ergebnissen:

---

[5] Bei einer U-förmigen Durchschnittskostenfunktion produziert also jede Firma mit der optimalen Betriebsgrösse. Auf einem bestreitbaren Markt ergibt sich folglich die natürliche Marktform (vgl. Abb. 5.1).

[6] Die Darstellung orientiert sich an TIROLE (1988, 308 f.).

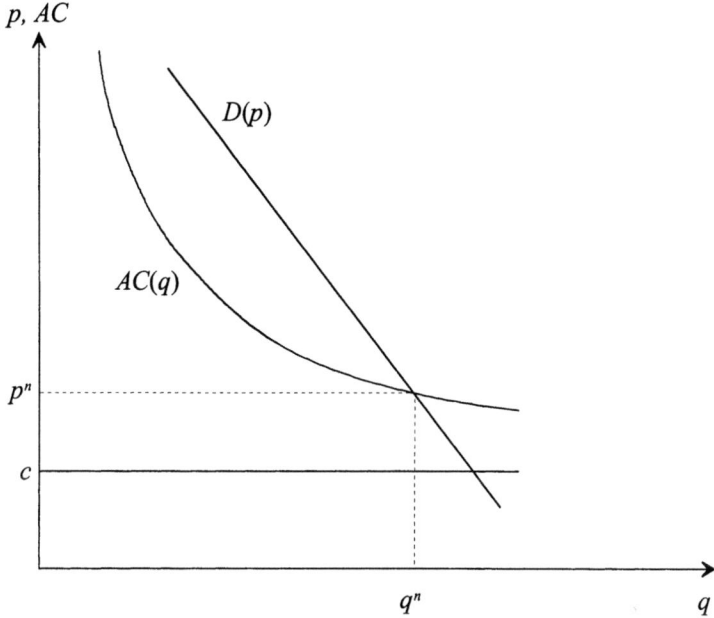

Abb. 5.2. Nachhaltige Marktkonfiguration bei zunehmenden Skalenerträgen

- Eine einzige Firma bedient den Markt mit minimalen Produktionskosten (keine Fixkostenduplikation).

- Der Monopolist setzt den Preis gleich den Durchschnittskosten und erzielt einen Gewinn von null.

In einem perfekt bestreitbaren Markt ist der Druck *potentieller* Konkurrenz also stark genug, um sogar einen Monopolisten zu disziplinieren. Das Verhalten des Monopolisten kommt dem Grenzkosten-Pricing so nahe wie es überhaupt möglich ist, solange keine Subventionen an den Monopolisten ausgerichtet werden.

Das Beispiel zeigt, dass der Contestable-Markets-Ansatz weitreichende Konsequenzen für die Beurteilung des Verhaltens von marktmächtigen Firmen hat, sofern reale Märkte tatsächlich *bestreitbar* sind. Es stellt sich deshalb die Frage, welche Märkte (wenigstens annähernd) als bestreitbar bezeichnet werden können bzw. unter welchen Bedingungen es zur Herausbildung von nachhaltigen Marktkonfigurationen kommen kann.

5.3.3 Diskussion

Welche Eigenschaften muss ein Markt aufweisen, damit er *bestreitbar* ist? Gemäss BAUMOL (1982, 3 f.) ist die entscheidende Eigenschaft eines bestreitbaren Marktes die Möglichkeit für *Hit-and-Run-Entry*. Dieser Begriff umschreibt den Umstand, dass potentielle Konkurrenten jede noch so geringe Gewinnmöglichkeit durch einen Markteintritt sofort ausschöpfen und anschliessend den Markt wieder verlassen, bevor die etablierten Anbieter über eine Preissenkung reagieren können. Hit-and-Run-Entry ist bei einem bestreitbaren Markt möglich, weil die folgenden drei Bedingungen *per Annahme* erfüllt sind:

- Markteintritt und -austritt sind kostenlos.

- Potentielle Konkurrenten verfügen über dieselbe Produktionstechnologie und produzieren ein in allen Dimensionen identisches Gut wie die etablierten Anbieter.

- Potentielle Konkurrenten fällen ihre Zutrittsentscheidung auf der Basis des Marktpreises *vor* einem allfälligen Marktzutritt.

Die Möglicheit von Hit-and-Run-Entry impliziert, dass die Preise weniger rasch angepasst werden können als die Produktionsmengen. Das Konzept der bestreitbaren Märkte scheint deshalb für viele Märkte *wenig realistisch*.[7] Zudem scheint das Konzept kaum geeignet für die Analyse von Märkten, in denen strategische Interaktionen zwischen etablierten und potentiellen Anbietern eine wichtige Rolle spielen. Die Annahme, dass ein potentieller Konkurrent die Preise der etablierten Anbieter als gegeben betrachtet, hat zur Folge, dass Preisveränderungen infolge von Marktzutritten nicht berücksichtigt werden können. Das Kalkül eines potentiellen Konkurrenten bei der Zutrittsentscheidung wird folglich nur ungenügend berücksichtigt. Aus der Sicht der modernen Industrieökonomik kann man dem Konzept der bestreitbaren Märkte deshalb vor allem den Vorwurf einer *mangelnden spieltheoretischen Fundierung* machen.[8] Im folgenden wollen wir untersuchen, inwiefern der Einbezug spieltheoretischer Überlegungen und die Berücksichtigung positiver Marktzutrittskosten zur endogenen Erklärung von Marktstrukturen beitragen können.

5.4 Marktzutrittskosten und Wettbewerbsform

Die endogene Erklärung von Marktstrukturen mit Hilfe von spieltheoretischen Methoden erweist sich als relativ schwierige Aufgabe, weil bereits kleinere Veränderungen der Spielanordnung häufig zu stark divergierenden Ergebnissen führen. SUTTON (1992) versucht deshalb, *robuste* Ergebnisse aus dem Vergleich der Implikationen verschiedener Modelle abzuleiten. Bei

---

[7] Für viele Märkte wird man davon ausgehen dürfen, dass die Preise rascher angepasst werden können als die Mengen.

[8] Vgl. MARTIN (1993, Kapitel 11) für eine ausführlichere Kritik des Contestable-Markets-Ansatzes.

der Analyse der Modelle unterscheidet er insbesondere zwischen exogenen und endogenen Marktzutrittskosten.

Exogene Marktzutrittskosten sind Sunk-Costs bzw. Setup-Costs, die beim Marktzutritt anfallen und irreversibel sind.[9] Sie entstehen beispielsweise durch den Kauf einer firmenspezifischen Produktionsanlage oder durch die Entwicklung einer speziellen Produktelinie. *Endogene* Marktzutrittskosten sind ebenfalls Sunk-Costs bzw. Setup-Costs, die beim Marktzutritt anfallen und irreversibel sind; ihre Höhe kann von den Firmen jedoch selbst bestimmt werden. Endogene Marktzutrittskosten treten beispielsweise dann auf, wenn die Firmen beim Marktzutritt investieren können (z.B. in Forschung und Entwicklung oder Werbung), um — bei gegebenen Preisen der Konkurrenten — die Nachfrage nach ihren Produkten zu steigern.

Je nach Typ der Marktzutrittskosten lassen sich unterschiedliche Ergebnisse hinsichtlich der Marktstruktur ableiten. Im folgenden präsentieren wir eine adaptierte Version der von Sutton untersuchten *zweistufigen* Spiele und diskutieren die wichtigsten Ergebnisse für den Fall exogener und endogener Marktzutrittskosten.

5.4.1 Exogene Marktzutrittskosten

Wir betrachten wiederum einen Markt für ein homogenes Gut, das symmetrische Anbieter i mit denselben Produktionskosten $C(q_i) = cq_i + F$ herstellen. Die Marktzutrittskosten seien gegeben durch den exogenen Preis F für den Kauf einer notwendigen Produktionsanlage mit vorgegebener Grösse. Die Marktnachfrage ist gegeben durch $Q = (a-P)S$, wobei $Q = \sum_{i=1}^{n} q_i$ die Summe aller individuellen Outputs und S die *Grösse* ("Size") des Marktes bezeichnet.[10]

a) Spielstruktur

- In der *ersten Stufe* des Spiels entscheiden alle potentiellen Anbieter darüber, ob sie bei gegebenen Sunk Costs F in den Markt eintreten wollen oder nicht.

- In der *zweiten Stufe* des Spiels findet der Produktmarktwettbewerb statt, wobei alle potentiellen Marktteilnehmer wissen, welche Art von Produktmarktwettbewerb — Cournot- oder Bertrand-Konkurrenz, oder perfekte Kollusion bzw. Monopol — gespielt wird.

Diese Spielstruktur erlaubt es, eine sinnvolle Unterscheidung zwischen kurz- und langfristigen Entscheidungen vorzunehmen (vgl. Abb. 5.3). Die

---

[9] *Sunk-Costs* sind also Kosten, die bei einem allfälligen Marktaustritt trotz Veräusserung aller Vermögensteile nicht mehr gedeckt werden können.

[10] Verdoppelt sich der Wert von S, so verdoppelt sich bei gegebenem Preis P auch die Menge Q.

langfristig wirksame Zutrittsentscheidung findet in der ersten Stufe des Spiels statt, die *kurzfristigeren* Preis- oder Mengenentscheidungen in der zweiten Stufe. Beachte, dass auf diese Weise die Höhe der Sunk Costs nur eine *indirekte* Wirkung (über die Beeinflussung der Zutrittsentscheidung) auf das Ergebnis des Produktmarktwettbewerbs hat. Exzessive Marktzutritte in der ersten Periode des Spiels können zu Verlusten für die Marktteilnehmer führen, falls sich infolge der intensiven Konkurrenz auf der zweiten Stufe Preise ergeben, die für eine Deckung der Marktzutrittskosten nicht ausreichen.

Abb. 5.3. Struktur der zweistufigen Spiele

Abb. 5.3 illustriert, dass die Zutrittsentscheidungen der potentiellen Anbieter vom Zusammenspiel der Zutrittskosten und der Wettbewerbsintensität auf der zweiten Stufe abhängig sind. Je grösser die Wettbewerbsintensität auf der zweiten Spielstufe ist,[11] desto kleiner sind die Gewinne nach einem allfälligen Marktzutritt, und desto kleiner ist folglich die Anzahl Marktzutritte. Mit sinkender Anzahl Marktzutritte wiederum lassen sich die Marktzutrittskosten eher abdecken.

Im folgenden diskutieren wir die Marktergebnisse für die verschiedenen Wettbewerbsformen und leiten Ergebnisse über die gleichgewichtige Marktstruktur ab. Wir lösen das Spiel mittels Rückwärtsinduktion, d.h. wir berechnen für jede Wettbewerbsform zunächst das Gleichgewicht auf der zweiten Stufe des Spiels. Dann überlegen wir uns, wie viele Firmen in der ersten Stufe des Spiels in den Markt eintreten werden, wenn sie den Ausgang des Spiels auf der zweiten Stufe antizipieren.

b) Cournot-Konkurrenz

Bei Cournot-Konkurrenz auf der zweiten Stufe des Spiels präsentiert sich das Gewinnmaximierungsproblem für einen potentiellen Anbieter wie folgt:

$$\max_{q_i} \pi_i(q_i) = [P(Q) - c]\, q_i - F.$$

---

[11] Die geringste Wettbewerbsintensität entsteht bei perfekter Kollusion bzw. im Monopol. Sie ist höher bei Cournot-Konkurrenz und am höchsten bei Bertrand-Konkurrenz.

Im Gleichgewicht mit symmetrischen Firmen beträgt der Cournot-Gewinn jeder Firma[12]

$$\pi_i^C(n) = S \left(\frac{a-c}{n+1}\right)^2 - F. \tag{5.2}$$

Gleichung (5.2) macht deutlich, dass der Gewinn in der zweiten Stufe des Spiels davon abhängig ist, wie viele Firmen n in der ersten Stufe des Spiels in den Markt eintreten.

Die Anzahl Marktzutritte in der ersten Stufe lässt sich bestimmen, indem man sich überlegt, unter welchen Bedingungen ein potentieller Anbieter in den Markt eintritt. Tritt eine Firma nicht ein, so erzielt sie einen Gewinn von null. Es werden also solange Firmen in den Markt eintreten, wie positive Gewinne auf dem Produktmarkt erwirtschaftet werden können. Die gleichgewichtige Anzahl Firmen im Markt — und damit die Konzentration — lässt sich folglich bestimmen, indem man die rechte Seite von (5.2) gleich null setzt und dann nach n auflöst. Bei Cournot-Konkurrenz ergibt sich auf diese Weise[13]

$$n^C = (a-c)\sqrt{\frac{S}{F}} - 1. \tag{5.3}$$

Wir vergleichen nun dieses Marktergebnis mit demjenigen bei Bertrand-Konkurrenz und perfekter Kollusion.

c) Bertrand-Konkurrenz

Die Lösung des Bertrand-Spiels auf der zweiten Stufe lässt sich ohne rechnerischen Aufwand ermitteln. Aus Abschnitt 3.4.2 wissen wir, dass der Preis bei Bertrand-Konkurrenz mit homogenen Firmen den Grenzkosten entspricht, sobald zwei oder mehr Firmen am Markt operieren. Wegen den Zutrittskosten F in der ersten Stufe des Spiels erleiden die Anbieter unter diesen Bedingungen also Verluste. Tritt in der ersten Stufe hingegen nur eine Firma in den Markt ein, so agiert diese Firma in der zweiten Stufe als Monopolist und erzielt den Monopolgewinn π^m. Letzterer entspricht dem Cournot-Gewinn für $n = 1$, d.h. es gilt

$$\pi_i^B = \pi_i^C(n)|_{n=1} = \pi^m = S\left(\frac{a-c}{2}\right)^2 - F. \tag{5.4}$$

Die optimale Antwort jedes potentiellen Anbieters besteht darin, nur dann in den Markt einzutreten, wenn keine andere Firma eintritt. Im Gleichge-

---

[12] Vgl. Abschnitt 3.4.3 für die Herleitung des Cournot-Gleichgewichts mit symmetrischen Firmen.
[13] Weil die Anzahl Firmen im Gleichgewicht ganzzahlig sein muss, entspricht n^C in einem eindeutigen Gleichgewicht streng genommen der grössten ganzzahligen Zahl, für welche die Gewinne der Firmen nicht-negativ sind. Ergibt sich als Lösung von (5.3) zum Beispiel ein Wert von 12.3, so erhält man im Gleichgewicht die Anzahl Firmen $n^C = 12$.

164   5. Marktstruktur und Marktdynamik

wicht tritt also bei positiven Marktzutrittskosten nur eine Firma ein.[14] Es gilt dann $n^B = 1$.

d) Perfekte Kollusion

Die Wettbewerbsintensität ist am geringsten, wenn in der zweiten Stufe des Spiels alle im Markt befindlichen Anbieter kolludieren.[15] Der maximal erzielbare Gesamtgewinn entspricht dem Monopolgewinn und ist unabhängig von der Anzahl Anbieter, auf die der Gewinn aufgeteilt wird. Der Gewinn eines einzelnen Anbieters bei perfekter Kollusion beträgt also

$$\pi_i^K = \frac{\pi^m}{n} - F. \tag{5.5}$$

In der ersten Stufe des Spiels treten unter diesen Bedingungen solange Firmen ein, bis der Anteil am Monopolgewinn die Kosten des Marktzutritts nicht mehr deckt. Die gleichgewichtige Anzahl Firmen bei perfekter Kollusion ist also gegeben durch (den ganzzahligen Teil von)

$$n^K = \frac{\pi^m}{F} = \frac{S\left(\frac{a-c}{2}\right)^2}{F}. \tag{5.6}$$

e) Vergleich der Marktstrukturen

Wie wir weiter oben gezeigt haben, lässt sich die Marktstruktur durch die Anzahl der Anbieter im Markt charakterisieren, wenn die Anbieter homogen sind. Für den Vergleich der verschiedenen Marktstrukturen können wir hier deshalb das einfache Konzentrationsmass $K \equiv 1/n$ verwenden. Abb. 5.4 zeigt den Verlauf der *Konzentration* in Abhängigkeit von der Marktgrösse S, wobei die Parameterwerte zu Illustrationszwecken so gewählt wurden, dass für $S = 1$ die Konzentration in allen Varianten des Produktmarktwettbewerbs $K = 1$ beträgt ($a = 2; c = 1; F = 1$).

Aus Abb. 5.4 lassen sich die folgenden beiden, zentralen Aussagen über die gleichgewichtige Marktstruktur ableiten:[16]

- *Die Konzentration sinkt ceteris paribus mit der Marktgrösse.* Dies gilt sowohl für den Fall von Cournot-Konkurrenz als auch für den

---

[14] Beachte, dass es in diesem Spiel eine Vielzahl von asymmetrischen Gleichgewichten in *reinen* Strategien gibt. Welche Firma im Gleichgewicht eintritt, bleibt offen. Zudem existiert auch ein symmetrisches Gleichgewicht in *gemischten* Strategien, in dem alle Anbieter mit derselben Wahrscheinlichkeit in den Markt eintreten. Vgl. SUTTON (1992, 32) für eine ausführliche Darstellung.

[15] Eine solche Situation lässt sich zum Beispiel durch ein unendlich oft wiederholtes Spiel in der zweiten Stufe stützen (vgl. Kapitel 4). Der Einfachheit halber wollen wir an dieser Stelle von der Frage abstrahieren, auf welche Weise die Kollusion zustande kommt.

[16] Vgl. SUTTON (1992, 33 ff.) für eine ausführlichere Analyse.

5.4 Marktzutrittskosten und Wettbewerbsform 165

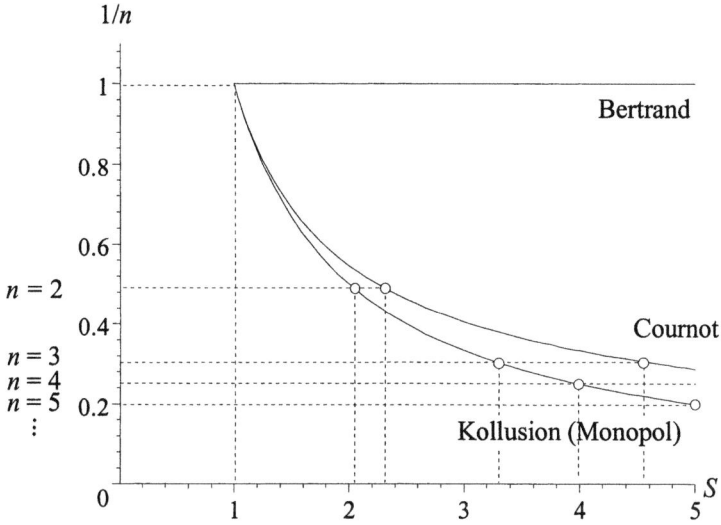

Abb. 5.4. Konzentration, Marktgrösse und Wettbewerbsintensität

Fall von Kollusion. Ist die Wettbewerbsintensität derart hoch, dass der Markt nur von einem Anbieter profitabel bedient werden kann (Bertrand-Konkurrenz), so ist die Konzentration für eine beliebige Marktgrösse konstant. Ferner gilt es zu beachten, dass der Zusammenhang zwischen S und K in der Regel nicht linear ist, weil der Markt mit steigender Anzahl Anbieter kompetitiver wird. Dadurch sinkt der variable Gewinn pro Einheit, und der Markt "verträgt" weniger Anbieter. Mit zunehmender Marktgrösse ergibt sich bei Cournot-Wettbewerb und Kollusion folglich eine Fragmentierungstendenz. Dieses Ergebnis lässt sich als endogene, spieltheoretisch fundierte Erklärung für die Herausbildung der *natürlichen* Struktur eines Marktes interpretieren (vgl. Abschnitt 5.2).

- *Die Konzentration steigt ceteris paribus mit der Wettbewerbsintensität.* Für eine gegebene Marktgrösse S ist die Konzentration in einem Markt mit perfekter Kollusion am geringsten. Sie nimmt mit steigender Wettbewerbsintensität zu und ist bei Bertrand-Konkurrenz am grössten.

Selbstverständlich vermag der Vergleich dieser einfachen theoretischen Modelle nicht alle in der Realität beobachtbaren Marktstrukturen zu erklären. Andere Faktoren wie unterschiedliche Kostenstrukturen, First-Mover-Advantages, asymmetrische Informationsverteilung etc. können die Herausbildung einer bestimmten Marktstruktur ebenfalls beeinflussen. Auf einige dieser Faktoren kommen wir weiter unten zurück. Für die endogene Erklärung von Marktstrukturen auf der Basis individueller Kalküle gewinnmaximierender Firmen leistet dieser Ansatz jedoch einen ersten wichtigen Beitrag.

5.4.2 Endogene Marktzutrittskosten

Im vorherigen Abschnitt gingen wir davon aus, dass bei der Marktzutrittsentscheidung die Zutrittskosten vorgegeben bzw. unabhängig vom Verhalten der potentiellen Marktteilnehmer und damit *exogen* sind. Wie aber verändert sich das Zutrittsverhalten, wenn die Marktzutrittskosten *endogen* sind? In diesem Abschnitt wollen wir Antworten auf diese Frage diskutieren. Weil die Analyse für endogene Marktzutrittskosten deutlich komplexer ist als für exogene, wollen wir uns darauf beschränken, unsere Intuition aus der Analyse mit exogenen Marktzutrittskosten weiterzuentwickeln und anhand eines Beispiels zu vertiefen.[17]

a) Konzentration und Marktgrösse: Intuition

Wir betrachten wiederum einen Markt, dessen Struktur endogen bestimmt werden soll. Beim Marktzutritt müssen potentielle Anbieter nun jedoch Zutrittskosten aufwenden, deren Höhe sie selbst bestimmen können. Typische Beispiele für solche Zutrittskosten sind Investitionen in die *Forschung und Entwicklung* (F&E), um die Qualität des Produktes zu steigern, oder Investitionen in *Werbung*, um die Nachfrage nach dem eigenen Produkt zu steigern. Der spezifische Verwendungszweck der Investition ist jedoch grundsätzlich unerheblich, solange sie die firmenspezifische Nachfrage für gegebene Preise der Konkurrenten erhöht ("Demand-enhancing Investment"). Im Unterschied zu einer Situation mit exogenen Zutrittskosten können sich potentielle Anbieter also bereits in der Phase des Marktzutritts konkurrenzieren, indem sie ihre Investitionen zwecks Steigerung ihrer Nachfrage auf dem Produktmarkt erhöhen.

Die Auswirkungen dieser zusätzlichen Konkurrenzmöglichkeit liegen auf der Hand: Bereits in der Zutrittsphase treten die potentiellen Anbieter in einen *Investitionswettbewerb*. Dadurch steigen die Marktzutrittskosten, und ein Marktzutritt wird ceteris paribus weniger profitabel. Im Vergleich zu einer Situation mit fixen Zutrittskosten ergibt sich also eine Tendenz zu einer *stärkeren Konzentration*. Für den Fall von exogenen Zutrittskosten haben wir gezeigt, dass die Konzentration mit der Grösse des Marktes abnimmt bzw. eine Tendenz zur *Fragmentierung* aufweist. Tritt dieser Effekt bei endogenen Zutrittskosten ebenfalls auf? Die Antwort lautet: nicht unbedingt. Dieses Ergebnis lässt sich wie folgt erklären: Angenommen, eine Firma erwägt den Zutritt zu einem vergleichsweise kleinen nationalen Markt. Die Erschliessungskosten (Werbung, Aufbau von Vertriebsstrukturen etc.) für diesen kleinen Markt sind relativ gering. Will dieselbe Firma indessen in

---

[17] Vgl. SUTTON (1992, Kapitel 3) für eine ausführlichere, formale Analyse.

einen vergleichbaren, jedoch grösseren Markt eintreten, muss sie deutlich höhere Investitionen tätigen, um den Markt zu erschliessen. Mit der Grösse des Marktes wachsen also tendenziell auch die endogenen Zutrittskosten. Dies hat zur Folge, dass tendenziell weniger Firmen in den Markt eintreten. Der *einfache Zusammenhang zwischen der Grösse und der Konzentration eines Marktes wird also aufgelöst.* SUTTON (1992, 60) demonstriert, dass bei endogenen Zutrittskosten nicht nur die Fragmentierungstendenz aufgehoben werden kann, sondern unter Umständen auch eine nicht-monotone Beziehung zwischen Marktgrösse und Konzentration auftritt.

b) Exogene vs. endogene Marktzutrittskosten: Ein Beispiel[18]

Die Auswirkungen endogener Marktzutrittskosten lassen sich am besten anhand des Vergleichs mit einer Situation mit exogenen Zutrittskosten illustrieren. Zu diesem Zweck betrachten wir als Beispiel die *Vergabe einer kommunalen Müllabfuhr-Lizenz* unter unterschiedlichen Marktzugangsbedingungen. Die potentiellen Marktteilnehmer seien symmetrisch und der Wert der Lizenz, welcher die Grösse des betreffenden Marktes widerspiegelt, betrage V.

Wir betrachten zunächst eine Situation mit *exogenen* Zutrittskosten F und nehmen deshalb an, die kommunale Lizenz werde nach dem Zufallsverfahren an eine beliebige Firma vergeben, die bereits im Bereich der Abfallbeseitigung tätig ist. Wie viele Firmen treten unter diesen Bedingungen in den Markt ein? Jede der symmetrischen Firmen erhält die Lizenz mit Wahrscheinlichkeit $1/n$ zugesprochen. Es treten nun wiederum solange Firmen in den Markt ein, bis der erwartete Gewinn π_i^E null beträgt. Im Gleichgewicht muss also

$$\pi_i^E = \frac{V}{n} - F = 0 \qquad (5.7)$$

gelten, d.h. es treten

$$n^* = \frac{V}{F} \qquad (5.8)$$

in den Markt ein. Gleichung (5.8) macht deutlich, dass die Anzahl Marktteilnehmer bei exogenen Zutrittskosten mit der Grösse des Marktes (bzw. dem Wert der Lizenz) steigt. Es ergibt sich also dasselbe Resultat wie oben.

Wir wollen nun untersuchen, wie sich die Anzahl Marktzutritte mit der Marktgrösse verändert, wenn die Marktzutrittskosten *endogen* sind. Zu diesem Zweck nehmen wir an, die Gemeinde versteigere die Lizenz an die meistbietende Firma, wobei wiederum nur diejenigen Firmen ein Gebot B_i einreichen können, die bereits am Markt tätig sind und somit die exogenen Zutrittskosten F bereits aufgewendet haben. Die Konkurrenz der Firmen

---

[18] Das Beispiel ist an CABRAL (2000a, 247 f.) angelehnt.

im Rahmen der Versteigerung führt dazu, dass im Gleichgewicht alle Firmen das Gebot $B_i = V$ einreichen.[19] Befindet sich indessen nur eine Firma im Markt, so bietet sie den zulässigen Minimalbetrag $\underline{B}$ und erhält die Lizenz mit Sicherheit.

Wie im Bertrand-Spiel mit exogenen Kosten erzielen die Teilnehmer der Versteigerung negative Gewinne im Umfang von $-F$, wenn mehr als eine Firma bietet: Ist eine Firma in den Markt eingetreten und gewinnt die Versteigerung nicht, so erzielt sie einen Produktmarktgewinn von null. Gewinnt sie die Versteigerung, so erhält sie zwar die Lizenz im Wert von V, muss im Austausch dafür aber ihr Gebot von $B_i = V$ bezahlen. Sie erzielt also ebenfalls einen Produktmarktgewinn von null. Wenn die Marktzutrittskosten *endogen* sind — wie dies bei einer Versteigerung der Fall ist — tritt im Gleichgewicht also *unabhängig von der Marktgrösse* bzw. dem Wert V der Lizenz nur eine Firma in den Markt ein und erzielt dabei einen positiven Gewinn im Umfang von $\pi^m = V - \underline{B} - F$.

Die Differenz zum Zufallsverfahren für die Allokation der Lizenz rührt daher, dass bei der zufälligen Lizenzvergabe nur exogene Zutrittskosten F anfallen, bei der Versteigerung hingegen exogene und endogene Zutrittskosten, insgesamt $F + B_i$. Weil die endogenen Zutrittskosten bzw. die Gebote B_i proportional mit der Marktgrösse wachsen, bleibt die Anzahl Marktteilnehmer trotz Veränderung der Marktgrösse konstant: im Gleichgewicht tritt unabhängig von der Marktgrösse immer nur eine Firma in den Markt ein.

5.5 Marktstruktur und Effizienz

Unsere Analyse der Herausbildung von Marktstrukturen hat gezeigt, dass die Anzahl Zutritte zu einem Markt von den relevanten Rahmenbedingungen abhängig ist. Wir haben bisher noch nicht untersucht, ob die Marktstruktur, die sich durch das individuell-rationale Verhalten gewinnmaximierender Firmen herausbildet, auch effizient bzw. *wohlfahrtsmaximierend* ist. Bei vollkommener Konkurrenz scheint es offensichtlich, dass eine Beschränkung des Marktzutritts zu Wohlfahrtsverlusten führt. Arbeiten von SUZUMURA und KIYONO (1987) und MANKIW und WHINSTON (1986) zeigen, dass dies bei oligopolistischer Konkurrenz anders ist: Bei freiem Marktzutritt ist es durchaus möglich, dass zuviele Firmen in den Markt eintreten ("Excess Entry"). Weshalb dies so ist, wollen wir im folgenden näher untersuchen.

---

[19] Würden alle Firmen ein tieferes Angebot einreichen, so könnte eine Firma ein leicht höheres Angebot einreichen und die Versteigerung mit Sicherheit gewinnen.

5.5.1 Business Stealing

Wie lässt sich erklären, dass auf oligopolistischen Märkte die Anzahl Marktzutritte unter bestimmten Bedingungen zu hoch ausfällt? Die Antwort ist relativ einfach. Für einen potentiellen Anbieter ist es solange profitabel in einen Markt einzutreten, bis der erwartete Produktmarktgewinn gerade den Zutrittskosten entspricht. Wenn ein neuer Anbieter zwar einen positiven Gewinn erzielt, aber nur einen sehr geringen zusätzlichen gesellschaftlichen Nutzen generiert,[20] so ist es leicht möglich, dass die gesellschaftlichen Kosten eines Marktzutritts — die Marktzutrittskosten — grösser sind als der gesellschaftliche Nutzen. Dies dürfte vor allem dann der Fall sein, wenn der neue Konkurrent kein differenziertes Produkt anbietet, sondern lediglich den bereits etablierten Anbietern die Nachfrage streitig macht ("Business Stealing"). Dies wollen wir im Rahmen des oben diskutierten Cournot-Modells mit der inversen Nachfragefunktion $P(Q) = a - Q$ und der Kostenfunktion $C(q_i) = cq_i + F$ zeigen.[21]

Der Einfachheit halber gehen wir wiederum davon aus, dass die Firmen symmetrisch sind. Im Gleichgewicht mit *freiem Marktzutritt* ("Free Entry") genügt die Anzahl Firmen n^{FE} der Bedingung[22]

$$(n^{FE} + 1)^2 = \frac{(a-c)^2}{F}. \qquad (5.9)$$

Die *wohlfahrtsmaximierende* Anzahl Firmen n^* wiederum genügt der Bedingung[23]

$$(n^* + 1)^3 = \frac{(a-c)^2}{F}. \qquad (5.10)$$

Diese Ergebnisse lassen sich am einfachsten mit Hilfe einer Grafik vergleichen. Abb. 5.5 zeigt die Anzahl Firmen im Wohlfahrtsoptimum und bei freiem Marktzutritt. Es ist deutlich zu erkennen, dass bei gegebener Nachfrageintensität und Kostenstruktur die Anzahl Anbieter bei freiem Marktzutritt zu hoch ist. Treten im Optimum zum Beispiel fünf (acht) Firmen ein, so sind es bei freiem Marktzutritt dreizehn (26) Firmen, usw.

Dieses Ergebnis legt die Schlussfolgerung nahe, dass staatliche Marktzutrittsbeschränkungen unter bestimmten Bedingungen durchaus wohlfahrtssteigernd sein können. Dabei gilt es jedoch zu beachten, dass das hier diskutierte Cournot-Beispiel von Produktedifferenzierung vollständig abstrahiert.

---

[20] Bei homogenen Gütern steigt der gesellschaftliche Nutzen wegen der Preissenkung, die sich nach einem Marktzutritt ergibt.
[21] Vgl. MANKIW und WHINSTON (1986) für eine allgemeinere Analyse.
[22] Dieses Ergebnis erhält man direkt, indem man die rechte Seite der Gleichung (5.2) für $S = 1$ gleich Null setzt.
[23] Vgl. Anhang 5.8.1 für die Herleitung dieser Bedingung.

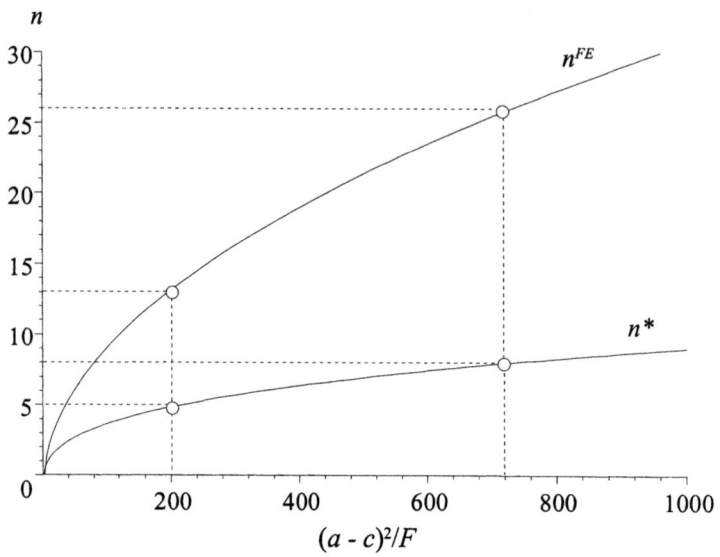

Abb. 5.5. Anzahl Anbieter im Optimum und bei freiem Marktzutritt

5.5.2 Produktdifferenzierung und Firmenheterogenität

In vielen Fällen bietet ein neuer Anbieter nicht dasselbe homogene Produkt wie die etablierten Anbieter, sondern ein *differenziertes* Produkt an. Wenn die Nachfrager eine Präferenz für Produktvielfalt haben, so steigt wegen des Angebots eines neuen Produkts die aggregierte Zahlungsbereitschaft der Konsumenten. Falls es dem neuen Anbieter nicht gelingt, sich die gesamte zusätzliche Zahlungsbereitschaft mittels Preisdifferenzierung anzueignen, entsteht durch den Marktzutritt eine *positive Externalität*, die dem Business-Stealing-Effekt gegenüberzustellen ist. Diese positive Externalität wird von einem potentiellen Konkurrenten nicht berücksichtigt, so dass bei differenzierten Produkten unter Umständen *zuwenig* Marktzutritte stattfinden. Umgekehrt formuliert lässt sich folgendes Ergebnis ableiten: Das Problem exzessiver Marktzutritte dürfte vor allem dann von Bedeutung sein, wenn die Produkte nur schwach differenziert sind und die Wettbewerbsintensität auf dem Produktmarkt hoch ist (vgl. die Diskussion zum Bertrand-Fall weiter oben).

Das Excess-Entry-Ergebnis gilt es auch dahingehend zu relativieren, dass es homogene Firmen mit identischen Grenzkosten unterstellt. Sind die Firmen *heterogen*, so ist der offene Markteintritt und -austritt von zentraler Bedeutung bei der Erhöhung der durchschnittlichen Produktivität über die Zeit, weil er es erlaubt, weniger effiziente durch effizientere Firmen zu ersetzen. Zusammenfassend kann man festhalten, dass die theoretische Analyse keine generellen Argumente für die Beschränkung des Marktzutritts liefert.

Dennoch gilt es festzuhalten, dass freier Marktzutritt auf oligopolistischen Märkten nicht automatisch zu wohlfahrtsmaximierenden Marktergebnissen führt.

5.6 Strategisches Verhalten bei zweistufiger Konkurrenz

Wesentliches Merkmal der oben diskutierten, zweistufigen Spiele ist die Tatsache, dass die Firmen in der ersten Stufe des Spiels eine Entscheidung treffen — Marktzutritt oder kein Zutritt — die für die Zukunft bzw. den Rest des Spiels *bindend* ist. Dies deshalb, weil die Marktzutrittskosten (mindestens teilweise) versunken sind, d.h. bei einem Marktaustritt nicht mehr rückgängig gemacht werden können.

Bindende Entscheidungen sind jedoch nicht nur bei der Herausbildung von Marktstrukturen, sondern für eine Vielzahl von strategischen Konkurrenzsituationen von Bedeutung. Durch das Fällen von Entscheidungen, die langfristig bindend sind — also einen "Commitment Value" aufweisen —, wird nämlich nicht nur das eigene zukünftige Verhalten, sondern vor allem auch dasjenige der Konkurrenten beeinflusst. Langfristig wirksame Entscheidungen können dazu benutzt werden, das strategische Verhalten der Konkurrenten zu den eigenen Gunsten zu beeinflussen. Wie dies geschehen kann, und welche generellen strategischen Verhaltensweisen sich hieraus ableiten lassen, wollen wir im folgenden zunächst mit Hilfe eines einfachen zweistufigen Marktzutritt-Spiels in reduzierter Form ausführlicher diskutieren.[24] Anschliessend wenden wir diese Grundlagen für die Analyse der strategischen Interaktionen an, die sich bei Unternehmensfusionen ergeben, wenn das zukünftige Verhalten der Konkurrenten berücksichtigt werden muss. Den Abschluss bilden eine kurze Diskussion der wichtigsten Ergebnisse und Hinweise auf offene Fragestellungen.

5.6.1 Grundlagen

Wir betrachten ein zweistufiges Spiel mit zwei Firmen. Firma 1 sei der etablierte Anbieter und Firma 2 ein potentieller Konkurrent, der einen Marktzutritt erwäge. Die Spielstruktur ist wie folgt festgelegt:

- In der ersten Stufe des Spiels kann die etablierte Firma 1 eine irreversible *Investition* K vornehmen (wir werden später zeigen, dass der Investitionsbegriff hier weit gefasst ist). Firma 2 beobachtet die gewählte Investition und entscheidet danach über den *Marktzutritt*.

---

[24] Vgl. TIROLE (1988, 323 ff.) für weitere Details.

- In der zweiten Stufe findet der *Produktmarktwettbewerb* statt. Wir wollen davon ausgehen, dass sich ein eindeutiges Nash-Gleichgewicht ergibt, d.h. die im Markt befindlichen Konkurrenten wählen simultan die Gleichgewichtswerte der Handlungsvariablen $x_i^*, i = 1, 2$, in Abhängigkeit von den Entscheidungen der ersten Spielstufe. Die Gewinne der beiden Firmen werden mit $\pi_i(\cdot), i = 1, 2$, bezeichnet.[25]

Tab. 5.1 fasst die Gewinne der Firmen in den verschiedenen Spielausgängen zusammen, wobei sich der Marktzutritt nur auf Firma 2 bezieht.

	Gewinn ohne Zutritt	Gewinn mit Zutritt
Firma 1	$\pi_1^m(K, x_1^m)$	$\pi_1(K, x_1^*(K), x_2^*(K))$
Firma 2	0	$\pi_2(K, x_1^*(K), x_2^*(K))$

Tab. 5.1. Gewinne im zweistufigen Marktzutrittsspiel

Wenn Firma 2 nicht eintritt, so erzielt sie einen Gewinn von null, und Firma 1 realisiert den Monopolgewinn $\pi_1^m(K, x_1^m)$. Tritt Firma 2 jedoch ein, so wählen in der zweiten Periode beide Firmen simultan ihre Handlungsvariable $x_i^*(K), i = 1, 2$, in Abhängigkeit der getätigten Investition K von Firma 1. Dabei gilt es zu beachten, dass Firma 1 mit der Wahl von K im Gleichgewicht nicht nur die Wahl der eigenen Variable x_1 in der zweiten Stufe des Spiels beeinflusst, sondern auch diejenige der gegnerischen Firma x_2. Diesen Umstand kann Firma 1 ausnutzen, um die Zutrittsentscheidung von Firma 2 zu ihren Gunsten zu beeinflussen.

Es liegt auf der Hand, dass Firma 1 einen Marktzutritt von Firma 2 verhindern möchte, weil dieser die Wettbewerbsintensität im allgemeinen erhöht. In Abschnitt 3.4.4 haben wir bereits das Setzen von Limitpreisen als mögliche Strategie zur Verhinderung von Marktzutritten kennengelernt. Im folgenden diskutieren wir als weitere Möglichkeit die Vornahme von strategischen *Über-* oder *Unterinvestitionen*. Anschliessend untersuchen wir, wie das strategische Kalkül der etablierten Firma aussieht, wenn eine Marktzutrittsabwehr nicht profitabel ist. Dabei wird sich zeigen, dass die etablierte Firma ein Interesse daran hat, sich mit Firma 2 "zu arrangieren".

a) Verhinderung von Marktzutritten (Entry Deterrence)

Im folgenden abstrahieren wir von Marktsituationen, in denen der Marktzutritt *blockiert* ist, weil dann — unabhängig vom strategischen Verhalten der etablierten Firma — keine Marktzutritte erfolgen. In einer Situation, in welcher der Marktzutritt *nicht blockiert* ist, muss Firma 1 die Investition K so festlegen, dass die Bedingung

$$\pi_2(K, x_1^*(K), x_2^*(K)) = 0 \qquad (5.11)$$

---

[25] Es gelten zudem folgende technische Annahmen: x_i^* ist differenzierbar und π_i ist strikt konkav in $K, i = 1, 2$.

5.6 Strategisches Verhalten bei zweistufiger Konkurrenz

erfüllt ist, d.h. dass ein Marktzutritt gerade noch verhindert wird.[26]

Welchen Effekt hat die Investition K auf den Gewinn von Firma 2? Formal lässt sich dieser Effekt mit Hilfe des totalen Differentials von $\pi_2(\cdot)$ bezüglich K ermitteln. Dieses beschreibt den Effekt einer marginalen Veränderung von K auf den Gewinn π_2, wobei berücksichtigt wird, dass letzterer von der Wahl von x_1^* und x_2^* abhängig ist und diese wiederum im Gleichgewicht auf Veränderungen von K reagieren.

$$\frac{d\pi_2}{dK} = \underbrace{\frac{\partial \pi_2}{\partial K}}_{\text{direkter Effekt}} + \underbrace{\frac{\partial \pi_2}{\partial x_1}\frac{dx_1^*}{dK}}_{\text{strategischer Effekt}} + \underbrace{\frac{\partial \pi_2}{\partial x_2}\frac{dx_2^*}{dK}}_{=0} \quad (5.12)$$

Gleichung (5.12) zeigt, dass sich der *Gesamteffekt* $\frac{d\pi_2}{dK}$ einer marginalen Erhöhung von K auf den Gewinn von Firma 2 aus zwei Teileffekten zusammensetzt.[27]

Zunächst entsteht durch die Investition ein

$$\text{direkter Effekt } \frac{\partial \pi_2}{\partial K},$$

der unabhängig von strategischen Überlegungen auftritt. Das Vorzeichen dieses Effekts hängt davon ab, was unter dem Investitionsbegriff zu verstehen ist. Der direkte Effekt ist beispielsweise dann positiv, wenn K eine Investition in die Erschliessung eines gemeinsamen Marktes darstellt, der auch von Firma 2 beliefert werden kann. Der direkte Effekt ist negativ, wenn K eine Investition darstellt, die einen Grossteil der Marktnachfrage an Firma 1 bindet und damit den Markt für Firma 2 verkleinert.[28] Der direkte Effekt ist schliesslich null, wenn K nur die Effizienz von Firma 1 betrifft und beispielsweise eine Investition in die Verbesserung der Produktionstechnologie darstellt.

Die Investition verursacht zudem einen

$$\text{strategischen Effekt } \frac{\partial \pi_2}{\partial x_1}\frac{dx_1^*}{dK},$$

der sich seinerseits wiederum aus zwei Elementen zusammensetzt. Die Veränderung von K führt zu einer ex-post-Verhaltensänderung von Firma 1 in

---

[26] Wenn der Gewinn von Firma 2 auf jeden Fall strikt kleiner ist als null, d.h. $\pi_2(\cdot) < 0$, so kann Firma 1 die Investition K leicht erhöhen oder verringern, ohne dass ein Marktzutritt erfolgt. Dies wiederum impliziert, dass der Marktzutritt *blockiert* ist. Diesen Fall wollen wir für die Betrachtung strategischer Interaktionen jedoch ausschliessen.

[27] Der dritte Term in (5.12) ist null. Dieses Resultat ergibt sich aus der Tatsache, dass x_2 in der zweiten Stufe des Spiels optimal gewählt wird. Folglich ist die Bedingung erster Ordnung, $\frac{\partial \pi_2}{\partial x_2} = 0$, erfüllt. Man kann deshalb den Effekt von K auf π_2 durch eine Veränderung von x_2 ignorieren. Hierbei handelt es sich um eine Anwendung des sog. Envelope-Theorems; vgl. beispielsweise MAS-COLELL ET AL. (1995, 964 ff.).

[28] Mögliche Beispiele hierfür sind Investitionen in die Werbung für ein bestimmtes Produkt oder Investitionen in den Aufbau von Qualitätsreputation.

der zweiten Stufe des Spiels, dargestellt durch $\frac{dx_1^*}{dK}$. Durch die Veränderung der Wahl von x_1 verändert sich auch der Gewinn von Firma 2, dargestellt durch $\frac{\partial \pi_2}{\partial x_1}$. Dabei gilt es zu beachten, dass sich der strategische Effekt der Investition also nicht durch die Beeinflussung von Firma 2, sondern durch die Veränderung der *eigenen* strategischen Position in der zweiten Stufe des Spiels ergibt. SHAPIRO (1989, 384) formuliert dies wie folgt:

> "[...] the strategic aspect of the investment [...] is *not* that it alters firm 2's incentives or opportunities, but rather that investment by firm 1 alters that firm's *own* incentives at a later date."[29]

Die Wirkung des strategischen Effekts der Investition lässt sich am besten anhand eines Beispiels illustrieren. Wir betrachten ein einfaches Spiel, in dem Firma 1 in der ersten Periode in die Senkung der Grenzkosten der zweiten Periode investiert. Es seien $c_1(K)$ die Grenzkosten von Firma 1 in Abhängigkeit der Investitionen K, mit $c_1'(K) < 0$. Anschliessend findet Cournot-Wettbewerb statt, d.h. die Firmen konkurrieren über die Menge ($x_1 \equiv q_1, x_2 \equiv q_2$). Die inverse Nachfragefunktion sei gegeben durch $P(Q)$, mit $Q = q_1 + q_2$.

Eine Investition in die Senkung der Grenzkosten hat dann keinen direkten, sondern nur einen strategischen Effekt auf den Gewinn von Firma 2 ($\frac{\partial \pi_2}{\partial K} = 0$). In Kapitel 3 haben wir gezeigt, dass die Reaktionsfunktionen bei Cournot-Wettbewerb fallend sind, und dass eine *Erhöhung* der Grenzkosten von Firma 1 zu einer Verschiebung der Reaktionsfunktion $R_1(q_2)$ nach *links* führt. Die hier betrachtete *Reduktion* der Grenzkosten durch die Investition K führt folglich zu einer Verschiebung der Reaktionsfunktion nach *rechts* (von R_1 nach $\widetilde{R}_1$, vgl. Abb. 5.6). Dies hat zur Folge, dass die gewinnmaximierende Menge von Firma 1 steigt, während die gewinnmaximierende Menge von Firma 2 sinkt. Die Investition führt also zu einer verbesserten strategischen Ausgangslage für Firma 1 in der zweiten Stufe des Spiels.

Wir wollen nun die verschiedenen möglichen Auswirkungen der Investition auf Firma 2 systematisieren. Zu diesem Zweck betrachten wir den *Gesamteffekt* einer Investition auf den Gewinn von Firma 2. In der Terminologie von FUDENBERG und TIROLE (1984) macht die Investition Firma 1 "tough" (*hart*), wenn der Gesamteffekt der Investition auf den Gewinn von Firma 2 negativ ist ($\frac{d\pi_2}{dK} < 0$). Die Investition macht Firma 1 "soft" (*weich*), wenn der Gesamteffekt positiv ist ($\frac{d\pi_2}{dK} > 0$). Darauf basierend, unterscheiden Fudenberg und Tirole folgende Geschäftsstrategien (vgl. Tab. 5.2).[30]

---

[29] Hervorhebung im Original.
[30] Vgl. auch TIROLE (1988, 324).

5.6 Strategisches Verhalten bei zweistufiger Konkurrenz

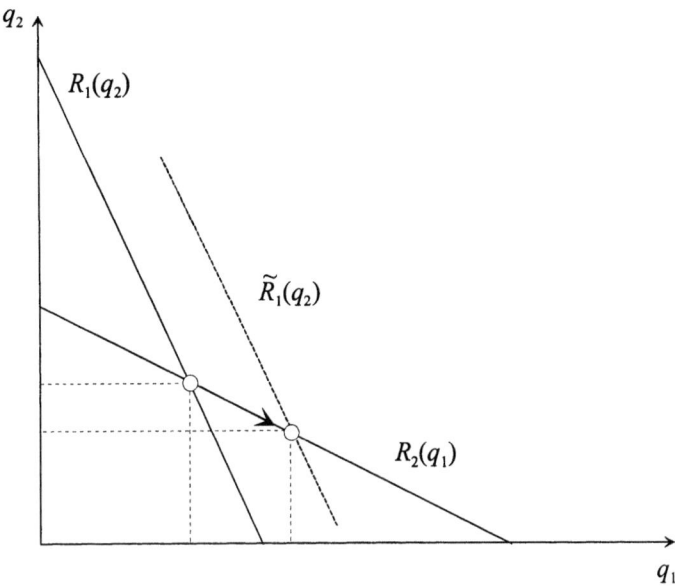

Abb. 5.6. Reduktion der Grenzkosten bei Cournot-Konkurrenz

Wenn Firma 2 vom Marktzutritt abgehalten werden soll, muss Firma 1 offensichtlich eine Strategie wählen, die sie *tough* macht. Betrachten wir noch einmal das Cournot-Beispiel von oben zur Illustration. In diesem Spiel muss Firma 1 "überinvestieren", um ihre strategische Position in der zweiten Stufe des Spiels attraktiver zu machen. Mit anderen Worten: Will Firma 1 den Marktzutritt verhindern, muss sie die *Top-Dog*-Strategie verwenden. Macht die Investition Firma 1 hingegen *soft* ($c'_1(K) > 0$),[31] so sollte sie "unterinvestieren" bzw. die *Lean-and-Hungry-Look*-Strategie einschlagen, um einen Marktzutritt zu verhindern.

Strategiebezeichnung	Verhalten
Top Dog	gross oder stark sein, um *tough* zu wirken
Puppy Dog	klein oder schwach sein, um *soft* zu wirken
Lean and Hungry Look	klein oder schwach sein, um *tough* zu wirken
Fat Cat	gross oder stark sein, um *soft* zu wirken

Tab. 5.2. Geschäftsstrategien nach FUDENBERG und TIROLE (1984)

---

[31] Der Einfachheit halber wollen wir hier annehmen, dass die Investition Firma 1 soft macht, weil sie zu *höheren Grenzkosten* führt. Die Reaktionsfunktion $R_1(\cdot)$ wird dann nicht nach rechts, sondern nach links verschoben (vgl. Abb. 5.6).

Je nach Art der Investition können also unterschiedliche Strategien zu einer wirksamen Marktzutrittsabwehr führen: Die *Top-Dog*-Strategie, wenn die Investition Firma 2 schadet, und die *Lean-and-Hungry-Look*-Strategie, wenn die Investition Firma 2 begünstigt.

b) Leben mit Marktzutritten (Entry Accomodation)

Betrachten wir nun strategische Situationen, in denen die Marktzutrittsabwehr zu kostspielig ist. Für Firma 1 stellt sich nun die Frage, wie sie sich gegenüber der neuen Konkurrenz verhalten soll bzw. wie hoch ihre Investition in der ersten Stufe des Spiels ausfallen soll. Die relevante Bezugsgrösse für die Festlegung der Investitionshöhe ist nun nicht mehr der Gewinn von Firma 2 (wie bei Marktzutrittsabwehr), sondern der Gewinn von Firma 1. Die Investitionsanreize von Firma 1 lassen sich festlegen, indem man die Auswirkungen einer marginalen Veränderung von K auf ihren Gewinn berechnet. Die Bildung des totalen Differentials der Gewinnfunktion von Firma 1 führt zu

$$\frac{d\pi_1}{dK} = \underbrace{\frac{\partial \pi_1}{\partial K}}_{\text{direkter Effekt}} + \underbrace{\frac{\partial \pi_1}{\partial x_2}\frac{dx_2^*}{dK}}_{\text{strategischer Effekt}} + \underbrace{\frac{\partial \pi_1}{\partial x_1}\frac{dx_1^*}{dK}}_{=0}. \quad (5.13)$$

Der Gesamteffekt einer marginalen Erhöhung von K lässt sich wiederum aufspalten in einen direkten und einen strategischen Effekt.[32] Der

$$\text{direkte Effekt } \frac{\partial \pi_1}{\partial K}$$

entsteht durch das gewinnmaximierende Investitionsverhalten von Firma 1 und tritt auch dann auf, wenn Firma 2 die Investition nicht beobachten kann und x_2 deshalb nicht von K abhängig ist. Interessanter ist an dieser Stelle der

$$\text{strategische Effekt } \frac{\partial \pi_1}{\partial x_2}\frac{dx_2^*}{dK},$$

der sich durch die Einwirkung von K auf die optimale Wahl von x_2 in der zweiten Stufe des Spiels ergibt, wenn Firma 2 die Investition von Firma 1 beobachten kann. Gleichung (5.13) macht deutlich, dass Firma 1 *"überinvestieren"* sollte, wenn der strategische Effekt *positiv* ist. Umgekehrt sollte Firma 1 *"unterinvestieren"*, wenn der strategische Effekt *negativ* ist.

Ist der Marktzutritt erfolgt, hängt die optimale Wahl der Investitionshöhe also davon ob, welches Vorzeichen der strategische Effekt hat. Es lässt sich zeigen,[33] dass das *Vorzeichen des strategischen Effekts* abhängig ist von der

---

[32] Der dritte Term in (5.13) ist wiederum null (vgl. oben), weil in der zweiten Stufe des Spiels die Bedingung erster Ordnung erfüllt ist: $\frac{\partial \pi_1}{\partial x_1} = 0$.

[33] Vgl. Anhang 5.8.2.

5.6 Strategisches Verhalten bei zweistufiger Konkurrenz

- *Steigung der Reaktionskurven* bzw. ob über strategische Substitute (Mengen) oder Komplemente (Preise) konkurriert wird;

- *Art der Investition* bzw. ob die Investition Firma 1 aus der Sicht von Firma 2 *tough* oder *soft* macht.

Dieses Ergebnis lässt sich intuitiv leicht einsehen. Ist Firma 2 in den Markt eingetreten, hat Firma 1 ein Interesse daran, dass der *Produktmarktwettbewerb möglichst gering* ist. Firma 1 ist deshalb bestrebt, die Investition so vorzunehmen, dass sich Firma 2 nach dem Marktzutritt weniger aggressiv verhält. Wir wollen diese Überlegung anhand von zwei verschiedenen Investitionsmöglichkeiten illustrieren:

- *Beispiel 1*: Firma 1 investiert in die *Reduktion ihrer Grenzkosten*. Der Gesamteffekt der Investition auf Firma 2 sei negativ $\left(\frac{d\pi_2}{dK} < 0\right)$, d.h. die Investition macht Firma 1 *tough*.

- *Beispiel 2*: Firma 1 investiert in *Werbung* für das gehandelte Produkt. Der Gesamteffekt der Investition auf Firma 2 sei positiv $\left(\frac{d\pi_2}{dK} > 0\right)$, d.h. die Investition macht Firma 1 *soft*.

Es lassen sich dann vier verschiedene Verhaltensstrategien unterscheiden (vgl. Abb. 5.7).

a) Falls die Reaktionskurven *fallend* sind und die Investition Firma 1 *tough* macht (Mengenwettbewerb/Investition in Grenzkosten), führt die Investition von Firma 1 zu einer freundlichen Antwort (bzw. zu einer geringeren Menge) von Firma 2. Firma 1 sollte folglich überinvestieren bzw. die *Tog-Dog*-Strategie verfolgen.

b) Falls die Reaktionskurven *fallend* sind und die Investition Firma 1 *soft* macht (Mengenwettbewerb/Investition in Werbung), führt die Investition von Firma 1 zu einer aggressiven Antwort (grösseren Menge) von Firma 2. Firma 1 sollte folglich unterinvestieren bzw. die *Lean-and-Hungry-Look*-Strategie verfolgen.

c) Falls die Reaktionskurven *steigend* sind und die Investition Firma 1 *tough* macht (Preiswettbewerb/Investition in Grenzkosten), führt die Investition von Firma 1 zu einer aggressiven Reaktion (Preissenkung) von Firma 2. Firma 1 sollte folglich unterinvestieren bzw. die *Puppy-Dog*-Strategie verfolgen.

d) Falls die Reaktionskurven *steigend* sind und die Investition Firma 1 *soft* macht (Preiswettbewerb/Investition in Werbung), führt die Investition von Firma 1 zu einer freundlichen Reaktion (Preiserhöhung) von Firma 2. Firma 1 sollte folglich überinvestieren bzw. die *Fat-Cat*-Strategie verfolgen.

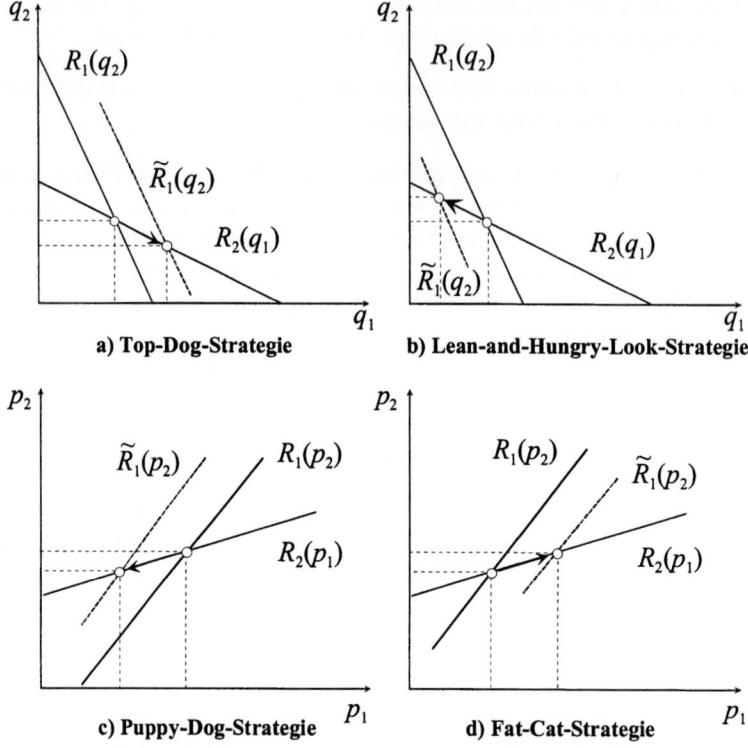

Abb. 5.7. Strategiewahl in unterschiedlichen Marktsituationen

c) Zusammenfassung

Wir wollen nun unsere Ergebnisse zu den verschiedenen Verhaltensstrategien zusammenfassen. Betrachten wir zunächst Tab. 5.3, welche die optimalen Strategien bei der *Marktzutrittsabwehr* ("Entry Deterrence") beschreibt. Sie macht deutlich, dass die optimale Verhaltensweise von Firma 1 in diesem Fall nicht davon abhängig ist, ob die Reaktionskurven fallen oder steigen. Bei Marktzutrittsabwehr ist einzig die Frage von Bedeutung, welche Art von Investition Firma 1 vornimmt. Macht die Investition Firma 1 *tough*, so sollte sie auf jeden Fall überinvestieren. Macht die Investition Firma 2 *soft*, so sollte sie auf jeden Fall unterinvestieren.

	Investition macht Firma 1 ...	
	... tough	... soft
fallende Reaktionskurven (strat. Substitute, $R'_j(x_i) < 0$)	Top Dog	Lean & Hungry Look
steigende Reaktionskurven (strat. Komplemente, $R'_j(x_i) > 0$)	Top Dog	Lean & Hungry Look

Tab. 5.3. Optimale Verhaltensstrategien bei Marktzutrittsabwehr

Dieses einfache Verhaltensschema ist nicht mehr optimal, wenn Firma 2 den Marktzutritt bereits vollzogen hat. Tab. 5.4 zeigt die optimalen Strategien *nach einem Marktzutritt* ("Entry Accomodation"). Wenn die Reaktionskurven *fallend* sind, so bleibt das optimale Verhaltensschema dasselbe. Um eine 'freundliche Antwort' (z.B. eine kleine Menge) zu erhalten, muss Firma 1 weiterhin die Top-Dog- oder die Lean-and-Hungry-Look-Strategie verwenden (abhängig davon, ob die Investition Firma 1 *tough* oder *soft* macht). Sind die Reaktionskurven jedoch *steigend*, so kann Firma 1 nur dann ein freundliches Verhalten von Firma 2 (z.B. einen hohen Preis) induzieren, wenn sie selber nicht aggressiv ist. Sie muss folglich unterinvestieren, wenn die Investition *tough* macht (Puppy Dog), und überinvestieren, wenn die Investition *soft* macht (Fat Cat).

	Investition macht Firma 1 ...	
	... tough	... soft
fallende Reaktionskurven (strat. Substitute, $R'_j(x_i) < 0$)	Top Dog	Lean & Hungry Look
steigende Reaktionskurven (strat. Komplemente, $R'_j(x_i) > 0$)	Puppy Dog	Fat Cat

Tab. 5.4. Optimale Verhaltensstrategien nach dem Marktzutritt

Tab. 5.4 macht deutlich, dass die Art des Produktmarktwettbewerbs — strategische Substitute bzw. Menge oder strategische Komplemente bzw. Preis — von entscheidender Bedeutung ist, wenn es um die Beurteilung der optimalen strategischen Verhaltensweise geht. Um diese Systematisierung der strategischen Verhaltensweisen auf eine bestimmte Industrie anwenden zu können, muss deshalb insbesondere die Intensität des Produktmarktwettbewerbs in dieser Industrie bekannt sein.

5.6.2 Anwendung: Sequentielle Horizontale Fusionen

SHAPIRO (1989, 389 ff.) und TIROLE (1988, 328 ff.) diskutieren eine Vielzahl von Beispielen für die Anwendung der oben eingeführten Systematik der Strategien. Anstelle einer Zusammenfassung dieser Beispiele wollen wir die vielfältigen Anwendungsmöglichkeiten dieser Systematisierung der strategischen Verhaltensweisen anhand einer neueren Arbeit von NILSSEN und SØRGARD (1998) illustrieren. Diese Arbeit untersucht die strategischen Interaktionen zwischen Gruppen von Firmen, die *sequentielle horizontale Fusionen* planen. Sie ist folglich eine Erweiterung der in Abschnitt 4.6.3 diskutierten Analyse von horizontalen Fusionen, die von den strategischen Effekten einer Fusion auf künftige Fusionsentscheidungen abstrahiert.

a) Strategische Interaktionen: Intuition

Ausgangspunkt der Analyse von NILSSEN und SØRGARD (1998) ist die Frage, welchen Effekt eine Fusion auf die Gewinne der Firmen hat, die *nicht* an der Fusion beteiligt sind. In Kapitel 4 haben wir gezeigt, dass eine Fusion zu einer Mengenreduktion bzw. zu einer Preiserhöhung führt, wenn die Fusion keine Synergien zur Folge hat. Der Effekt einer Fusion auf die anderen Firmen ist also *positiv*, wenn sie *keine Synergien* generiert, und *negativ*, wenn sie hinreichend grosse *Synergien* zur Folge hat.

Angenommen, es können zwei Fusionen, F_1 und F_2, stattfinden, und jede Firma ist an höchstens einer Fusion beteiligt. Die an der Fusion F_1 beteiligten Firmen haben dann ein Interesse daran, dass die Fusion F_2 stattfindet (bzw. nicht stattfindet), wenn F_2 einen positiven (negativen) Effekt auf die Gewinne der Firmen in F_1 hat. Für die Festlegung ihres optimalen strategischen Verhaltens müssen die an der ersten Fusion F_1 beteiligten Firmen deshalb folgende Fragen beantworten:

- Soll die zweite Fusion F_2 stattfinden?

- Begünstigt die eigene Fusion F_1 die Fusion F_2?

Diese Fragen deuten darauf hin, dass die erste Fusion F_1 unter Umständen aus strategischen Gründen durchgeführt wird, selbst wenn sie in Isolation — d.h. ohne Berücksichtigung der zweiten Fusion — nicht profitabel ist. Dies ist dann der Fall, wenn durch F_1 eine Fusion F_2 ausgelöst (verhindert) wird, die einen positiven (negativen) Effekt auf die Gewinne der anderen Firmen hat. Umgekehrt unterbleibt möglicherweise eine bei

5.6 Strategisches Verhalten bei zweistufiger Konkurrenz

isolierter Betrachtung profitable Fusion F_1, wenn sie eine Fusion F_2 auslöst (verhindert), die einen negativen (positiven) Effekt auf die Gewinne der anderen Firmen hat. Im folgenden wollen wir mit Hilfe der oben eingeführten Systematik die optimalen Strategien der an der ersten Fusion F_1 beteiligten Firmen ableiten.

b) Vier Regime

Die zentrale strategische Frage lautet wie folgt: Wie wird die Fusionsentscheidung der an F_1 beteiligten Firmen beeinflusst, wenn diese die Fusion F_2 antizipieren? Bei der Beantwortung dieser Frage gilt es vier verschiedene Regimes zu unterscheiden. Zu diesem Zweck bezeichnen wir die *Profitabilität einer Fusion* mit Δ_i^x, wobei das Superskript $x \in \{1, 2, 3, 4\}$ die potentiell möglichen Fusionskonstellationen und das Subskript $i = 1, 2$ die Gruppe der fusionierenden Firmen angibt. Der Begriff der Profitabilität beschreibt die Differenz zwischen dem Gewinn des integrierten Unternehmens $i = 1, 2$, *nach* der Fusion und der Summe der Gewinne der fusionierenden Firmen *vor* der Fusion. Es gilt dann folgende Definition:

Definition 5.6.1 *Es seien*

(i) Δ_i^1 : *Profitabilität der Fusion F_i, relativ zu einer Situation* **ohne** *Fusion.*

(ii) Δ_i^2 : *Profitabilität der Fusion F_i, wenn* **beide** *Fusionen F_i und F_j stattfinden, relativ zu einer Situation mit* **einer** *Fusion.*

(iii) Δ_i^3 : *Profitabilität der Fusion F_i, wenn* **beide** *Fusionen F_i und F_j stattfinden, relativ zu einer Situation* **ohne** *Fusion.*

(iv) Δ_i^4 : *Profitabilität der Fusion F_i, wenn sich die beiden Fusionen* **gegenseitig ausschliessen** *(d.h. die andere Fusion findet statt, wenn die eigene nicht durchgeführt wird und vice versa).*

Ausgehend von der Profitabilität der Fusion F_2 in unterschiedlichen Konstellationen, lassen sich vier verschiedene Regime unterscheiden.

- **Regime 1:** $\Delta_2^1 < 0, \Delta_2^2 < 0$
  In Regime 1 hat die Fusionsentscheidung der an F_1 beteiligten Firmen keinen Einfluss auf die Fusion F_2. Unabhängig davon, ob in der ersten Periode fusioniert wurde, ist die Fusion F_2 *nicht profitabel* und findet deshalb nie statt. Für die an F_1 beteiligten Firmen hängt die Fusionsentscheidung vom Vorzeichen von Δ_1^1 ab. Die Fusion F_1 findet statt für $\Delta_1^1 > 0$.

- **Regime 2:** $\Delta_2^1 > 0, \Delta_2^2 > 0$
  Auch in Regime 2 hat die Fusionsentscheidung der an F_1 beteiligten Firmen keinen Einfluss auf die Fusion F_2. Unabhängig davon, ob in

der ersten Periode fusioniert wurde, ist die Fusion F_2 *profitabel* und findet deshalb immer statt. Für die an F_1 beteiligten Firmen hängt die Fusionsentscheidung vom Vorzeichen von Δ_1^2 ab. Die Fusion F_1 findet statt für $\Delta_1^2 > 0$.

- **Regime 3**: $\Delta_2^1 < 0 < \Delta_2^2$
  In Regime 3 hat die Fusionsentscheidung der an F_1 beteiligten Firmen entscheidende Bedeutung für F_2. Nur wenn die erste Fusion F_1 stattfindet, ist die zweite Fusion F_2 *profitabel*. Die zweite Fusion F_2 findet also nur dann statt, wenn bereits die erste Fusion F_1 durchgeführt wurde ("F_1 triggers F_2"). Für die an F_1 beteiligten Firmen hängt die Fusionsentscheidung deshalb vom Vorzeichen von Δ_1^3 ab. Die Fusion F_1 findet statt für $\Delta_1^3 > 0$.

- **Regime 4**: $\Delta_2^1 > 0 > \Delta_2^2$
  In Regime 4 hat die Fusionsentscheidung der an F_1 beteiligten Firmen wiederum entscheidende Bedeutung für F_2. Nur wenn die erste Fusion F_1 nicht stattfindet, ist die zweite Fusion F_2 *profitabel*. Die zweite Fusion F_2 findet also nur statt, wenn die erste Fusion F_1 nicht durchgeführt wurde ("F_1 prevents F_2"). Für die an F_1 beteiligten Firmen hängt die Fusionsentscheidung also vom Vorzeichen von Δ_1^4 ab. Die Fusion F_1 findet statt für $\Delta_1^4 > 0$.

Als wichtiges Ergebnis lässt sich festhalten, dass die übliche, isolierte Betrachtungsweise von Fusionen, d.h.

"Fusioniere, wenn die eigene Fusion bei isolierter Betrachtungsweise profitabel ist ($\Delta_i^1 > 0$)"

bei *sequentiellen* Fusionen in drei von vier Fällen nicht adäquat ist. Bevor die Systematik der optimalen Verhaltensstrategien für die an der Fusion F_1 beteiligten Firmen aufgestellt werden kann, müssen auch die Effekte einer Fusion F_i auf die anderen Firmen definiert werden:

Definition 5.6.2 *Es seien*

(i) Δ_{-i}^1 : *Effekt der Fusion F_i auf die anderen Firmen, wenn F_i die* **erste** *Fusion ist.*

(ii) Δ_{-i}^2 : *Effekt der Fusion F_i auf die anderen Firmen, wenn F_i die* **zweite** *Fusion ist.*

c) Systematisierung der optimalen Fusionsentscheidungen

Im folgenden betrachten wir nur noch Regime 3 und 4, weil in Regime 1 und 2 strategische Überlegungen keine Rolle spielen. Bei der Ableitung der Systematik gilt es zu beachten, dass im Unterschied zum oben diskutierten

5.6 Strategisches Verhalten bei zweistufiger Konkurrenz

Marktzutrittsspiel hier in der zweiten Stufe keine Preis- oder Mengenentscheidungen getroffen werden. Stattdessen entscheiden die Firmen, die an der Fusion F_2 beteiligt sind, lediglich darüber, ob die Fusion tatsächlich vorgenommen werden soll. Anders formuliert: Die Firmen in F_2 wählen lediglich ein *hohes* (Fusion) oder ein *tiefes Aktivitätslevel* (keine Fusion). Die "Investition", die in der ersten Periode des Spiels vorgenommen wird, ist nun die Fusion F_1, wobei hier wiederum nur ein hohes Aktivitätslevel (Fusion) oder tiefes Aktivitätslevel (keine Fusion) gewählt werden kann.

Die Begriffe *tough* und *soft* aus der obigen Diskussion lassen sich wie folgt auf den vorliegenden Fall übertragen: Wenn die erste Fusion F_1 die Fusion von F_2 verhindert ($\Delta_2^1 > 0 > \Delta_2^2$), macht die Fusion F_1 die fusionierenden Firmen *tough*. Wenn Fusion F_1 die Fusion F_2 auslöst ($\Delta_2^1 < 0 < \Delta_2^2$), macht sie die fusionierenden Firmen *soft*. Die Steigung der Reaktionskurven lässt sich im vorliegenden Fall nicht bestimmen, weil nur zwei "Investitionslevels" (Fusion F_1 findet statt oder nicht) existieren. Wir können jedoch weiterhin mit den Begriffen der strategischen Komplemente und Substitute operieren: Die Fusionen F_1 und F_2 stellen *strategische Komplemente* dar, wenn F_2 die Gewinne der Firmen in F_1 erhöht ($\Delta_{-2}^1 > 0$ bzw. $\Delta_{-2}^2 > 0$). Sie sind strategische Substitute, wenn F_2 die Gewinne der Firmen in F_1 reduziert ($\Delta_{-2}^1 < 0$ bzw. $\Delta_{-2}^2 < 0$). Tab. 5.5 fasst die optimalen strategischen Fusionsentscheidungen der Firmen in F_1 zusammen.

	Soll Fusion F_1 aus strategischen Gründen durchgeführt werden?	
	Fusion F_1 macht Firmen in F_1 ...	
	... *tough* ($\Delta_2^1 > 0 > \Delta_2^2$)	... *soft* ($\Delta_2^1 < 0 < \Delta_2^2$)
strat. Substitute ($\Delta_{-2}^1 < 0; \Delta_{-2}^2 < 0$)	**Ja**: Top Dog	**Nein**: Lean & Hungry Look
strat. Komplemente ($\Delta_{-2}^1 > 0; \Delta_{-2}^2 > 0$)	**Nein**: Puppy Dog	**Ja**: Fat Cat

Tab. 5.5. Optimale Entscheidungen bei sequentiellen Fusionen

Beachte, dass im Falle der Verwendung einer *Lean-and-Hungry-Look*-Strategie gar keine Fusionen auftreten. Umgekehrt führt die Verwendung der *Fat-Cat*-Strategie dazu, dass zwei Fusionen nacheinander auftreten. Strategische Überlegungen können also unter Umständen zur Erklärung von *Fusionswellen* beitragen, wie sie in der Praxis häufig zu beobachten sind.[34]

---

[34] Vgl. GOLBE und WHITE (1993) für eine empirische Untersuchung der Fusionsentwicklung in den USA.

5.6.3 Diskussion

Das Beispiel der sequentiellen horizontalen Fusionen hat deutlich gemacht, dass die Systematik strategischer Verhaltensweisen nicht nur auf Investitionen und nachgelagerten Mengen- oder Preiswettbewerb, sondern auf eine Vielzahl von unterschiedlichen Konkurrenzsituationen angewendet werden kann, in denen beobachtbare Entscheidungen für die zukünftige Verhaltensweise von Bedeutung sind. Die Modelle zweistufiger Konkurrenz liefern deshalb eine wichtige Grundlage für die Untersuchung *dynamischer Konkurrenzsituationen*.

Dabei spielt es keine Rolle, ob es sich bei der "Investition" um eine Wahlvariable einer Firma handelt. Im Prinzip kann es sich um eine *beliebige Variable* handeln, die einen Einfluss auf die Konkurrenzsituation in der Zukunft hat. Hierfür kommen insbesondere auch staatliche Eingriffe, wie die Regulierung von Preisen, die Ausrichtung von Subventionen, die Auferlegung von Qualitätsmassstäben etc. in Frage. Das Über- oder Unterinvestitionsergebnis entspricht, im Rahmen einer so verstandenen "Investition", einem Nutzen oder Schaden des staatlichen Eingriffs für die betrachtete Firma. Schliesslich lässt sich der Analyserahmen auch ausdehnen auf mehrere strategische Entscheidungen in der ersten Stufe des Spiels, oder auf Situationen, in denen die Interaktion mehr als nur zwei Stufen umfasst. Auch für solche, komplizierteren Spiele bleibt die Intuition des zweistufigen Spiels massgeblich.

Wir sollten das vorliegende Kapitel nicht ohne einen Hinweis zur notwendigen Vorsicht bei der Interpretation unserer Ergebnisse abschliessen: Die hier vorgestellten Ansätze zur Erklärung der Struktur von Märkten diskutieren viele interessante Fragestellungen nur ansatzweise. So konnten wir im Rahmen dieser Einführung nicht näher erläutern, wie sich oligopolistische Märkte über die Zeit entwickeln, welche Firmen den Wettbewerbsprozess überleben, wie die Adoption neuer Technologien verläuft, etc. Diese Fragen stellen indessen wichtige aktuelle Forschungsgebiete der modernen Industrieökonomik dar.

5.7 Wettbewerbspolitische Thesen

Gerade weil die Ausführungen in den Kapiteln 2 bis 5 dem einen oder anderen Leser theoretisch erscheinen mögen, möchten wir auf die wettbewerbspolitischen Implikationen hinweisen, die sich aus der Anwendung von spieltheoretischen Methoden auf die Analyse oligopolistischer Konkurrenz ergeben.

Unsere Ausführungen haben deutlich gemacht, dass die ökonomische Analyse keine einfachen und generell anwendbaren Schlussfolgerungen zur Verfügung stellt, welche die Arbeit der Wettbewerbsbehörden auf das An-

5.7 Wettbewerbspolitische Thesen

wenden von "wenn-dann"- bzw. "per-se"-Regeln reduzieren könnten. PHLIPS (1995, 16) stellt denn auch pointiert fest:

> "Are we to conclude that per se rules are to be avoided and that we should more carefully weigh the pros and cons in each case? I would hate such a conclusion, not only because it is no conclusion at all, but especially because it leaves business with no indication about what is legal and what is not. We must [...] sharpen our economics to the extent that per se illegal behaviour can be defined."

Ohne dieses Problem gelöst zu haben, können wir mit PHLIPS (1995, 11) folgende *Thesen zur wettbewerbspolitischen Relevanz* der modernen, spieltheoretisch argumentierenden Industrieökonomik festhalten:

(i) Wettbewerbsprobleme treten vor allem dort auf, wo nur wenige Marktteilnehmer aktiv sind. Die wettbewerbspolitische Praxis kann folglich das spieltheoretische Konzept des Nash-Gleichgewichts als Orientierungshilfe nicht ignorieren. Gerade für die Beurteilung von Wettbewerbsfragen ist es viel besser geeignet als die rigiden Referenzkonzepte der vollkommenen Konkurrenz oder der bestreitbaren Märkte.

(ii) Ein systematischer Vergleich der Eigenschaften eines nicht-kooperativen und eines kooperativen Nash-Gleichgewichts kann dazu beitragen, inadäquate wettbewerbspolitische per-se-Regeln zu identifizieren (und zu eliminieren).

(iii) Wettbewerb ist ein Mittel, um einen Markt aus einem kollusiven in ein nicht-kooperatives Nash-Gleichgewicht zu überführen. Ist das nicht-kooperative Gleichgewicht einmal erreicht, so haben die Marktteilnehmer keinen Anreiz mehr, davon abzuweichen. Die Implementierung noch intensiveren Wettbewerbs könnte allenfalls — im Unterschied zum Zusammenbruch kollusiven Verhaltens — als *ruinöse Konkurrenz* bezeichnet werden.

(iv) Weil Wettbewerbsbehörden keine sozialen Planer sind, ist das Beste, was die Wettbewerbspolitik bei gegebener Technologie und Präferenzverteilung erreichen kann, ein nicht-kooperatives Nash-Gleichgewicht, in dem die Marktstruktur endogen determiniert wird. Eine solche Situation könnte man als *wirksamen Wettbewerb* bezeichnen.

Hinsichtlich der Wahl der 'richtigen' Wettbewerbspolitik für bestimmte Einzelfälle (Kollusion, Joint Ventures, Fusionen, Marktzutrittsregulierungen) haben wir versucht, einige zentrale ökonomische Wirkungsketten und Effekte aufzuzeigen, sowie — darauf basierend — (vorsichtige) Handlungsempfehlungen abzugeben. Dabei verbleibt notwendigerweise ein gewisses

Mass an Unbestimmtheit bezüglich der Gewichtung der verschiedenen Argumente und Effekte. Diese Gewichtung im Einzelfall vorzunehmen, ist die schwierige Aufgabe der verantwortlichen Wettbewerbs- oder Regulierungsbehörde.[35]

---

[35] Einen Einstieg in diese Literatur findet man beispielsweise in CABRAL (2000b, Teil 5 und 6)

5.8 Anhang

5.8.1 Wohlfahrtsmaximierende Anzahl Firmen im Cournot-Oligopol

Für die Herleitung der wohlfahrtsmaximierenden Anzahl Firmen im symmetrischen Cournot-Oligopol gehen wir davon aus, dass der soziale Planer zwar die Anzahl Firmen im Markt, aber nicht das Verhalten der Oligopolisten nach dem Marktzutritt kontrollieren kann. Die optimale Anzahl symmetrischer Firmen n^* löst dann folgendes Maximierungsproblem (vgl. MANKIW und WHINSTON 1986):

$$\max_n W(n) \equiv \int_0^{nq_i} P(s)ds - nC(q_i) - nF,$$

wobei $P(\cdot)$ die inverse Nachfragefunktion, $C(q_i)$ die Kostenfunktion und F die fixen Marktzutrittskosten bezeichnen. Nun betrachten wir die in Abschnitt 5.5 verwendete lineare Cournot-Spezifikation mit $C(q_i) = cq_i$ und $P(Q) = a - Q$, mit $Q = nq_i$. Beachte, dass die gleichgewichtige Cournot-Menge q_i von der Anzahl der Firmen im Markt abhängig ist; es gilt $q_i = q_i(n)$. Das Maximierungsproblem ist dann gegeben durch

$$\max_n W(n) \equiv \int_0^{nq_i} (a - s)ds - ncq_i - nF.$$

Wir können dieses Maximierungsproblem äquivalent darstellen, indem wir das bestimmte Integral berechnen:

$$\int_0^{nq_i} (a - s)ds = anq_i - \frac{1}{2}n^2 q_i^2.$$

Setzen wir diese Beziehung ein, so erhalten wir

$$\max_n W(n) = anq_i - \frac{1}{2}n^2 q_i^2 - ncq_i - nF.$$

Die Bedingung erster Ordnung lautet unter Verwendung von $q_i = q_i(n)$

$$\frac{dW}{dn} = aq_i + an\frac{\partial q_i}{\partial n} - nq_i^2 - n^2 q_i \frac{\partial q_i}{\partial n} - cq_i - nc\frac{\partial q_i}{\partial n} - F = 0. \quad (5.14)$$

Aus Abschnitt 3.4.3 wissen wir, dass die gleichgewichtige Cournot-Menge

$$q_i = \frac{a - c}{n + 1}$$

beträgt, es ergibt sich also

$$\frac{\partial q_i}{\partial n} = -\frac{(a - c)}{(n + 1)^2}. \quad (5.15)$$

Durch Einsetzen von (5.15) in (5.14) und Umformen erhält man die Bedingung

$$(n^* + 1)^3 = \frac{(a-c)^2}{F}. \tag{5.16}$$

Sie entspricht Bedingung (5.10) im Text.

5.8.2 Vorzeichen des strategischen Effekts bei Marktzutritt

Wir wollen zeigen, dass das Vorzeichen des

$$\text{strategischen Effekts } \frac{\partial \pi_1}{\partial x_2} \frac{dx_2^*}{dK} \tag{5.17}$$

in (5.13) von der *Steigung der Reaktionskurven* $R_i(x_j), i,j = 1,2, i \neq j$, und der *Art der Investition* abhängig ist, d.h. ob letztere die investierende Firma *tough* oder *soft* macht. Dabei folgen wir TIROLE (1988, 326) und nehmen an, dass die Wahlvariable in der zweiten Stufe des Spiels für beide Firmen denselben Charakter hat, d.h. wir unterstellen dasselbe Vorzeichen für $\partial \pi_1/\partial x_2$ und $\partial \pi_2/\partial x_1$ (negativ bei Mengenwettbewerb und positiv bei Preiswettbewerb). Es gilt also

$$sign\left(\frac{\partial \pi_1}{\partial x_2}\right) = sign\left(\frac{\partial \pi_2}{\partial x_1}\right). \tag{5.18}$$

Betrachten wir zunächst den zweiten Term $\frac{dx_2^*}{dK}$ des strategischen Effekts, den man auch wie folgt schreiben kann:

$$\frac{dx_2^*}{dK} = \frac{dx_2^*}{dx_1} \frac{dx_1}{dK} = R_2'(x_1^*) \frac{dx_1}{dK}.$$

Das erste Gleichheitszeichen erhalten wir durch Erweitern mit dx_1. Das zweite Gleichheitszeichen folgt daraus, dass $\frac{dx_2^*}{dx_1}$ nichts anderes ist, als die Steigung $R_2'(x_1^*)$ der Reaktionsfunktion von Firma 2. Setzt man diese Beziehung wieder in (5.17) ein, so ergibt sich für den strategischen Effekt

$$\frac{\partial \pi_1}{\partial x_2} R_2'(x_1^*) \frac{dx_1}{dK}. \tag{5.19}$$

Mit (5.18) und (5.19) können wir das Vorzeichen des strategischen Effekts bestimmen:

$$\begin{aligned}
sign\left(\frac{\partial \pi_1}{\partial x_2}\frac{dx_2^*}{dK}\right) &= sign\left(\frac{\partial \pi_1}{\partial x_2}\right) \times sign\left(\frac{dx_2^*}{dK}\right) \\
&= sign\left(\frac{\partial \pi_1}{\partial x_2}\right) \times sign\left(R_2'(x_1^*)\frac{dx_1}{dK}\right) \\
&= sign\left(\frac{\partial \pi_2}{\partial x_1}\right) \times sign\left(R_2'(x_1^*)\frac{dx_1}{dK}\right) \\
&= sign\left(\frac{\partial \pi_2}{\partial x_1}R_2'(x_1^*)\frac{dx_1}{dK}\right) \\
&= sign\left(\frac{\partial \pi_2}{\partial x_1}\frac{dx_1}{dK}\right) \times sign\left(R_2'(x_1^*)\right).
\end{aligned}$$

Das Vorzeichen des strategischen Effekts nach einem Marktzutritt hängt also von der Steigung der Reaktionsfunktion und der Art der Investition ab. Beachte, dass der Term

$$\frac{\partial \pi_2}{\partial x_1}\frac{dx_1}{dK}$$

dem strategischen Effekt der Investition *bei Marktzutrittsabwehr* entspricht. Die im Text verwendete Charakterisierung der Investition durch den Begriff *tough* (bzw. *soft*) ist gerechtfertigt, wenn der direkte Effekt der Investition auf den Gewinn von Firma 2 null ist ($\partial \pi_2/\partial K = 0$).

Beachte, dass sich die Steigung $R_j'(x_i)$ der Reaktionsfunktion bei wohldefinierten Gewinnfunktionen ermitteln lässt, indem man die Bedingung erster Ordnung total differenziert. Man erhält dann

$$R_j'(x_i) = -\frac{\partial^2 \pi_j(R_j(x_i), x_i)/\partial x_j \partial x_i}{\partial^2 \pi_j(R_j(x_i), x_i)/\partial x_j^2}.$$

Weil der Nenner der Bedingung zweiter Ordnung entspricht und folglich beim Vorliegen eines Gewinnmaximums negativ sein muss, gilt für das Vorzeichen von $R_j'(x_i)$

$$\operatorname{sign} R_j'(x_i) = \operatorname{sign}\left(\frac{\partial^2 \pi_j(R_j(x_i), x_i)}{\partial x_j \partial x_i}\right), i = 1, 2, i \neq j,$$

wobei der Term auf der rechten Seite die Ableitung des Grenzgewinns von Firma j bezüglich der Wahlvariable von Firma i ist. Die Steigung der Reaktionsfunktion ist also positiv (bzw. negativ), wenn $\partial^2 \pi_j(\cdot)/\partial x_j \partial x_i > 0$ (bzw. $\partial^2 \pi_j(\cdot)/\partial x_j \partial x_i < 0$). Gemäss der Terminologie von BULOW ET AL. (1985) werden die Aktionen von Firmen als *strategische Komplemente* bezeichnet, wenn die Kreuzableitung *positiv* und die Reaktionsfunktionen deshalb *steigend* sind. Bei *strategischen Substituten* ist die Kreuzableitung *negativ* und die Reaktionsfunktionen sind *fallend*. Abb. 5.7 zeigt, dass Mengen in der Regel strategische Substitute sind, während Preise normalerweise strategische Komplemente darstellen.

5.9 Aufgaben

Aufgabe 1

Gegeben seien beliebig viele Firmen mit identischen Fixkosten f. Die variablen Kosten sind gleich null. Die Nachfragefunktion sei definiert durch $D(p) = 1 - p$.

a) Wie gross ist der maximale Gewinn, der auf diesem Markt erzielt werden kann? Welche Annahme über die Fixkosten ist also sinnvoll?

b) Nehmen Sie nun an, es sei $f = \frac{3}{16}$ bzw. $f = \frac{1}{8}$. Welche Marktkonstellationen ergeben sich?

c) Welcher Marktpreis wird sich bilden, wenn der Markt für $f = \frac{3}{16}$ bestreitbar ist? Ist dieser Marktpreis wohlfahrtsmaximierend? Erläutern Sie Ihre Antwort.

Aufgabe 2

Gegeben ist folgendes zweistufiges Spiel: In der ersten Stufe entscheiden beliebig viele Unternehmen über den Eintritt in einen Markt. Die Unternehmen wissen, welche Marktform in der zweiten Stufe gespielt wird. Tritt ein Unternehmen nicht in den Markt ein, so macht es keinen Gewinn, tritt es hingegen ein, so muss es die Sunk Costs f für die Etablierung des Standorts aufwenden. In der zweiten Stufe produzieren die Unternehmen mit identischen und konstanten Grenzkosten c. Sie spielen entweder Cournot- oder Bertrand-Wettbewerb, oder sie maximieren ihren gemeinsamen Gewinn. Die Marktnachfrage ist gegeben durch $q(p) = \frac{S}{p}$, wobei S die Marktgrösse bezeichnet.

a) Zeigen Sie, dass die Marktnachfrage isoelastisch ist.

b) Nehmen Sie an, in der zweiten Stufe wird Cournot-Wettbewerb gespielt. Lösen Sie das Spiel mittels Rückwärtsinduktion, indem Sie die Anzahl der Firmen in Abhängigkeit der exogenen Parameter S und f bestimmen. Gehen Sie dazu wie folgt vor:

  (i) Bestimmen Sie zunächst durch Rückwärtsinduktion die optimalen Outputs, den Marktpreis und die Gewinne für eine gegebene Anzahl n symmetrischer Firmen.

  (ii) Stellen Sie dann die Überlegung dar, die ein Unternehmen in der ersten Stufe anstellen wird, wenn es über einen Markteintritt entscheiden muss und weiss, welche Gewinne in der zweiten Stufe entstehen, wenn bereits k Unternehmen in den Markt eingetreten sind.

c) Nehmen Sie an, die Unternehmen spielen Bertrand-Wettbewerb in der zweiten Stufe. Wieviele Unternehmen treten dann in den Markt ein?

d) Nehmen Sie an, die Unternehmen maximieren in der zweiten Stufe den gemeinsamen Gewinn und teilen diesen dann gleichmässig auf. Der Monopolpreis betrage p^m und der gesamte Gewinn π^m. Stellen Sie dar, welche Überlegungen die Unternehmen in der ersten Stufe des Spiels anstellen.

e) Sind die Gleichgewichte in den Teilaufgaben b) bis d) eindeutig?

Aufgabe 3

Gegeben ist ein zweistufiges Spiel mit zwei etablierten Firmen. In der ersten Stufe des Spiels kann Firma 2 eine Investition K vornehmen, die von Firma 1 beobachtet werden kann. Firma 1 entscheidet dann über einen Markt*austritt*. In der zweiten Stufe des Spiels findet der Produktmarktwettbewerb statt, wobei die verbleibenden Anbieter ihre Handlungsvariablen $x_i^*(K)$, $i = 1, 2$ wählen. Wenn Firma 1 austritt, erzielt Firma 2 den Monopolgewinn $\pi_2^m(K, x_2^m)$. Wenn Firma 1 nicht austritt, erzielen die Firmen $i = 1, 2$ die Gewinne $\pi_i(K, x_1^*(K), x_2^*(K))$.

a) Welche Bedingung muss erfüllt sein, damit Firma 1 vom Markt verdrängt wird?

b) Leiten Sie die Systematik der optimalen Strategien von Firma 2 her, wenn sie Firma 1 vom Markt verdrängen will.

5.10 Literatur

Baumol, W.J., Panzar, J., Willig, R. (1982): *Contestable Markets and the Theory of Industry Structure.* New York.

Baumol, W.J. (1982): "Contestable Markets: An Uprising in the Theory of Industry Structure", *American Economic Review*, 72, 1-15.

Bulow, J., Geanakoplos, J., Klemperer, P. (1985): "Multimarket Oligopoly: Strategic Substitutes and Strategic Complements", *Journal of Political Economy*, 93, 488-511.

Cabral, L.M.B. (2000a): *Introduction to Industrial Organization.* Cambridge, Massachusetts.

Cabral, L.M.B. (2000b): *Readings in Industrial Organization.* Oxford.

Fudenberg, D., Tirole, J. (1984): "The Fat-Cat Effect, the Puppy-Dog Ploy, and the Lean and Hungry Look", *American Economic Review*, 74, 361-368.

Golbe, D.L., White, L.J. (1993): "Catch a Wave: The Time Series Behavior of Mergers", *Review of Economics and Statistics*, 75, 493-499.

Mankiw, G.N., Whinston, M.D. (1986): "Free Entry and Social Inefficiency", *Rand Journal of Economics*, 17, 48-58.

Martin, S. (1993): *Advanced Industrial Economics.* Oxford.

Mas-Colell, A., Whinston, M.D., Green, J.R. (1995): *Microeconomic Theory.* New York.

Nilssen, T., Sørgard, L. (1998): "Sequential Horizontal Mergers", *European Economic Review*, 42, 1583-1702.

Panzar, J. (1989): "Technological Determinants of Firm and Industry Structure", in: Schmalensee, R., Willig, R. (Hrsg.): *Handbook of Industrial Organization*, Vol. 1, Amsterdam, 3-62.

Shapiro, C. (1989): "Theories of Oligopoly Behavior", in: Schmalensee, R., Willig, R. (Hrsg.): *Handbook of Industrial Organization*, Vol. 1, Amsterdam, 329–414.

Sutton, J. (1992): *Sunk Costs and Market Structure.* Cambridge, Massachusetts.

Suzumura, K., Kiyono, K. (1987): "Entry Barriers and Economic Welfare", *Review of Economic Studies*, 54, 157-167.

Tirole, J. (1988): *The Theory of Industrial Organization*. Cambridge, Massachusetts.

6 Empirie

6.1 Einführung

Wie in Kapitel 1 erwähnt, ist die Industrieökonomik eine der (zahlreichen) ökonomischen Disziplinen, die in den letzten Jahren eher durch theoretische als durch empirische Beiträge geprägt wurde. Dies mag erstaunen, ist doch die Industrieökonomik traditionell eine anwendungsorientierte Disziplin, für die praktischer Gehalt von grosser Bedeutung ist. Die Theoriebildung findet mittlerweile jedoch auch ihren Niederschlag in der Empirie. Viele der in diesem Buch diskutierten Modelle erlauben die Formulierung von Hypothesen, die empirisch getestet werden können, sei es mit Hilfe von *ökonometrischen Methoden* oder in *Experimenten*. Im vorliegenden Kapitel erläutern wir die Grundlagen dieser beiden Ansätze und gehen auf einige wichtige Ergebnisse der empirischen Literatur ein.

Empirische Untersuchungen befassen sich im Kontext der Industrieökonomik unter anderem mit folgenden Fragen: Wie gross ist die Preiselastizität der Nachfrage auf einem bestimmten Markt? Wie gross ist die Wettbewerbsintensität auf einem Markt? Ist die zu einem bestimmten Zeitpunkt beobachtete Preis-/Mengen-Kombination auf einem Markt als Ergebnis eines Bertrand- oder eines Cournot-Wettbewerbs zu betrachten? Wie lässt sich Kollusion auf einem Markt messen? Und genereller: Inwiefern vermögen industrieökonomische Modelle das Verhalten realer Wirtschaftssubjekte überhaupt zu erklären? Wie schneiden dabei Bertrand- und Cournot-Modelle ab?

In Abschnitt 6.2 gehen wir auf zwei Grundprobleme bei der Schätzung ökonometrischer Modelle ein: Die Identifikation des zu schätzenden Modells (Abschnitt 6.2.1) und die konsistente Schätzung der Modellparameter (Abschnitt 6.2.2). Wir illustrieren anhand von Beispielen, wie sich diese Probleme lösen lassen. Abschnitt 6.3 vermittelt eine Einführung in die Neue Empirische Industrieökonomik (NEIO). Zunächst diskutieren wir die Herleitung der Angebotsrelation im statischen Oligopol (Abschnitt 6.3.1). Anschliessend erläutern wir, wie sich die Wettbewerbsintensität in Oligopol-Modellen identifizieren lässt (Abschnitt 6.3.2). Eine Übersicht über die zentralen Ergebnisse (Abschnitt 6.3.3) sowie eine kritische Einschätzung dieses Ansatzes (Abschnitt 6.3.4) schliessen unsere Ausführungen zur NEIO ab.

Abschnitt 6.4 diskutiert industrieökonomische Experimente. Wir geben zunächst einen kurzen Überblick über Form und Inhalt wirtschaftswissenschaftlicher Experimente (Abschnitt 6.4.1) und illustrieren die Vorgehensweise anhand eines einfachen Marktexperiments (Abschnitt 6.4.2). Anschliessend folgt ein Überblick über die Prognosefähigkeit von Bertrand- und Cournot-Modellen für das Verhalten von Teilnehmern in Labor-Märkten (Abschnitt 6.4.3). Wiederum schliessen eine Übersicht über die zentralen Ergebnisse (Abschnitt 6.4.4) und eine kritische Einschätzung des Ansatzes (Abschnitt 6.4.5) die Ausführungen ab.

6.2 Probleme bei der Schätzung ökonometrischer Modelle

Wenn theoretische, ökonomische Hypothesen mit Hilfe von ökonometrischen Modellen empirisch getestet werden, treten häufig Varianten der folgenden beiden Grundprobleme auf:

(i) Das beobachtbare Verhalten der Marktteilnehmer lässt sich mit mehreren verschiedenen theoretischen Modellen erklären. Die Schätzung eines ökonometrischen Modells führt unter solchen Bedingungen nur dann zu sinnvollen Ergebnissen, wenn das zu schätzende Modell mit Hilfe von zusätzlichen Informationen korrekt spezifiziert wird und somit *identifizierbar* ist.

(ii) Theoretische Modelle lassen sich häufig nicht direkt für empirische Studien verwenden. Typische Gründe hierfür sind die beschränkte Verfügbarkeit von Daten oder unterschiedliche Begriffsdefinitionen in der ökonomischen Theorie und der angewandten Statistik.[1] Das theo-

---

[1] Schwierigkeiten in der praktischen Umsetzung können sich beispielsweise bei Begriffen wie *Einkommen* (nominales oder reales Einkommen, Haushaltseinkommen), *Preis* (nominaler oder realer Konsumentenpreis, Preisindex für einzelne Güter) etc. ergeben.

retische Modell muss deshalb unter Verwendung zusätzlicher Annahmen entsprechend *modifiziert* werden.

Wie diese beiden Probleme bei der Schätzung industrieökonomischer Modelle gelöst werden können, wollen wir im folgenden darstellen.

6.2.1 Identifikation

Wir illustrieren das Identifikationsproblem bei der Formulierung ökonometrischer Modelle zunächst anhand eines einfachen grafischen Beispiels. Anschliessend zeigen wir, wie sich ein nicht-identifiziertes Marktmodell mit Hilfe zusätzlicher Informationen identifizieren lässt.

a) Ein grafisches Beispiel

Wir betrachten einen Markt, auf dem man zu jedem Zeitpunkt $t = 1, 2, ..., T$ den gleichgewichtigen Preis p_t und die gleichgewichtige Menge q_t beobachten kann. Angenommen, wir wollen für diesen Markt die Preiselastizität der Nachfrage schätzen. Dies ist nur dann möglich, wenn das zu schätzende Marktmodell *identifiziert* bzw. *schätzbar* ist. Dies bedeutet, dass das ökonometrische Modell so formuliert sein muss, dass die Preiselastizität der Nachfrage überhaupt geschätzt werden kann. Sind verschiedene Modellstrukturen konsistent mit den beobachteten Marktgleichgewichten, so werden diese Strukturen als *beobachtungsäquivalent* bezeichnet und das Modell ist *nicht identifiziert* bzw. *nicht schätzbar*.[2]

Abb. 6.1 illustriert dieses Problem für drei Zeitpunkte $t = 1, 2, 3$. In Abb. 6.1a) ist eine spezifische Modellstruktur — bzw. eine bestimmte Angebots- und Nachfragestruktur — eingetragen, welche die drei Marktgleichgewichte mit einer simultanen Verschiebung der Angebots- und Nachfragekurve erklärt. Abb. 6.1b) zeigt eine andere Modellstruktur mit stabiler Nachfragekurve, die ebenfalls mit den drei beobachteten Gleichgewichten konsistent ist. Beachte, dass die beiden Strukturen beobachtungsäquivalent sind. Auf der Basis der Gleichgewichtspunkte allein lässt sich also nicht feststellen, welche der beiden Modellstrukturen die richtige ist. Falls hingegen zusätzliche Informationen verfügbar sind, die Hinweise darauf geben, dass sich die Nachfragebedingungen in der beobachteten Zeitperiode nicht verändert haben, kann die in Abb. 6.1a) repräsentierte Struktur ausgeschlossen werden. Die korrekte Struktur des Modells ist dann identifiziert, und die Preiselastizität der Nachfrage kann geschätzt werden.[3]

---

[2] Wir werden im nächsten Abschnitt präziser ausführen, was unter der *Struktur* eines Modells zu verstehen ist.

[3] Welche ökonometrischen Techniken dabei zur Anwendung kommen, werden wir im Rahmen der Ausführungen zu konsistenten Schätzungen in Abschnitt 6.2.2 kurz diskutieren.

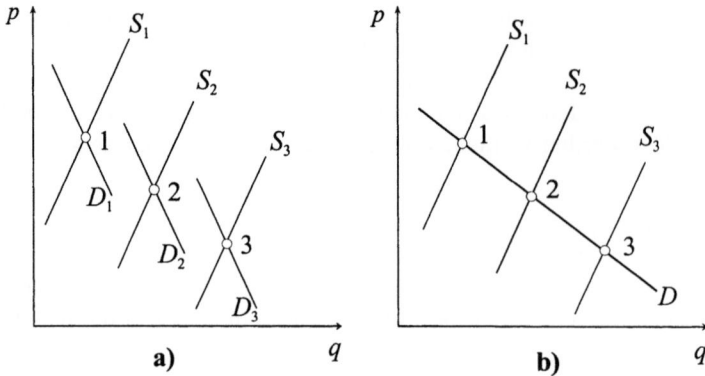

Abb. 6.1. Marktgleichgewichte und Identifikation

Bevor wir auf die Schätzung verschiedener industrieökonomischer Modelle eingehen, ist es hilfreich, das Identifikationsproblem und seine Lösung im Rahmen eines einfachen Marktmodells detaillierter zu betrachten. Zu diesem Zweck analysieren wir zwei verschiedene Spezifikationen eines linearen Marktmodells.

b) Nicht-Identifikation in einem einfachen Marktmodell

Die erste Spezifikation eines linearen Marktmodells sei gegeben durch die folgenden Relationen:

$$\text{Nachfrage:} \quad q_t^d = a + bp_t + \epsilon_t^d; \quad a > 0, b < 0$$
$$\text{Angebot:} \quad q_t^s = \alpha + \beta p_t + \epsilon_t^s; \quad \alpha, \beta > 0$$
$$\text{Gleichgewichtsbedingung:} \quad q_t = q_t^d = q_t^s.$$

Weil auf diesem Markt gleichzeitig Preis und Menge bestimmt werden, bezeichnet man p_t und q_t als *endogene* Variablen.[4] Die Störterme ϵ_t^d und ϵ_t^s fassen alle Einflussfaktoren auf die Nachfrage bzw. das Angebot zusammen, die nicht auf den Preis zurückgeführt werden können. Der Einfachheit halber wollen wir unterstellen, dass die Störterme unabhängig und identisch normalverteilt sind,[5]

$$\epsilon_t^d \sim \text{iid } N(0, \sigma_d^2) \quad \text{und} \quad \epsilon_t^s \sim \text{iid } N(0, \sigma_s^2),$$

wobei gilt

$$Cov\left[\epsilon_t^d, \epsilon_t^s\right] = 0.$$

---

[4] Variablen, die ausserhalb des Modells bestimmt werden, bezeichnet man als *exogen*. Wir kommen weiter unten auf die Bedeutung von exogenen Variablen für die Modell-Identifikation zurück.

[5] Diese Annahme wird in empirischen Untersuchungen häufig getroffen. Sie impliziert insbesondere, dass die Nachfrage- und Angebotsseite nicht von den gleichen Schocks beeinflusst werden.

6.2 Probleme bei der Schätzung ökonometrischer Modelle

Bei dieser Modellspezifikation müssen im Marktgleichgewicht also die beiden Relationen

$$q_t - b p_t = a + \epsilon_t^d, \tag{6.1}$$

$$q_t - \beta p_t = \alpha + \epsilon_t^s. \tag{6.2}$$

erfüllt sein. Für die folgende Diskussion ist es hilfreich, (6.1) und (6.2) in Matrix-Schreibweise zusammenzufassen:

$$\begin{bmatrix} 1 & -b \\ 1 & -\beta \end{bmatrix} \begin{bmatrix} q_t \\ p_t \end{bmatrix} = \begin{bmatrix} a \\ \alpha \end{bmatrix} + \begin{bmatrix} \epsilon_t^d \\ \epsilon_t^s \end{bmatrix}. \tag{6.3}$$

Beachte, dass die ökonomische Theorie den Parametern a, α, b und β keine a-priori-Werte zuweist.[6] Der einzige von der ökonomischen Theorie determinierte Parameter steht vor der Menge q_t; er ist auf 1 normiert.

Wir wollen nun der Frage nachgehen, ob das in (6.3) spezifizierte Modell identifiziert bzw. schätzbar ist. Zu diesem Zweck betrachten wir eine beliebige Struktur S_0 dieses Modells, wobei folgende Definition gilt:

Definition 6.2.1 *Von der **Struktur** eines Modells spricht man dann, wenn den freien Modellparametern **spezifische Werte** zugewiesen worden sind.*

Nach der Zuweisung spezifischer Parameterwerte lautet die Struktur S_0 des Modells

$$\begin{bmatrix} 1 & -b_0 \\ 1 & -\beta_0 \end{bmatrix} \begin{bmatrix} q_t \\ p_t \end{bmatrix} = \begin{bmatrix} a_0 \\ \alpha_0 \end{bmatrix} + \begin{bmatrix} \epsilon_t^d \\ \epsilon_t^s \end{bmatrix},$$

mit $b_0 \neq \beta_0$ und spezifischen Werten für σ_d^2 und σ_s^2.[7] Die gemeinsame Verteilung der beobachteten endogenen Variablen q_t und p_t können wir nun mit Hilfe der Störterme und der Modellparameter ausdrücken. Für Struktur S_0 ergibt sich, durch Auflösen nach den endogenen Variablen, folgende *reduzierte Form*

$$\begin{bmatrix} q_t \\ p_t \end{bmatrix} = \begin{bmatrix} 1 & -b_0 \\ 1 & -\beta_0 \end{bmatrix}^{-1} \left(\begin{bmatrix} a_0 \\ \alpha_0 \end{bmatrix} + \begin{bmatrix} \epsilon_t^d \\ \epsilon_t^s \end{bmatrix} \right). \tag{6.4}$$

Betrachten wir nun eine andere Struktur S_1, die sich aus der Multiplikation der Struktur S_0 mit einer (nicht-singulären[8]) Matrix $\mathbf{P}$ ergibt:

$$\mathbf{P} \begin{bmatrix} 1 & -b_0 \\ 1 & -\beta_0 \end{bmatrix} \begin{bmatrix} q_t \\ p_t \end{bmatrix} = \mathbf{P} \left(\begin{bmatrix} a_0 \\ \alpha_0 \end{bmatrix} + \begin{bmatrix} \epsilon_t^d \\ \epsilon_t^s \end{bmatrix} \right).$$

---

[6] Ausser den angegebenen Vorzeichen für b und β wird lediglich unterstellt, dass alle Variablen in den Gleichgewichtsbeziehungen auftreten und die Parameter folglich nicht null sind.

[7] Die Annahme $b_0 \neq \beta_0$ stellt sicher, dass die Parametermatrix $\begin{bmatrix} 1 & -b_0 \\ 1 & -\beta_0 \end{bmatrix}$ invertiert werden kann; wir können also das Gleichungssystem (6.3) nach den gesuchten Grössen q_t und p_t auflösen.

[8] Nicht-Singularität stellt sicher, dass die Matrix invertierbar ist.

6. Empirie

Löst man wiederum nach den endogenen Grössen auf, so erhält man für Struktur S_1 die reduzierte Form

$$\begin{bmatrix} q_t \\ p_t \end{bmatrix} = \begin{bmatrix} 1 & -b_0 \\ 1 & -\beta_0 \end{bmatrix}^{-1} \mathbf{P}^{-1} \mathbf{P} \left(\begin{bmatrix} a_0 \\ \alpha_0 \end{bmatrix} + \begin{bmatrix} \epsilon_t^d \\ \epsilon_t^s \end{bmatrix} \right), \quad (6.5)$$

wobei $\mathbf{P}^{-1}\mathbf{P} = \mathbf{I}$ der Einheitsmatrix entspricht. Vergleichen wir nun die reduzierte Form (6.4) für S_0 mit der reduzierten Form (6.5) für S_1, so stellen wir fest, dass beide Strukturen auf die gleiche gemeinsame Verteilung von $(q_t, p_t)'$ führen. Dies wiederum impliziert, dass das Datenmaterial keinen Rückschluss darüber zulässt, ob S_0 oder S_1 die generierende Struktur ist. Die beiden Strukturen S_0 und S_1 sind also *beobachtungsäquivalent* oder *nicht schätzbar*.

Dieses Beispiel zeigt, dass die Struktur eines Modells immer dann nicht identifiziert (bzw. nicht schätzbar) ist, wenn es zu ihr eine beobachtungsäquivalente Struktur gibt. Umgekehrt gilt, dass die Struktur eines Modells dann identifiziert ist, wenn es zu ihr keine beobachtungsäquivalente Struktur gibt. Definition 6.2.2 fasst dieses Ergebnis zusammen.

Definition 6.2.2 *Die **Struktur** eines Modells nennt man **identifiziert**, wenn es zu ihr keine beobachtungsäquivalente Struktur gibt. Gilt die Identifikation für beliebige Strukturen des Modells, so bezeichnet man das **Modell** als **identifiziert**.*

Wie wir gezeigt haben, existieren für dieses Marktmodell beobachtungsäquivalente Strukturen. Das Modell ist also nicht identifiziert.

c) Identifikation in einem erweiterten Marktmodell

Wir wollen nun zeigen, dass durch den Einbezug geeigneter weiterer Variablen das Marktmodell so spezifiziert werden kann, dass es identifiziert bzw. schätzbar ist. Wir betrachten den einfachsten Fall und gehen davon aus, dass zwei weitere *exogene* Variablen existieren. Dabei handelt es sich um das Einkommen y_t auf der Nachfrageseite und eine Variable x_t für die Produktionsbedingungen auf der Angebotsseite — x_t repräsentiert auf Agrarmärkten z.B. eine Wettervariable wie die lokale Temperatur, die Anzahl Frosttage, etc. Unter Beibehaltung der Annahmen über die Störterme lautet die zweite Spezifikation des Marktmodells wie folgt:

$$\begin{aligned} \text{Nachfrage:} \quad & q_t^d = a + bp_t + cy_t + \epsilon_t^d; \quad a > 0, b < 0 \\ \text{Angebot:} \quad & q_t^s = \alpha + \beta p_t + \gamma x_t + \epsilon_t^s; \quad \alpha, \beta > 0 \\ \text{Gleichgewichtsbedingung:} \quad & q_t = q_t^d = q_t^s. \end{aligned}$$

Es gilt zu beachten, dass y_t ausschliesslich auf die Nachfrage und x_t ausschliesslich auf das Angebot wirkt. Dies wird besonders deutlich, wenn man dem Modell eine beliebige Struktur S_0 zuweist und diese wiederum in

6.2 Probleme bei der Schätzung ökonometrischer Modelle

Matrix-Schreibweise zusammenfasst. Man erhält dann

$$\begin{bmatrix} 1 & -b_0 \\ 1 & -\beta_0 \end{bmatrix} \begin{bmatrix} q_t \\ p_t \end{bmatrix} = \begin{bmatrix} a_0 & c_0 & 0 \\ \alpha_0 & 0 & \gamma_0 \end{bmatrix} \begin{bmatrix} 1 \\ y_t \\ x_t \end{bmatrix} + \begin{bmatrix} \epsilon_t^d \\ \epsilon_t^s \end{bmatrix}. \quad (6.6)$$

Die beiden Nullen in der ersten Matrix auf der rechten Seite von (6.6) machen deutlich, dass x_t (bzw. y_t) keinen Einfluss hat auf q_t (bzw. p_t). Wir wollen nun zeigen, dass es zu S_0 *keine* beobachtungsäquivalente Struktur gibt. Für die reduzierte Form ergibt sich für S_0

$$\begin{bmatrix} q_t \\ p_t \end{bmatrix} = \begin{bmatrix} 1 & -b_0 \\ 1 & -\beta_0 \end{bmatrix}^{-1} \left(\begin{bmatrix} a_0 & c_0 & 0 \\ \alpha_0 & 0 & \gamma_0 \end{bmatrix} \begin{bmatrix} 1 \\ y_t \\ x_t \end{bmatrix} + \begin{bmatrix} \epsilon_t^d \\ \epsilon_t^s \end{bmatrix} \right). \quad (6.7)$$

Wie oben lässt sich durch die Multiplikation von (6.6) mit der Matrix

$$\mathbf{P} = \begin{bmatrix} p_{11} & p_{12} \\ p_{21} & p_{22} \end{bmatrix}$$

und Auflösen nach der reduzierten Form eine *beobachtungsäquivalente* Struktur S_1 zu (6.7) konstruieren. Die Matrix $\mathbf{P}$ muss nun aber die folgenden beiden Bedingungen erfüllen:[9]

(i) *Ausschlussrestriktion*: Sie ergibt sich aus der Tatsache, dass die exogenen Variablen y_t und x_t ausschliesslich auf eine endogene Variable wirken. Bei der Zuweisung einer anderen Struktur S_1 des Modells muss folglich die Bedingung

$$\mathbf{P} \begin{bmatrix} a_0 & c_0 & 0 \\ \alpha_0 & 0 & \gamma_0 \end{bmatrix} = \begin{bmatrix} a_1 & c_1 & 0 \\ \alpha_1 & 0 & \gamma_1 \end{bmatrix}$$

erfüllt sein. Ausführlich aufgeschrieben ergeben sich daraus die beiden Bedingungen

$$p_{11} \cdot 0 + p_{12} \cdot \gamma_0 = 0,$$
$$p_{21} \cdot c_0 + p_{22} \cdot 0 = 0,$$

woraus sich direkt $p_{12} = p_{21} = 0$ ergibt.

(ii) *Normierungsvorschrift*: Der einzige von der ökonomischen Theorie determinierte Parameter ist derjenige vor der Menge q_t, der auf 1

---

[9] Die Normierungsvorschrift muss selbstverständlich auch im obigen, nicht-identifizierten Modell eingehalten werden. Sie reicht aber nicht aus für die Identifikation des Modells.

normiert ist. Bei der Konstruktion einer beobachtungsäquivalenten Struktur muss also ebenfalls die Bedingung

$$\mathbf{P}\begin{bmatrix}1\\1\end{bmatrix}=\begin{bmatrix}1\\1\end{bmatrix}$$

erfüllt sein. Ausführlich aufgeschrieben ergeben sich daraus die beiden Bedingungen

$$p_{11}\cdot 1 + p_{12}\cdot 1 = 1,$$
$$p_{21}\cdot 1 + p_{22}\cdot 1 = 1,$$

bzw. $p_{11} = p_{22} = 1$, weil wegen der Auschlussrestriktion $p_{12} = p_{21} = 0$ gilt.

Fasst man die beiden Restriktionen zusammen, so zeigt sich, dass die einzige zulässige Matrix, mit der eine beobachtungsäquivalente Modellstruktur S_1 konstruiert werden kann, die *Einheitsmatrix* **I** ist:

$$\mathbf{P} = \begin{bmatrix} 1 & 0 \\ 0 & 1 \end{bmatrix} = \mathbf{I}.$$

Dies bedeutet, dass die einzige beobachtungsäquivalente Struktur S_1 zu einer beliebigen Struktur S_0 wiederum S_0 entspricht. Das Modell ist also identifiziert.

6.2.2 Konsistenz

Hat man das zu schätzende ökonomische Modell so spezifiziert, dass die Identifikation gewährleistet ist, lassen sich die verschiedenen Modellparameter schätzen. Weil es sich hier um ein *Mehrgleichungsmodell* handelt, gilt es besonders darauf zu achten, dass die Modellparameter konsistent geschätzt werden. Wir demonstrieren das Problem inkonsistenter Parameterschätzungen anhand einer leicht adaptierten Version des oben verwendeten Modells.

Angenommen, wir wollen die Preiselastizität der Nachfrage im oben betrachteten, identifizierten Modell schätzen. Um unsere Schätzung möglichst leicht interpretieren zu können, verwenden wir die verfügbaren Daten in logarithmierter Form, d.h. wir betrachten ein *log-lineares* Marktmodell von der Form

$$\begin{aligned}\text{Nachfrage:} \quad & \ln q_t^d = a + b\ln p_t + c\ln y_t + \epsilon_t^d; \\ \text{Angebot:} \quad & \ln q_t^s = \alpha + \beta\ln p_t + \gamma\ln x_t + \epsilon_t^s; \\ \text{Gleichgewichtsbedingung:} \quad & \ln q_t = \ln q_t^d = \ln q_t^s,\end{aligned} \quad (6.8)$$

unter Beibehaltung der Annahmen über die Störterme. Die in Kapitel 3 eingeführte Preiselastizität der Nachfrage lässt sich dann direkt aus der Nachfrage ablesen und beträgt $\varepsilon = -b$.[10]

---

[10] Vgl. Anhang 6.5.1 für einen formalen Nachweis.

Nun könnte man versucht sein, die Preiselastizität mit Hilfe einer einfachen Regressionsanalyse der Nachfrage direkt zu schätzen. Die Verwendung der gewöhnlichen Methode der kleinsten Quadrate ("Ordinary Least Square", OLS) führt jedoch *nicht* zu einer konsistenten Schätzung der Parameter, d.h. selbst wenn die Menge an Beobachtungen zunimmt, die für die Schätzung der Nachfragefunktion zur Verfügung steht, konvergiert der geschätzte Wert $\hat{b}$ nicht gegen den "wahren" Wert b. Dieses Problem tritt deshalb auf, weil die endogene Variable $\ln p_t$ als Regressor auf der rechten Seite der Nachfrage in (6.8) vorkommt und mit dem Störterm ε_t^d korreliert ist. Folglich ist die Voraussetzung der klassischen Normalregression über die Unkorreliertheit von Regressor und Störterm nicht erfüllt, d.h. es gilt $Cov[\ln p_t, \varepsilon_t^d] \neq 0$.[11] Dieses Problem wird in der Literatur als "Simultaneous-Equations Bias" bezeichnet (vgl. GREENE 1993, 579).

Um dieses Problem zu lösen, werden sogenannte *Instrumente* eingesetzt. Ein Instrument z_t ist eine Variable, die mit der erklärenden Variable — hier $\ln p_t$ — korreliert ist, nicht aber mit dem Störterm. Das Instrument genügt in unserem Fall also den Bedingungen

$$Cov[\ln p_t, z_t] \neq 0 \quad \text{und} \quad Cov[z_t, \varepsilon_t^d] = 0.$$

Das Instrument kann dazu verwendet werden, die Korrelation zwischen dem Regressor und dem Störterm zu eliminieren.[12] Es lässt sich zeigen, dass die OLS-Regression bei der Verwendung von Instrumenten zu einer *konsistenten* Schätzung der Koeffizienten führt.[13] Dabei gilt es darauf hinzuweisen, dass die Wahl geeigneter Instrumente vom spezifischen ökonomischen Kontext abhängig und in der Praxis deshalb oft mit Schwierigkeiten verbunden ist.[14]

6.3 Neue Empirische Industrieökonomik

Traditionelle empirische Studien basieren auf der vereinfachenden Hypothese, dass eine kausale Beziehung zwischen der Struktur eines Marktes (Structure), dem Verhalten der Marktteilnehmer (Conduct) und dem Markter-

---

[11] Vgl. Anhang 6.5.2 für einen formalen Nachweis.
[12] Sind die Instrumente und der Störterm *unabhängig*, kann dies mit Hilfe eines zweistufigen Schätzverfahrens ("Two-Stage Least Squares", TSLS oder 2SLS) geschehen, bei dem in der ersten Stufe alle erklärenden Variablen auf die Instrumente regressiert werden (deren Anzahl mindestens gleich gross sein muss wie die Anzahl zu schätzender Koeffizienten). In der zweiten Stufe wird dann die Originalgleichung geschätzt, wobei die erklärenden Variablen durch die geschätzten Werte ersetzt werden.
[13] Vgl. beispielsweise GREENE (1993, 284 ff.) für weitere Details.
[14] Vgl. hierzu GREENE (1993, 284):

"It is not always clear where instrumental variables are to be found."

gebnis (Performance) existiert. Das nach dieser Hypothese benannte *Structure-Conduct-Performance (SCP)-Paradigma* wurde mit den Arbeiten von MASON (1949) und BAIN (1951) begründet.[15] Zentraler Untersuchungsgegenstand des SCP-Paradigmas ist der Zusammenhang zwischen der Marktstruktur (insbesondere der Anbieterkonzentration) und den Firmengewinnen im Quervergleich verschiedener Branchen und Sektoren, wobei für die Analyse der Markt-Performance auch die buchhalterischen Kosten der Firmen herangezogen werden. Eine der Hauptschwierigkeiten ist dabei, dass es aus theoretischer Sicht weitgehend unklar bleibt, ob hohe Firmengewinne als Anzeichen für eine schlechte Markt-Performance (hoher Lerner-Index) oder eine gute Firmen-Performance (tiefe Kosten) zu werten sind. Zudem können im SCP-Paradigma Feedback-Prozesse, die zwischen Marktstruktur, Verhalten und Marktergebnis auftreten, nur mangelhaft berücksichtigt werden. Es mag deshalb nicht erstaunen, dass das SCP-Paradigma wenig eindeutige empirische Evidenz zutage gefördert hat.[16]

Die neue empirische Industrieökonomik ("New Empirical IO", NEIO) weicht vom SCP-Paradigma in verschiedener Hinsicht ab. Ihre zentralen Postulate lassen sich wie folgt zusammenfassen (vgl. BRESNAHAN 1989, 1012):

- Die Differenz zwischen dem Marktpreis und den Grenzkosten einer Firma lässt sich in der Regel nicht oder nur indirekt beobachten, weil buchhalterische Angaben zu den Kosten häufig nicht vorhanden oder von zweifelhafter Qualität sind. Die Schätzung der Grenzkosten einzelner Firmen oder ganzer Industrien ist deshalb wichtiger Bestandteil empirischer Untersuchungen.

- Es ist davon auszugehen, dass die spezifischen Eigenschaften einer Industrie — inklusive ihrer institutionellen Details — eine wichtige Rolle spielen für das gewinnmaximierende Verhalten der Marktteilnehmer. Quervergleiche über verschiedene Industrietypen und Märkte hinweg sind deshalb wenig aufschlussreich, wenn diese unterschiedliche Eigenschaften aufweisen.

- Aus industrieökonomischen Modellen lassen sich Verhaltensgleichungen ableiten, deren Parameter geschätzt werden können. Diese Parameterschätzungen geben Auskunft über das Anbieterverhalten und die Wettbewerbsintensität auf oligopolistischen Märkten. Dabei kann insbesondere auch untersucht werden, in welchem Ausmass die Anbieter eines Marktes kolludieren.

Im folgenden wollen wir die NEIO in ihren Grundzügen vorstellen. Weil sich im Rahmen dieser Methode zahlreiche komplexe theoretische und öko-

---

[15] Vgl. Kapitel 1 für eine ausführlichere Diskussion des SCP-Paradigmas.
[16] Vgl. CABRAL (2000, 157) für eine ähnliche Einschätzung.

nometrische Probleme stellen, beschränken wir uns auf eine Einführung in die theoretischen Grundlagen der NEIO und eine kurze Darstellung der Identifizierbarkeit von Marktmodellen mit oligopolistischer Anbieterstruktur. Anschliessend diskutieren wir die wichtigsten Ergebnisse dieses Ansatzes.

6.3.1 Angebotsrelation im Oligopol

Wie oben erwähnt, geht es im Rahmen der NEIO in erster Linie darum, die *Wettbewerbsintensität* bzw. die *Marktmacht* der Anbieter auf einem bestimmten Markt zu schätzen. Dabei wird das Verhalten der einzelnen Marktteilnehmer zunächst mit Hilfe von Oligopol-Modellen theoretisch analysiert. Anschliessend werden die Parameter der Verhaltensgleichungen, die sich aus der theoretischen Analyse ergeben, geschätzt und interpretiert. Dabei gilt es zu berücksichtigen, dass für die empirische Analyse oft keine sogenannten *Mikro-Daten* —Daten auf Firmenebene — zur Verfügung stehen, sondern lediglich *aggregierte Daten*, d.h. Daten auf der Ebene des Gesamtmarktes. Die Verhaltensgleichungen müssen deshalb häufig auf geeignete Weise aggregiert werden.

Wir wollen dieses Vorgehen am Beispiel eines Marktes illustrieren, auf dem ein homogenes Gut gehandelt wird. Die inverse Nachfrage nach diesem Gut zum Zeitpunkt $t = 1, ..., T$ sei gegeben durch $P_t(Q_t)$, wobei $Q_t = \sum_{i=1}^{n} q_{it}$ die Aggregation der individuellen Outputs bezeichnet. Die Kosten von Firma i seien gegeben durch $C_i(q_{it})$. Wie in Kapitel 5 gezeigt wurde, ist die Wettbewerbsintensität auf einem Markt abhängig von der *Art der strategischen Interaktion*. In Anhang 6.5.3 wird gezeigt, dass sich das gewinnmaximierende Verhalten der Oligopolisten in verschiedenen Konkurrenzsituationen mit Hilfe der *individuellen Angebotsrelation*

$$P_t \left(1 - \frac{\theta_{it}}{\varepsilon_t}\right) = C'_i(q_{it}), \quad i = 1, ..., n, \tag{6.9}$$

beschreiben lässt, mit

$$\theta_{it} = \begin{cases} 0, & \text{bei Bertrand-Wettbewerb,} \\ \alpha_{it} = q_{it}/Q_t, & \text{bei Cournot-Wettbewerb,} \\ 1, & \text{im Monopol bzw. bei perfekter Kollusion.} \end{cases}$$

Der Parameter θ_{it} bezeichnet die zeitabhängige *Wettbewerbsintensität*, ε_t die Preiselastizität der Nachfrage zum Zeitpunkt t und $\alpha_{it} = q_{it}/Q_t$ den Marktanteil von Firma i zum Zeitpunkt t. Relation (6.9) zeigt den Wert von θ_{it} für drei wichtige Marktformen: Bertrand- und Cournot-Wettbewerb sowie perfekte Kollusion. In Abhängigkeit vom Verhalten der Marktteilnehmer bzw. vom Kollusionsgrad auf dem betrachteten Markt können indessen alle Werte $\theta_{it} \in [0, 1]$ auftreten.

Verfügt man lediglich über aggregierte Daten zum betreffenden Markt, so können die individuellen Angebotsrelationen mit den Marktanteilen der Firmen gewichtet und aggregiert werden. Man erhält dann die *aggregierte Angebotsrelation*

$$P_t \left(1 - \frac{\theta_t}{\varepsilon_t}\right) = C'_t \qquad (6.10)$$

mit

$$\theta_t = \begin{cases} 0, & \text{bei Bertrand-Wettbewerb,} \\ K_{H,t} = \sum_{i=1}^n \alpha_{it}^2, & \text{bei Cournot-Wettbewerb,} \\ 1, & \text{im Monopol bzw. bei perfekter Kollusion.} \end{cases}$$

wobei $K_{H,t}$ den Herfindahl-Index, $C'_t \equiv \sum_{i=1}^n \alpha_{it} C'_i(q_{it})$ die durchschnittlichen Grenzkosten der Industrie und $\theta_t \equiv \sum_{i=1}^n \alpha_{it}\theta_{it}$ die *gewichtete zeitabhängige Wettbewerbsintensität* auf dem betrachteten Markt im Zeitpunkt t bezeichnen. Alternativ lässt sich (6.10) auch schreiben als

$$\frac{P_t - C'_t}{P_t} = \bar{L}_t = \frac{\theta_t}{\varepsilon_t}, \qquad (6.11)$$

wobei $\bar{L}_t$ den durchschnittlichen Lerner-Index bezeichnet.[17] Relation (6.11) macht deutlich, dass die *Marktmacht* der Anbieter — gemessen durch den durchschnittlichen Lerner-Index — von

- der Preiselastizität der Nachfrage,
- der Marktstruktur, und
- der Bedeutung kollusiven Verhaltens bzw. der Wettbewerbsintensität

abhängig ist. Wie bereits erwähnt, ist das Hauptziel der NEIO die Schätzung der Wettbewerbsintensität. Dabei gilt es zwei unterschiedliche empirische Problemstellungen zu unterscheiden:

(i) Die Grenzkosten C'_t sind *beobachtbar*: Die durchschnittliche, zeitabhängige Wettbewerbsintensität θ_t lässt sich dann aus (6.10) oder (6.11) direkt berechnen, wenn man die Preiselastizität der Nachfrage $\widehat{\varepsilon}$ geschätzt hat. Man erhält auf diese Weise für jede Beobachtungsperiode $t = 1, ..., T$ einen Wert $\widehat{\theta}_t$, d.h. man ermittelt insgesamt T Werte bzw. eine ganze *Zeitreihe* für die zu schätzende Wettbewerbsintensität.

(ii) Die Grenzkosten C'_t sind *nicht beobachtbar*: Die durchschnittliche, zeitabhängige Wettbewerbsintensität $\widehat{\theta}_t$ lässt sich nicht mehr berechnen. Im nächsten Abschnitt werden wir zeigen, dass man dann im-

---

[17] Vgl. hierzu auch Abschnitt 3.4.3.

merhin noch eine zeit*un*abhängige, durchschnittliche Wettbewerbsintensität $\widehat{\theta}$ — manchmal auch als *Kollusionsgrad* oder "Average Collusiveness of Conduct" bezeichnet — schätzen kann, selbst wenn gleichzeitig die Nachfrage und die Grenzkosten geschätzt werden müssen.[18]

6.3.2 Identifikation des Oligopols

Um zu zeigen, dass das Oligopol-Modell bei adäquater Spezifikation identifiziert ist, folgen wir BRESNAHAN (1982) und betrachten einen Markt für ein homogenes Gut mit der linearen Nachfrage

$$Q_t = a + bP_t + dY_t, \tag{6.12}$$

wobei Q_t die aggregierte Menge, P_t den Preis und Y_t das aggregierte Einkommen zum Zeitpunkt t bezeichnen. Alle Firmen weisen dieselben Grenzkosten auf, und die aggregierten Grenzkosten seien gegeben durch

$$C'_t = c_0 + c_1 Q_t + c_2 W_t,$$

wobei W_t eine exogene Variable bezeichnet. Als aggregierte Angebotsrelation erhält man durch Einsetzen in (6.10)[19]

$$P_t = \theta_t \frac{Q_t}{b} + c_0 + c_1 Q_t + c_2 W_t, \tag{6.13}$$

mit[20]

$$\theta_t = \begin{cases} 0, & \text{bei Bertrand-Wettbewerb,} \\ \frac{1}{n_t}, & \text{bei Cournot-Wettbewerb,} \\ 1, & \text{im Monopol bzw. bei perfekter Kollusion.} \end{cases}$$

Durch Zusammenfassen der Q_t-Terme lässt sich die aggregierte Angebotsrelation (6.13) vereinfachen zu

$$P_t = \left(c_1 + \frac{\theta_t}{b}\right) Q_t + c_0 + c_2 W_t. \tag{6.14}$$

Fasst man die Relationen (6.12) und (6.13) zusammen, ergibt sich das lineare Marktmodell

$$\text{Nachfrage:} \quad Q_t = a + bP_t + dY_t + \epsilon_t^d; \tag{6.15}$$

$$\text{Angebot:} \quad P_t = \lambda_t Q_t + c_0 + c_2 W_t + \epsilon_t^s, \tag{6.16}$$

---

[18] Bei Bedarf lassen sich Veränderungen der Wettbewerbsintensität über die Zeit z.B. feststellen, indem man das verfügbare Datenmaterial in $k = 1, ..., K$ Teilsamples aufspaltet. Man erhält dann insgesamt K Schätzer $\widehat{\theta}_k$.

[19] Die Elastizität ist gegeben durch $\varepsilon_t = b\frac{P_t}{Q_t}$.

[20] Der Cournot-Marktanteil jeder Firma i beträgt bei Symmetrie $\alpha_{it} = \frac{1}{n_t}$. Der Herfindahl-Index ist deshalb gegeben durch $K_{H,t} = n_t \frac{1}{n_t^2} = \frac{1}{n_t}$.

mit $\lambda_t \equiv \left(c_1 + \frac{\theta_t}{b}\right)$. Die Schätzung dieses Marktmodells liefert unter anderem die zeit*un*abhängigen, geschätzten Parameter $\widehat{\lambda}$ und $\widehat{b}$. Sind die Grenzkosten nicht beobachtbar, so ist auch c_1 unbekannt, und θ_t lässt sich folglich nicht aus $\widehat{\lambda}$ und $\widehat{b}$ berechnen. Die *Wettbewerbsintensität* auf dem betrachteten Markt ist also *nicht identifiziert*.

Die Lösung dieses Identifikationsproblems besteht darin, eine weitere exogene Variable Z_t in das Modell einzubeziehen — z.B. den Preis eines Substitutionsgutes —, die *interaktiv* mit P_t in die Spezifikation der Nachfrage eingeht.[21] Die *Nachfragefunktion* des erweiterten Marktmodells lautet dann

$$Q_t = a + bP_t + dY_t + eP_tZ_t + gZ_t. \tag{6.17}$$

Für die entsprechende, aggregierte Angebotsrelation erhält man analog zu oben

$$P_t = \theta \frac{Q_t}{b + eZ_t} + c_0 + c_1Q_t + c_2W_t. \tag{6.18}$$

Durch den Einbezug der exogenen Variable Z_t bleibt die Identifikation des Oligopol-Modells gewährleistet. Die Nachfrageparameter $\widehat{b}$ und $\widehat{e}$ können also geschätzt und dann als feste Grössen behandelt werden. Damit lässt sich bei der Schätzung der Angebotsrelation die Variable

$$Q_t^* \equiv \frac{Q_t}{\widehat{b} + \widehat{e}Z_t}$$

als weitere exogene Variable konstruieren. Die *aggregierte Angebotsrelation* lautet dann

$$P_t = c_0 + \theta Q_t^* + c_1Q_t + c_2W_t, \tag{6.19}$$

und die Wettbewerbsintensität θ ist als Koeffizient der exogenen Variable Q_t^* identifiziert.

Die Identifikation des linearen Oligopol-Modells lässt sich auch grafisch demonstrieren. Abb. 6.2 zeigt zwei Gleichgewichte GG_1 und GG_2, die sich auf dem betrachteten Markt ergeben können. Beachte, dass sich ohne Kenntnis der relevanten Grenzkostenkurve C' nicht unterscheiden lässt, ob es sich um oligopolistische Gleichgewichte mit perfekter bzw. Bertrand-Konkurrenz (dann wäre C'_c die relevante Kostenfunktion), oder um solche mit perfekter Kollusion handelt (dann wäre C'_m die relevante Kostenfunktion). Verschiebt sich die Nachfragekurve D_1 infolge einer Veränderung der exogenen Variablen *parallel* nach D_2, so ist die Kurve C'_c sowohl bei perfekter Konkurrenz als auch bei perfekter Kollusion die relevante *Angebotsrelation*. Weil also perfekte Konkurrenz und perfekte Kollusion bei dieser Modellspezifikation beobachtungsäquivalent sind, ist die Wettbewerbsintensität θ nicht identifiziert.

---

[21] Wir werden weiter unten zeigen, dass Z_t interaktiv mit P_t eingehen muss, damit die Nachfrage auf Veränderungen der exogenen Variablen Y_t und Z_t mit Parallelverschiebungen und *Drehungen* reagieren kann.

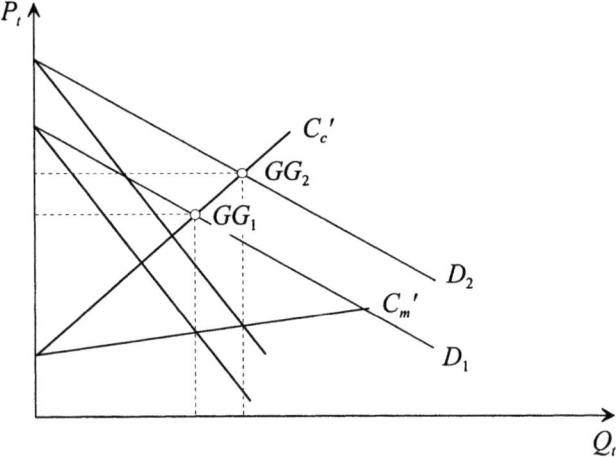

Abb. 6.2. Identifikationsproblem ohne Interaktionsterm

Wie oben erwähnt, lässt sich die Wettbewerbsintensität identifizieren, indem man die Nachfrage mit Hilfe einer weiteren, *interaktiv* eingehenden exogenen Variable so modelliert, dass Veränderungen der exogenen Variablen nicht nur Parallelverschiebungen, sondern auch *Drehungen* der Nachfragekurve zur Folge haben können. Abb. 6.3 illustriert die Auswirkungen dieser Vorgehensweise.

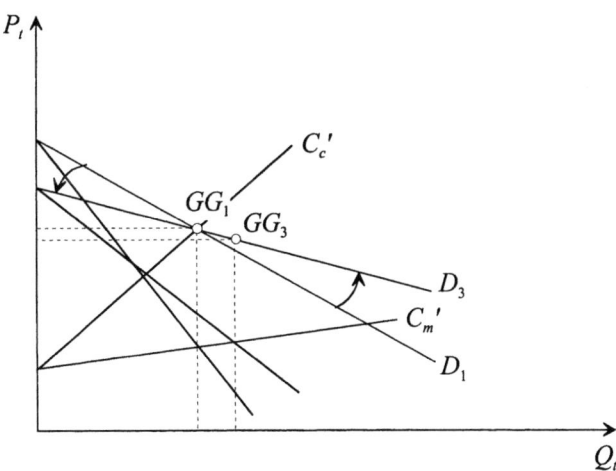

Abb. 6.3. Identifikation mit interaktiver exogener Variable

Wird die Nachfrage D_1 durch eine Veränderung der exogenen Variablen Y und Z um das Gleichgewicht GG_1 auf D_3 *gedreht*, so hat dies keinerlei Auswirkungen auf das Gleichgewicht bei perfekter Konkurrenz. Anders bei perfekter Kollusion: Durch die Drehung der Nachfragekurve ergibt sich auch eine Drehung der Grenzerlöskurve, und es stellt sich ein neues Gleichgewicht GG_3 ein. Abb. 6.3 macht deutlich, dass die zeitunabhängige, durchschnittliche Wettbewerbsintensität θ identifiziert ist, wenn es die Spezifikation des Marktmodells zulässt, dass die Nachfrage durch Veränderungen der exogenen Variablen verschoben und gedreht werden kann.

6.3.3 Zentrale Ergebnisse

Innerhalb der NEIO können zwei eng verwandte Untersuchungsansätze unterschieden werden. Der erste Untersuchungsansatz besteht darin, die durchschnittliche *Wettbewerbsintensität* θ oder die Marktmacht der Anbieter in einzelnen Märkten und Industrien zu schätzen, wobei Varianten der oben diskutierten Modellierung zur Anwendung kommen. Eines der bekanntesten Beispiele für diesen Ansatz ist die einflussreiche Arbeit von PORTER (1983) zur Kartellstabilität in der Eisenbahnindustrie in den USA. Der zweite Ansatz basiert ebenfalls auf den oben dargestellten Überlegungen, konzentriert sich aber nicht auf die Untersuchung der Wettbewerbsintensität θ, sondern auf die Schätzung der nicht-beobachtbaren *Grenzkosten* der Anbieter. Die Wettbewerbsintensität θ wird dabei nicht geschätzt, sondern per Annahme festgelegt (typischerweise wird dabei differenzierte Bertrand-Konkurrenz unterstellt). Die klassische Referenz für Studien dieses Untersuchungsansatzes ist die Arbeit von BERRY ET AL. (1995) zur Automobilindustrie in den USA.

BRESNAHAN (1989, Table 17.1, 1051) und SLADE (1995, Table 3, 381) geben einen Überblick über die Ergebnisse der mittlerweile zahlreichen empirischen Studien im Rahmen des NEIO-Ansatzes.[22] Anstelle einer erneuten Auflistung fassen wir hier lediglich die wichtigsten Schlussfolgerungen zusammen, die sich aus einer Gesamtschau dieser Studien ergeben:

- Vor allem in konzentrierten Industrien weisen die Anbieter nicht selten *bedeutende Marktmacht* auf (gemessen durch den Lerner-Index).

- Ein wichtiger Grund für die Marktmacht der Anbieter ist *Kollusion*. Die Zusammenstellung von SLADE (1995, 380) macht deutlich, dass die Marktergebnisse häufig kollusiver zu sein scheinen als das relevante Nash-Gleichgewicht bei statischer Konkurrenz.

- Die empirischen Studien sagen relativ wenig aus über die *Beziehung* zwischen *Industriestruktur* und *Marktmacht*. Dieses Problem ergibt

---

[22] Diese befassen sich mit unterschiedlichen Industrien, z.B. Lebensmittelverarbeitung, Kaffee-Röstung, Gummi, Textil, Elektrische Geräte, Holzprodukte, Tabak, Eisenbahn, Flugverkehr, Automobil, Benzinverkauf an Endkonsumenten, Aluminium, Banken, etc.

sich zum einen aus der Tatsache, dass bisher vor allem stark konzentrierte Industrien untersucht wurden. Zum anderen hat die Mehrzahl der Studien die Ursachen der Marktmacht — z.B. mangelnde Marktzutritte — noch kaum näher analysiert.

6.3.4 Diskussion

Die Zusammenfassung der wichtigsten NEIO-Ergebnisse zeigt, dass im Vergleich zum SCP-Paradigma vor allem im Bereich der *Messung von Marktmacht* bedeutende Fortschritte erzielt worden sind. Bezüglich der Gründe für die Herausbildung von Marktmacht besteht auch im Rahmen der NEIO weiterhin Forschungsbedarf.

Der NEIO-Ansatz ist auch mit verschiedenen *'technischen' Schwierigkeiten* konfrontiert, die sich wie folgt zusammenfassen lassen:

- NEIO-Arbeiten treffen häufig relativ starke Annahmen hinsichtlich der *funktionalen Form* der Nachfrage und der Technologie. Diese Annahmen wiederum implizieren Restriktionen für das Verhältnis zwischen Preis und Grenzkosten. Sind diese Restriktionen nicht korrekt, so können sich leicht fehlerhafte Rückschlüsse hinsichtlich der Existenz von Marktmacht auf einem Markt ergeben.

- Die Mehrzahl der NEIO-Studien geht von der restriktiven Annahme aus, dass das Anbieterverhalten mit Hilfe von relativ einfachen, *statischen* Oligopol-Modellen beschrieben werden kann.[23] CORTS (1999) zeigt jedoch, dass solche Modelle die Marktmacht unter Umständen falsch messen, wenn es sich bei der Konkurrenzsituation um ein dynamisches Oligopol handelt.

- Die Qualität des NEIO-Ansatzes lässt sich schlecht überprüfen, weil alternative Möglichkeiten zur Messung des Verhaltens und der Grenzkosten der Anbieter bisher weitgehend fehlen.

Eine neuere Arbeit von GENESOVE und MULLIN (1998, 356) zeigt, dass diese Schwierigkeiten den NEIO-Ansatz nicht generell in Frage stellen. Die Autoren untersuchen die Zucker-Industrie in den USA während einer Zeitperiode, in der sowohl die Grenzkosten als auch Veränderungen der Wettbewerbsintensität beobachtbar sind. Unter diesen speziellen Bedingungen

---

[23] Dynamische Oligopol-Modelle dürften für die Analyse realer Konkurrenzsituationen zwar häufig angemessener sein als statische Modelle, ihre Handhabung ist jedoch viel komplexer. SLADE (1995) gibt einen Überblick über die empirische Implementierung von sogenannten *State-Space-Games*, die am häufigsten für die dynamische Modellierung oligopolistischer Konkurrenzsituationen verwendet werden. In diesen Spielen wird die gesamte Payoff-relevante Geschichte des Spiels in einer Zustandsvariablen (allenfalls ein Vektor) zusammengefasst. Die Strategien der Spieler hängen dann nur von diesen Zustandsvariablen (*States*) ab.

lässt sich die Qualität der NEIO-Schätzergebnisse durch den Vergleich mit den beobachtbaren Kosten und den Veränderungen der Wettbewerbsintensität überprüfen. Genesove und Mullin gelangen zum Ergebnis, dass der NEIO-Ansatz unter Verwendung eines statischen Oligopol-Modells durchaus zufriedenstellend funktioniert und relativ robust ist auf Veränderungen der Annahmen bezüglich der funktionalen Form der Nachfrage. SLADE (1995) zeigt zudem auf, dass neuere Arbeiten die Kritik an der Verwendung statischer Oligopol-Modelle aufnehmen und vermehrt mit dynamischen Modellen arbeiten. Dennoch ist die Forschung zur Zeit weit davon entfernt, alle relevanten Probleme bei der Schätzung industrieökonomischer Modelle gelöst zu haben.

6.4 Experimente

Empirische Tests von industrieökonomischen Modellen mit Hilfe von ökonometrischen Methoden sind häufig mit Schwierigkeiten verbunden (ANDERSON und MARTIN 2000, 1): Zum einen ist für viele Märkte das notwendige Datenmaterial nicht verfügbar. Zum andern ist — selbst wenn die notwendigen Daten zur Verfügung stehen — nicht immer klar, welche weiteren Erklärungen neben der zu untersuchenden Theorie eine Rolle spielen. Schliesslich kann das Verhalten der Marktteilnehmer von Erwartungen über das nicht-beobachtbare Verhalten der anderen Akteure geprägt sein, wie beispielsweise bei der erfolgreichen strategischen Abwehr von Marktzutritten. Diese Schwierigkeiten haben dazu geführt, dass die empirische Forschung mit der rasanten theoretischen Entwicklung, die mit der Anwendung spieltheoretischer Methoden einsetzte, kaum Schritt gehalten hat.

Im Labor durchgeführte, wirtschaftswissenschaftliche Experimente stellen eine attraktive Alternative zu ökonometrischen Tests der Theorie dar. Sie haben angesichts der oben angeführten Schwierigkeiten in letzter Zeit denn auch stark an Bedeutung gewonnen. Zwischen der experimentellen Wirtschaftsforschung und der Industrieökonomik herrscht indes traditionell eine enge Bindung. Eines der ersten Experimente — das zunächst allerdings kaum Beachtung fand —, wurde von CHAMBERLIN (1948) durchgeführt. Er untersuchte das Verhalten von Käufern und Verkäufern in einem Labor-Markt und begründete damit die mittlerweile umfangreiche Literatur zu *Marktexperimenten*.[24] Weitere wichtige Anwendungen der experimentellen Wirtschaftsforschung betreffen *Spiele*, die von spezifischen Marktsituationen weitgehend abstrahieren, und *individuelle Entscheidungen*, die unter Unsicherheit gefällt werden.[25]

---

[24]PLOTT (1989) und HOLT (1995) geben einen ausführlichen Überblick über die Entwicklung der experimentellen Wirtschaftsforschung im Bereich der Industrieökonomik.
[25]Vgl. DAVIS und HOLT (1995, 5 ff.) für einen Überblick.

6.4.1 Grundlagen

Was können wirtschaftswissenschaftliche Experimente leisten? Bevor wir auf die Beantwortung dieser Frage eingehen, wollen wir die wichtigsten Elemente eines Experimentes diskutieren (vgl. SMITH 1994, 113):

- *Rahmenbedingungen (Environment)*: Jedes Experiment wird durch bestimmte Rahmenbedingungen definiert. Diese legen fest, welche Anfangsausstattungen, Zahlungsbereitschaften und Kosten die Teilnehmer des Experiments — sie werden im folgenden als *Subjekte* bezeichnet — aufweisen. Die Leiter des Experiments können diese Bedingungen vorgeben.

- *Institutionen*: Die Subjekte erhalten Instruktionen darüber, wie die Kommunikation innerhalb des Experiments stattfindet (z.B. Kauf- und Verkaufsangebote), welche Art von Informationen zwischen den Subjekten ausgetauscht werden kann, und auf welche Weise Kontrakte bzw. Transaktionen zwischen den Subjekten zustande kommen.

- *Verhalten der Subjekte*: Das beobachtete Verhalten der Subjekte ist eine Funktion der Rahmenbedingungen und der Institutionen des Experiments.

SMITH (1994, 114 ff.) nennt eine Vielzahl von möglichen Anwendungen für Experimente, von denen wir hier nur einige diskutieren:[26]

1. *Testen von Theorien*: Die Ergebnisse eines Experiments, das die wesentlichen Eigenschaften einer zu testenden Theorie aufweist, können mit der theoretischen 'Prognose' verglichen werden. Je häufiger die Laborergebnisse mit den theoretischen Ergebnissen übereinstimmen, desto besser ist die betreffende Theorie.[27] Werden Abweichungen festgestellt, die nicht auf ein mangelhaftes Design des Experiments zurückzuführen sind, können Folge-Experimente dazu verwendet werden, die Gründe für das Versagen der Theorie zu untersuchen.

2. *Identifikation empirischer Regelmässigkeiten*: Ökonomische Theorien basieren häufig auf starken Vereinfachungen realer Tauschbeziehungen. Im Labor können komplexe Transaktionen einfacher studiert werden, insbesondere dann, wenn die Experimente computerisiert sind. Dies erlaubt es, über den Anwendungsbereich der Theorie hinaus, empirische Regelmässigkeiten zu untersuchen und "stylisierte Fakten" zu identifizieren, welche wiederum für die Theoriebildung herangezogen

---

[26] Auf die Kritik an Experimenten kommen wir in Abschnitt 6.4.5 zurück.
[27] Dabei muss das Experiment so ausgestaltet sein, dass eine zufällige Übereinstimmung der Ergebnisse mit der theoretischen Prognose unwahrscheinlich ist.

werden können. Typische Beispiele hierfür sind komplexe Auktionsverfahren, die beispielsweise bei der Versteigerung von Mobilfunk-Lizenzen zur Anwendung kommen.[28]

3. *Vergleich von Institutionen*: Hält man im Rahmen des Experiments die Rahmenbedingungen konstant und verändert ausschliesslich die Institutionen — d.h. die Regeln für Transaktionen —, so lassen sich die Auswirkungen unterschiedlicher institutioneller Ausgestaltungen untersuchen. Auf diese Weise lassen sich beispielsweise die Efforts eines Agenten im Rahmen eines Anreiz-Kontrakts mit Belohnung oder Bestrafung vergleichen. Eine weitere wichtige Anwendung in diesem Bereich ist die Analyse neuer institutioneller Formen des Handels (z.B. Börsensysteme), bevor sie in der Praxis verwendet werden.

4. *Evaluation von Politikvorschlägen*: Im Sinne eines "Pre-Tests" lassen sich die Auswirkungen unterschiedlicher politischer Handlungsempfehlungen im Labor testen, bevor sie in der Praxis zur Anwendung gelangen.

Im folgenden illustrieren wir die Funktionsweise von Experimenten zunächst am Beispiel eines einfachen Marktexperiments. Anschliessend stellen wir die experimentelle Evidenz zur Bertrand- und Cournot-Konkurrenz vor. Nach einem Überblick über die zentralen Ergebnisse industrieökonomischer Experimente diskutieren wir schliesslich die Bedeutung der experimentellen Wirtschaftsforschung für die moderne Industrieökonomik.

6.4.2 *Ein einfaches Marktexperiment*

a) Inhalt und Beschreibung

Wir betrachten ein einfaches Marktexperiment, das in DAVIS und HOLT (1995, 9 ff.) ausführlicher erläutert wird. Im Rahmen dieses Experiments wird untersucht, welches Gleichgewicht sich auf einem Markt für ein homogenes Gut mit je sechs Käufern und Verkäufern einstellt. Wir bezeichnen die Käufer mit $B_1, ..., B_6$ und die Verkäufer mit $S_1, ..., S_6$. Jeder Marktteilnehmer darf höchstens zwei Transaktionen vornehmen, wobei jeweils eine Einheit des Gutes gehandelt wird. Pro Transaktion verdienen die *Käufer* die Differenz zwischen dem individuellen Nutzen und dem Preis der gehandelten Einheit, die *Verkäufer* die Differenz zwischen dem Preis und den individuellen Kosten dieser Einheit. Der individuelle Nutzen pro Einheit entspricht der maximalen *Zahlungsbereitschaft* eines Käufers, und die individuellen Kosten pro Einheit messen den *Reservationspreis* eines Verkäufers. Die Zahlungsbereitschaften und Reservationspreise der Teilnehmer

---

[28] Vgl. HOLT (1995, 352 ff.) für weitere Hinweise zur Bedeutung solcher Experimente für die Industrieökonomik.

Zahlungsbereitschaft			Reservationspreis		
Käufer	Einheit 1	Einheit 2	Verkäufer	Einheit 1	Einheit 2
B_1	1.40	1.40	S_1	1.30	1.40
B_2	1.50	1.30	S_2	1.20	1.50
B_3	1.60	1.20	S_3	1.10	1.60
B_4	1.70	1.10	S_4	1.00	1.70
B_5	1.80	1.00	S_5	0.90	1.80
B_6	1.90	0.90	S_6	0.80	1.30

Tab. 6.1. Parameter des Marktexperiments

dieses Experimentes sind in Tab. 6.1 gegeben. Sie wurden den Subjekten jeweils individuell vorgegeben.

Für alle Käufer ist der Nutzen für die erste Einheit mindestens gleich gross wie derjenige für die zweite Einheit. Es gilt zudem die Regel, dass die Einheiten mit dem höheren Nutzen zuerst gekauft werden müssen. Durch die Aggregation der individuellen Zahlungsbereitschaften der sechs Käufer ergibt sich die in Abb. 6.4 dargestellte *Nachfragekurve D*, wobei bei der jeweiligen Zahlungsbereitschaft die Identität des Käufers angegeben ist. Das *Angebotskurve S* lässt sich auf dieselbe Weise ermitteln, wobei die Regel gilt, dass zunächst die Einheiten mit den tieferen Kosten verkauft werden müssen.

Abb. 6.4 macht deutlich, dass der kompetitive Preis auf diesem Labor-Markt zwischen 1.30 und 1.40 liegt. Das Modell prognostiziert, dass bei diesem Preis sieben Transaktionen vorgenommen werden. Die von Verkäufern und Käufern insgesamt erzielte Rente entspricht bei *Konkurrenz* der Fläche zwischen D und S und beträgt 3.70.[29] Sie wird annäherungsweise gleichmässig auf die Käufer und Verkäufer aufgeteilt.

Tab. 6.2 fasst diese Ergebnisse zusammen und gibt einen Überblick über zwei weitere denkbare Marktergebnisse. Beachte, dass bei Konkurrenz die maximale Effizienz erreicht wird, weil alle Handelsgewinne ausgeschöpft werden. Die in Tab. 6.2 aufgeführte *Monopol*-Prognose geht davon aus, dass alle Einheiten zum gleichen Preis verkauft werden.[30] Es lässt sich leicht zeigen, dass der gewinnmaximierende Preis dann 1.60 entspricht. Bei diesem Preis werden 4 Einheiten des Gutes gehandelt, und 81% der Handelsgewinne gehen an die Verkäufer. Die Käufer erhalten nur noch 19% der Handelsgewinne. Die Effizienz ist bei diesem Marktergebnis mit rund 87% der maximal möglichen Rente deutlich kleiner als bei Konkurrenz, weil nicht mehr alle Handelsgewinne ausgeschöpft werden. Die Prognose der

---

[29] Dieser Wert lässt sich berechnen, indem man die Tauschgewinne der einzelnen Transaktionen addiert. Für die erste Transaktion zwischen B_6 und S_6 erhält man $(1.90 - 0.80) = 1.10$, für die zweite zwischen B_5 und S_5 ergibt sich $(1.80 - 0.90) = 0.90$, usw.

[30] Dies ist dann der Fall, wenn die Verkäufer perfekt kolludieren.

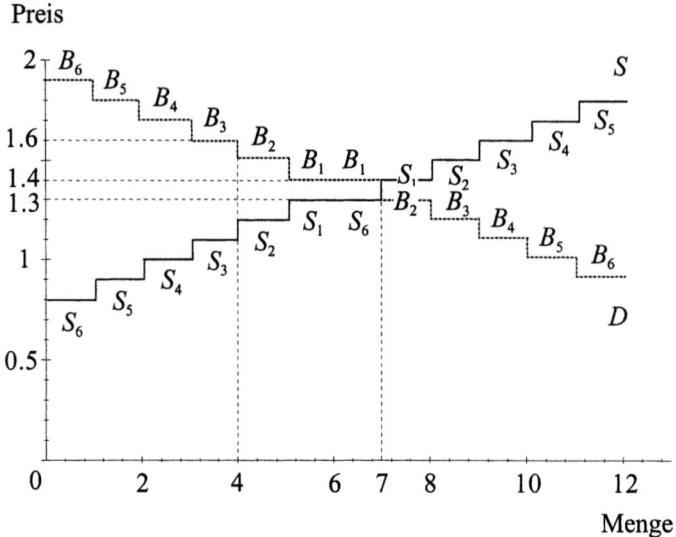

Abb. 6.4. Nachfrage und Angebot in einem Marktexperiment

Mengenmaximierung geht schliesslich davon aus, dass alle zwölf möglichen Transaktionen vorgenommen werden.[31] Unter diesen Bedingungen wird bei jeder Transaktion über die Differenz von 0.10 zwischen den Nachfrage- und Angebotspreisen verhandelt. Es resultiert deshalb keine Punkt-Prognose für den Preis, sondern eine Preisspanne, die vom tiefsten Reservationspreis 0.80 bis zur höchsten Zahlungsbereitschaft von 1.90 reicht. Bei jeder Transaktion entsteht ein Handelsgewinn von 0.10, d.h. die totale Rente beträgt 1.20 bzw. rund 32% des maximal möglichen Handelsgewinns von 3.70.

	Konkurrenz	Monopol	Mengenmaximierung
Preis	1.30 bis 1.40	1.60	0.80 bis 1.90
Menge	7	4	12
Rente total	3.70	3.20	1.20
Rente Käufer	~ 50%	81%	—
Rente Verkäufer	~ 50%	19%	—
Effizienz	100%	87%	32%

Tab. 6.2. Theoretische Prognosen für das Marktergebnis

---

[31] Dies ist dann möglich, wenn Käufer B_6 die zwölfte Einheit von Verkäufer S_6 kauft, Käufer B_5 die elfte Einheit von Verkäufer S_5, etc.

b) Ergebnisse

Am Experiment nahmen zwölf Studierende teil. Ihnen wurde jeweils eine der sechs Käufer- oder Verkäuferidentitäten mit den zugehörigen Nutzen- oder Kostenstrukturen zugewiesen. Die Nutzen bzw. Kosten der anderen Teilnehmer wurden ihnen nicht mitgeteilt, d.h. individuelle Nutzen und Kosten waren für alle Subjekte *private* Information. Die Subjekte konnten in zwei verschiedenen Handelsperioden Transaktionen im Rahmen einer sogenannten *Double Auction* durchführen, d.h. Verkäufer (Käufer) konnten jederzeit Preise nennen, zu denen sie zum Handel bereit waren, und jeder Käufer (Verkäufer) konnte auf das Angebot eingehen. Die Preisgebote waren also öffentlich, d.h. für alle Marktteilnehmer beobachtbar.[32] In der ersten Periode konnte während 10 Minuten gehandelt werden. Anschliessend wurden die Gewinne der Subjekte ermittelt, und die zweite Handelsperiode von sieben Minuten eröffnet. Tab. 6.3 fasst die Transaktionspreise der beiden Handelsperioden zusammen, wobei diejenigen Preise, die mit der Prognose des *Konkurrenz*-Modells konsistent sind, fett gedruckt sind.

	Transaktion Nr.						
	1	2	3	4	5	6	7
Periode 1	1.60	1.50	1.50	**1.35**	1.25	**1.39**	**1.40**
Periode 2	**1.35**	**1.35**	**1.40**	**1.35**	**1.40**	**1.40**	**1.35**

Tab. 6.3. Transaktionspreise im Marktexperiment

Tab. 6.3 zeigt, dass in beiden Perioden jeweils sieben Transaktionen vorgenommen wurden, d.h. in beiden Perioden wurde eine Effizienz von 100% erreicht.[33] In der zweiten Handelsperiode waren zudem alle Transaktionspreise mit dem Konkurrenz-Modell konsistent. Beachte, dass im Rahmen dieses Labor-Marktes das Konkurrenz-Modell gut funktioniert, obwohl die Anzahl Marktteilnehmer klein ist und die Subjekte nicht über die Nachfrage- und Angebotsbedingungen informiert sind. Hierbei handelt es sich um ein robustes Ergebnis, das in einer Vielzahl von Studien mit unterschiedlichen Subjekten bestätigt wurde.

6.4.3 Oligopolistische Konkurrenz in Experimenten

Wir betrachten zunächst das Bertrand-Modell. Dabei gehen wir auf die Frage ein, inwiefern sich in experimentellen Märkten das Bertrand-Paradoxon replizieren lässt. Anhand eines Beispiels diskutieren wir, welche Rolle die

---

[32] Dieser Preisbildungsmechanismus entspricht im wesentlichen den Handelsregeln von Finanzmärkten wie der NYSE.
[33] Die vom Konkurrenz-Modell abweichenden Preise führen zwar zu einer *Umverteilung* der Handelsgewinne, aber wegen der optimalen Anzahl Transaktionen nicht zu einer Reduktion der Effizienz.

beschränkte Rationalität der Wirtschaftssubjekte bei der Interpretation der experimentellen Ergebnisse spielen könnte. Anschliessend stellen wir die experimentelle Evidenz zu Cournot-Spielen vor und diskutieren ein neueres Cournot-Experiment.[34]

a) Ein Bertrand-Experiment

In Kapitel 3 haben wir gezeigt, dass die Oligopolisten im Bertrand-Gleichgewicht ihren Preis unter bestimmten Bedingungen gleich den Grenzkosten setzen. Dieses theoretische Ergebnis wird auch als *Bertrand-Paradox* bezeichnet, weil sich ein solches Verhalten auf realen Märkten kaum beobachten lässt. Wir haben allerdings ebenfalls darauf hingewiesen, dass dem Bertrand-Modell dennoch eine wichtige Bedeutung zukommt, weil es das Verhalten von Anbietern bei intensivem Wettbewerb formalisiert.

In einer neueren Studie untersuchen DUFWENBERG und GNEEZY (2000, 9), ob die theoretische Prognose des Bertrand-Modells das Verhalten der Subjekte unter Labor-Bedingungen zu erklären vermag, und halten fest:

"If the Bertrand model would fail to perform well under such circumstances, there would be good cause to reject it."

Die Autoren betrachten folgende, diskrete Version des Bertrand-Modells: Alle Spieler einer Gruppe mit n Mitgliedern wählen simultan eine Zahl p, wobei die Bedingung $2 \leq p \leq 100$ gilt. Derjenige Spieler, der die tiefste Zahl wählt — wir bezeichnen sie mit p^* —, erhält den Payoff $K \cdot p^*$, wobei K ein fixer Geldbetrag ist. Alle anderen Spieler erhalten einen Payoff von 0. Wählen mehrere Spieler dieselbe tiefste Zahl p^*, so wird der Betrag $K \cdot p^*$ gleichmässig auf die Spieler aufgeteilt, die p^* gewählt haben; alle anderen Spieler erhalten 0. In diesem Spiel existiert ein *eindeutiges Nash-Gleichgewicht*, in dem alle Spieler die Zahl 2 nennen und den Payoff $K \cdot 2/n$ erhalten.

Um zu untersuchen, wie sich die Wettbewerbsintensität mit der Anzahl Konkurrenten verändert, variieren DUFWENBERG und GNEEZY die Kontrollvariable n zwischen 2 und 4. Dabei ist klar: Das Bertrand-Modell impliziert, dass die Veränderung von n keinen Einfluss auf das Verhalten der Spieler hat. Unabhängig von der Anzahl Konkurrenten sollten alle Spieler die tiefste Zahl 2 wählen. Damit die Subjekte Erfahrungen sammeln können, lassen die Autoren die 12 Subjekte 10 Runden lang dasselbe Spiel spielen. Um die Möglichkeit auszuschliessen, dass dadurch kollusives Verhalten induziert wird,[35] werden die Gegenspieler jeweils ausgewechselt. Tab. 6.4 gibt einen Überblick über die Ergebnisse von DUFWENBERG und GNEEZY (2000), wobei $\bar{p}$ den Durchschnitt der gewählten Zahlen und $\bar{p}^*$ den Durchschnitt der tiefsten Zahlen bezeichnen.

---

[34] Vgl. HUCK ET AL. (2000) für einen Überblick zu Hotelling-Experimenten.
[35] Vgl. Kapitel 4 zur Kollusion in wiederholten Spielen.

n = 2			n = 4		
Runde	$\bar{p}$	$\bar{p}^*$	Runde	$\bar{p}$	$\bar{p}^*$
1	33.5	29.7	1	30.8	6.3
2	30.9	26.5	2	27.1	9.5
3	27.3	25.3	3	23.2	12.0
4	23.6	22.0	4	49.6	17.3
5	21.7	18.1	5	71.4	16.7
6	24.0	16.0	6	68.2	28.0
7	30.8	35.1	7	49.3	16.3
8	47.3	25.8	8	23.5	7.8
9	55.8	33.8	9	15.5	3.3
10	49.6	37.8	10	20.5	2.4

Tab. 6.4. Ergebnisse des Bertrand-Experiments

Tab. 6.4 zeigt, dass das Verhalten der Subjekte — unabhängig von der Anzahl Spieler — in der ersten Runde des Experiments deutlich von der theoretischen Bertrand-Prognose abweicht. Für $n = 2$ ist dies auch in der letzten Runde der Fall. Für $n = 4$ hingegen konvergieren die gewählten Zahlen in der zehnten Runde gegen die Bertrand-Prognose von 2. Die Autoren stellen fest, dass ihre Ergebnisse überraschenderweise weitgehend mit denjenigen einer früheren Studie von FOURAKER und SIEGEL (1963, Kapitel 10) übereinstimmen, in der jeweils die *gleichen* Spieler über mehrere Runden gegeneinander spielen. Sie vertreten deshalb die Ansicht, dass die *Erfahrung* der Spieler einen stärkeren Einfluss auf das Marktergebnis hat als Kooperation oder der Aufbau von Reputation über mehrere Runden.

DUFWENBERG und GNEEZY (2000) konstatieren, dass das Bertrand-Modell keine Erklärung für die unterschiedlichen Verhaltensweisen für $n = 2$ und $n > 2$ liefert. Als mögliche Erklärung diskutieren sie die beschränkte Rationalität ("Bounded Rationality") einzelner Spieler anhand des folgenden Beispiels: Angenommen, ein beliebiger Gegenspieler ist mit einer geringen Wahrscheinlichkeit $\varphi > 0$ ein irrationaler Spieler ("Noise Bidder"), welcher der Einfachheit halber immer die Zahl 100 wählt. Ein rationaler Spieler, der davon ausgeht, dass alle anderen rationalen Spieler die Zahl 2 wählen, wird dann niemals eine Zahl aus der Menge $\{3, ..., 98, 100\}$ wählen, weil er mit der Zahl 99 immer einen höheren Gewinn erzielt, wenn kein anderer Spieler die Zahl 2 wählt. Falls hingegen ein anderer Spieler die Zahl 2 wählt, sollte ein rationaler Spieler ebenfalls 2 wählen. Nun bezeichnen wir die Wahrscheinlichkeit, dass x Spieler der anderen $n - 1$ Spieler die Zahl 2 wählen, mit ϕ_x. Der rationale Spieler wählt dann die Zahl[36]

$$p = \begin{cases} 99, & \text{wenn } \sum_{x \in \{0,...,n-1\}} \frac{2}{(x+1)} \cdot \phi_x < 99 \cdot \phi_0, \\ 2, & \text{wenn } \sum_{x \in \{0,...,n-1\}} \frac{2}{(x+1)} \cdot \phi_x > 99 \cdot \phi_0. \end{cases} \quad (6.20)$$

---

[36] Dabei gilt $\phi_0 = \varphi^{n-1}$, wobei φ^{n-1} abnehmend ist in n.

Relation (6.20) impliziert, dass ein rationaler Spieler nur dann die Zahl 2 wählt, wenn der erwartete Payoff, den er dabei erzielt, grösser ist als der erwartete Payoff, der sich durch die Wahl von 99 ergibt. Beachte, dass die gewählte Zahl unter anderem davon abhängig ist, wie gross die Anzahl n der Spieler ist: Die zweite Ungleichung ist eher erfüllt, wenn n gross ist.

b) Ein Cournot-Experiment

In einer neueren Arbeit geben HUCK ET AL. (2001) einen Überblick über die umfangreiche Literatur zu Cournot-Experimenten. Sie fassen die wichtigsten Ergebnisse dieser Literatur wie folgt zusammen:

- *Kollusion* tritt manchmal in Duopolen auf, ist aber sehr selten in Märkten mit mehr als zwei Firmen zu beobachten.

- Im Durchschnitt *übertrifft* der aggregierte Output auf Märkten mit mehr als zwei Firmen die Cournot-Prognose leicht. Dieser Effekt scheint stärker zu werden, je grösser die Anzahl Firmen wird.

Huck et al. überprüfen diese Ergebnisse im Rahmen eines eigenen n-Firmen-Experiments, das die wesentlichen Eigenschaften der in der Literatur diskutierten Cournot-Experimente aufweist. Die Nachfrage wird in diesem Experiment durch einen Computer modelliert, der die von den Subjekten angebotenen Outputs gemäss der inversen Nachfragefunktion

$$p = \max\{100 - Q, 0\}$$

aufkauft, wobei $Q = \sum_{i=1}^{q} q_i$ wie üblich den aggregierten Output bezeichnet. Die Kostenfunktion der Anbieter ist gegeben durch $C(q_i) = q_i$, d.h. alle Anbieter weisen dieselben Grenzkosten $c = 1$ auf. Tab. 6.5 fasst die verschiedenen *theoretischen Prognosen* für diesen Markt zusammen.

Variable	Cournot-Nash	Perfekte Kollusion	Vollk. Konkurrenz
q_i^*	$\frac{99}{n+1}$	$\frac{99}{2n}$	$\frac{99}{n}$
Q^*	$\frac{99n}{n+1}$	49.5	99
p^*	$100 - \frac{99n}{n+1}$	50.5	1
π_i^*	$\left(\frac{99}{n+1}\right)^2$	$\frac{(49.5)^2}{n}$	0

Tab. 6.5. Theoretische Prognosen für das Cournot-Experiment

Im Rahmen des Experiments wurden Märkte mit zwei bis fünf Firmen untersucht; für jede Anzahl Firmen wurden sechs Märkte analysiert. Die Subjekte konnten im Experiment diskrete Outputs q_i zwischen 0 und 100 wählen, wobei der kleinste Schritt 0.1 betrug. In jedem Markt wurden 25

Perioden gespielt,[37] und die Subjekte waren über die Nachfrage und die Kosten informiert, um beste Antworten auf die Mengen der Gegenspieler berechnen zu können. Tab. 6.6 stellt die Cournot-Nash-Prognose Q^* des aggregierten Outputs[38] dem im Experiment beobachteten durchschnittlichen Output $\overline{Q}$ gegenüber.[39] Die Variable $r \equiv \overline{Q}/Q^*$ bezeichnet das Verhältnis zwischen beobachtetem und prognostiziertem Output. Beachte, dass der Output $\overline{Q}$ im Experiment mit der Anzahl Firmen n steigt. Gleiches gilt auch für das Verhältnis r.[40]

Anz. Firmen	Cournot-Prognose Q^*	Output im Experiment $\overline{Q}$	Verhältnis r
2	66.67	59.36	0.89
3	74.25	73.47	0.99
4	79.20	77.26	0.98
5	82.50	86.21	1.05

Tab. 6.6. Ergebnisse des Cournot-Experiments

HUCK ET AL. (2001) untersuchen ferner die *Wettbewerbsintensität* für jeden der sechs Märkte. Dabei gelangen sie zum Ergebnis, dass bei 2 Firmen teilweise Kollusion auftritt. Bei 3 Firmen ist das Cournot-Nash-Gleichgewicht eine gute Prognose für das Marktergebnis. Bei 4 und mehr Firmen tritt Kollusion nie auf; die Firmen verhalten sich dann mehr oder weniger gemäss der Cournot-Prognose. Manchmal treten allerdings deutlich zu grosse Outputs (relativ zur Cournot-Prognose) auf. In Konklusion lässt sich festhalten, dass die Anzahl der Anbieter für deren Verhalten — und damit für die 'Prognosefähigkeit' des Cournot-Modells — eine zentrale Rolle spielt.

6.4.4 Zentrale Ergebnisse

Angesichts der zahlreichen, thematisch zunehmend breiter gefächerten Experimente fällt es nicht leicht, die zentralen Ergebnisse der experimentellen Wirtschaftsforschung aus der Sicht der Industrieökonomik zu identifizieren. Mit SMITH (1994, 116 ff.) wollen wir uns zunächst auf einige Ergebnisse allgemeiner Natur konzentrieren:

- *Marktinstitutionen* beeinflussen die individuellen Anreize und die den Subjekten zur Verfügung stehende Information. Sie sind deshalb von

---

[37] Die Anzahl Perioden war den Subjekten bekannt.
[38] Vgl. Tab. 6.5 für die Berechnung dieser Outputs.
[39] Dabei handelt es sich um den Durchschnitt über alle 25 Perioden. Vgl. HUCK ET AL. (2001) für eine detailliertere Darstellung und Analyse der Ergebnisse.
[40] HUCK ET AL. (2001, 8) weisen darauf hin, dass $r_{(5)}$ bei fünf Firmen statistisch signifikant von $r_{(2)}$ bei zwei Firmen verschieden ist.

zentraler Bedeutung für das beobachtete Verhalten der Marktteilnehmer ("institutions matter").

- In experimentellen Märkten sind die Subjekte nicht selten in der Lage, über geeignete Handelsregeln das *wohlfahrtsoptimale Marktergebnis zu approximieren*, selbst wenn sie fehlerhaft agieren und nicht über alle Informationen verfügen, die dafür aus theoretischer Sicht notwendig erscheinen ("unconscious optimization in market interactions").[41]

- Die Ausstattung der Subjekte mit *vollständiger Information* erhöht die Wettbewerbsintensität nicht, sondern reduziert sie tendenziell. Wenn die Akteure vollständig informiert sind, können sie Marktergebnisse identifizieren, die mehr eigennutzorientiert sind als das nichtkooperative Nash-Gleichgewicht. Sie sind dann versucht, Bestrafungsstrategien anzuwenden, was das Erreichen des Gleichgewichts verzögert ("less information can be better").

Direkter auf die Ergebnisse mit industrieökonomischem Charakter bezogen, kommt PLOTT (1989, 1169 f.) zu folgendem Fazit:

> "Experimental studies demonstrate clearly that market institutions and practices can influence market performance. Variables traditionally classified as aspects of market structure are also of demonstrable importance. Furthermore, rather standard mathematical models are able to capture much of what can be observed behaviorally.
>
> Three models do well in predicting market prices and quantities: the competitive equilibrium, the Cournot model, and monopoly (joint maximization) model."

Auch HOLT (1995) betont in seiner Übersicht zur experimentellen Forschung im Rahmen der Industrieökonomik die Wichtigkeit von *Marktinstitutionen* für das Verhalten der Marktteilnehmer. Hinsichtlich des Cournot-Modells äussert er sich allerdings deutlich kritischer (HOLT 1995, 422):

> [...] the Cournot model doesn't even work particularly well when its controversial assumptions (quantity-choice and market-clearing-price) are imposed by the experimenter; quantities are too high with three or more sellers interacting in a series of market periods [...]."

Zusammenfassend kann man festhalten, dass die Experimentalisten sich vor allem in einer Hinsicht einig sind: *Marktspezifische Gegebenheiten* sind

---

[41] Vgl. hierzu das in Abschnitt 6.4.2 vorgestellte Marktexperiment, in dem trotz 'ungünstiger' Voraussetzungen annäherungsweise vollkommene Konkurrenz resultiert.

von zentraler Bedeutung für die Erklärung des Verhaltens von Marktteilnehmern — sowohl bei der Theoriebildung als auch bei der empirischen Überprüfung von Theorien. Hier ergibt sich eine interessante Parallele zur NEIO, die ebenfalls die Wichtigkeit marktspezifischer institutioneller Eigenschaften betont.

6.4.5 Diskussion

Wir haben in Abschnitt 6.4.1 die breiten Anwendungsmöglichkeiten für industrieökonomische Experimente bereits diskutiert: Testen von Theorien, Identifizieren von empirischen Regelmässigkeiten, etc. Selbst Vertreter der experimentellen Wirtschaftsforschung weisen indessen darauf hin, dass Experimente kein Allheilmittel zur Beantwortung aller relevanten empirischen Fragestellungen und Probleme sind.[42] Skeptiker kritisieren die experimentelle Wirtschaftsforschung etwa wie folgt:[43]

- *'Reale' Marktteilnehmer verhalten sich nicht wie Subjekte* eines Experiments. In einem Experiment 'steht weniger auf dem Spiel' als in der Realität, und die Subjekte sind relativ unerfahren. Zudem geben Experimente normalerweise strikte Verhaltensregeln vor, während reale Akteure über weit mehr Verhaltensspielraum verfügen. Schliesslich ist das Verhalten der Subjekte möglicherweise durch Faktoren geprägt, die im Experiment nicht abgebildet sind: Altruismus, Fairness, Bosheit etc.

- Reale Interaktionen zwischen wirtschaftlichen Akteuren finden nicht in *Isolation* statt. Das Verhalten der Marktteilnehmer ist geprägt durch den sozialen Kontext; Entscheidungen werden unter Berücksichtigung von Freundschaften und der Auswirkungen auf zukünftige Beschäftigungsmöglichkeiten etc. gefällt.

- Experimente weisen im Vergleich zur komplexen Realität *simple Strukturen* auf. Ihre Ergebnisse lassen sich deshalb nicht einfach übertragen auf praktische Fragestellungen.

Die Vertreter der experimentellen Wirtschaftsforschung haben grosse Anstrengungen unternommen, um diese Kritik wenigstens teilweise zu entkräften. Mittlerweile liegen verschiedene Studien vor, die nahelegen, dass das Verhalten der Subjekte nicht wesentlich von ihrer Auswahl abhängig ist.

---

[42] So halten DAVIS und HOLT (1995, 17) beispielsweise fest:

"It is imperative to add that experimentation is no panacea."

[43] Vgl. ANDERSON und MARTIN (2000, 4), DAVIS und HOLT (1995, 16 ff.), HOLT (1995, 352 ff.) sowie PLOTT (1989, 1168 f.) für eine Übersicht über die Kritik an experimentellen Methoden.

In einer experimentellen Finanzmarktstudie von SMITH ET AL. (1988) produzieren beispielsweise Studierende, Angestellte und professionelle Händler gleichermassen "Blasen" ("Bubbles") und "Crashes".[44] Dass Laborexperimente isoliert stattfinden und in der Regel simple Strukturen aufweisen, wird von Experimentalisten zwar kaum bestritten. Sie verweisen indessen darauf, dass sich alle Wissenschaften, die Experimente durchführen, mit diesem Problem konfrontiert sehen. Solange die experimentelle Evidenz informativ ist für Forschung und Anwendung, kommt ihrer Ansicht nach dieser Kritik wenig Bedeutung zu. PLOTT (1989, 1112) hält denn auch unmissverständlich fest:

> "While laboratory processes are simple in comparison to naturally occuring processes, they are real processes in the sense that real people participate for real and substantial profits and follow real rules in doing so. It is precisely because they are real that they are interesting. General theories must apply to special cases, so models believed to be applicable to complicated natural processes should certainly be expected to help explain what occurs in simple, special-case laboratory markets."

Dennoch ist klar, dass bei der Extrapolation von experimentellen Ergebnissen auf reale Gegebenheiten mit viel Zurückhaltung vorzugehen ist. Solange industrieökonomische Theorien mit traditionellen ökonometrischen Methoden nur schwer testbar sind, kommen Experimenten dennoch eine grosse Bedeutung bei der Überprüfung und Entwicklung neuer Theorien zu. Vernon Smith, einer der bedeutendsten Vertreter der experimentellen Wirtschaftsforschung, beschreibt die Rolle von Experimenten bei der Theoriebildung mit besonders prägnanten Worten (SMITH 1994, 129):

> "If you look at what experimental economists do, not what they say, you get the right picture of science learning. When a theory works well, they push imaginatively to find deliberately destructive experiments that will uncover its edges of validity, setting the stage for better theory [...] When a theory works poorly, they reexamine instructions for lack of clarity, increase the experience level of subjects, try increased payoffs, and explore sources of "error" in an attempt to find the limits of the falsifying conditions; again, this is for the purpose of better understanding the anatomy of a theory's failure, or the procedures for testing it, and thereby laying the basis for improving the theory."

---

[44] Vgl. DAVIS und HOLT (1995, 17) für weitere Referenzen.

6.5 Anhang

6.5.1 Preiselastizität bei log-linearer Nachfrage

Wir wollen zeigen, dass die Preiselastizität der Nachfrage $-b$ beträgt, wenn die Nachfragefunktion gegeben ist durch die log-lineare Beziehung

$$\ln q_t = a + b \ln p_t + c \ln y_t + \epsilon_t.$$

Weil die folgenden Ausführungen für beliebige Perioden t gelten, lassen wir den Zeitindex t weg. Mittels Differenzieren bezüglich $\ln p$ erhält man direkt

$$\frac{d \ln q}{d \ln p} = b \text{ bzw. } -\frac{d \ln q}{d \ln p} = -b.$$

Um zu zeigen, dass $-b$ der Preiselastizität der Nachfrage entspricht, muss also gezeigt werden, dass es sich beim Quotienten $-\frac{d \ln q}{d \ln p}$ um eine bisher ungewohnte Schreibweise für die Elastizität handelt. Beachte, dass es sich um den Quotienten zweier Differentiale handelt, die man auch wie folgt ausschreiben kann:

$$-\frac{d \ln q}{d \ln p} = -\frac{\frac{1}{q} dq}{\frac{1}{p} dp} = -\frac{p}{q} \frac{dq}{dp} = -b. \qquad (6.21)$$

Der zweitletzte Term in (6.21) ist aber nichts anderes als die Preiselastizität der Nachfrage ε, wie sie in Kapitel 3 definiert wurde.

6.5.2 Simultaneous-Equations Bias im log-linearen Marktmodell

Es gilt zu zeigen, dass die Preiselastizität mit einer OLS-Regression der log-linearen Nachfrage in (6.8) *nicht konsistent* geschätzt werden kann. Nicht-konsistente OLS-Schätzungen entstehen u.a. dann, wenn die Voraussetzung der klassischen Normalregression über die Unkorreliertheit von Regressor und Störterm nicht erfüllt ist. Im vorliegenden Fall muss also gezeigt werden, dass $\text{Cov}\left[\ln p_t, \varepsilon_t^d\right] \neq 0$. Dass diese Annahme tatsächlich verletzt ist, lässt sich zeigen, wenn man nach der endogenen Variable $\ln p_t$ auflöst. Nach einigen Umformungen der Gleichgewichtsbeziehung (6.8) erhält man

$$\ln p_t = \frac{a - \alpha + c \ln y_t - \gamma \ln x_t}{\beta - b} + \frac{\varepsilon_d - \varepsilon_s}{\beta - b}. \qquad (6.22)$$

226　6. Empirie

Setzt man $\ln p_t$ in die Definition der Kovarianz[45] ein, so ergibt sich

$$\begin{aligned}
Cov\left[\ln p_t, \varepsilon_t^d\right] &= E\left[(\ln p_t - E\left[\ln p_t\right])(\varepsilon_t^d - E\left[\varepsilon_t^d\right])\right] \\
&= E\left[\left(\frac{\varepsilon_t^d - \varepsilon_t^s}{\beta - b}\right) \times \varepsilon_t^d\right] = E\left[\frac{(\varepsilon_t^d)^2 - \varepsilon_t^s \varepsilon_t^d}{\beta - b}\right] \\
&= \frac{\sigma_d^2}{\beta - b} \neq 0.
\end{aligned}$$

Die Preiselastizität der Nachfrage kann also mit einer einfachen OLS-Regression nicht konsistent geschätzt werden.

6.5.3 Herleitung der Angebotsrelation im Oligopol

Es gilt zu zeigen, dass sich das Verhalten von Oligopolisten in verschiedenen Konkurrenzsituationen mit einer einzigen Angebotsrelation beschreiben lässt. Aus Kapitel 3 wissen wir, dass bei *Bertrand*-Konkurrenz mit homogenen Gütern die Regel "Preis gleich Grenzkosten" gilt. Mit der hier verwendeten Notation ergibt sich also

$$P_t = C_i'(q_{it}). \tag{6.23}$$

Bei *Cournot*-Konkurrenz löst jede Firma $i = 1, ..., n$, das Gewinnmaximierungsproblem

$$\max_{q_{it}} \pi_{it} = P_t(Q_t)q_{it} - C_i(q_{it}).$$

Man erhält — wie in Kapitel 3 gezeigt — die Bedingung erster Ordnung

$$\frac{P_t - C_i'(q_{it})}{P_t} = \frac{\alpha_{it}}{\varepsilon_t},$$

wobei $\alpha_{it} = q_{it}/Q_t$ den Marktanteil von Firma i und ε_t die Preiselastizität der Nachfrage zum Zeitpunkt t bezeichnet. Daraus ergibt sich direkt

$$P_t\left(1 - \frac{\alpha_{it}}{\varepsilon_t}\right) = C_i'(q_{it}). \tag{6.24}$$

Falls die Anbieter perfekt kolludieren bzw. ein Monopol bilden, beträgt der Marktanteil $\alpha_{it} = 1$, und aus (6.24) erhält man direkt

$$P_t\left(1 - \frac{1}{\varepsilon_t}\right) = C_i'(q_{it}). \tag{6.25}$$

Fasst man die Bedingungen (6.23), (6.24) und (6.25) zusammen, so ergibt sich die *individuelle Angebotsrelation*

$$P_t\left(1 - \frac{\theta_{it}}{\varepsilon_t}\right) = C_i'(q_{it}), \tag{6.26}$$

---

[45] Für zwei Zufallsvariablen X und Y gilt: $Cov(X,Y) = E\left[(X - E\left[X\right])(Y - E\left[Y\right])\right]$.

mit

$$\theta_{it} = \begin{cases} 0, & \text{bei Bertrand-Wettbewerb,} \\ \alpha_{it} = q_{it}/Q_t, & \text{bei Cournot-Wettbewerb,} \\ 1, & \text{im Monopol bzw. bei perfekter Kollusion.} \end{cases}$$

6.6 Literatur

Anderson, S.P., Martin, S. (2000): "Special Issue on Experimental Economics and Industrial Organization: An Introduction", *International Journal of Industrial Organization*, 18, 1-5.

Bain, J.S. (1951): "Relation of Profit Rate to Industry Concentration: American Manufacturing 1936-1940", *Quarterly Journal of Economics*, 65, 293-324.

Berry, S., Levinsohn, J., Pakes, A. (1995): "Automobile Prices in Market Equilibrium", *Econometrica*, 63, 841-890.

Bresnahan, T.F. (1989): "Empirical Studies of Industries with Market Power", in: Schmalensee, R., Willig, R. (Hrsg.): *Handbook of Industrial Organization*, Vol. 2, Amsterdam, 1011-1057.

Bresnahan, T.F. (1982): "The Oligopoly Solution is Identified", *Economics Letters*, 10, 87-92.

Cabral, L.M. (2000): *Introduction to Industrial Organization*. Cambridge, Massachusetts.

Chamberlin, E.H. (1948): "An Experimental Imperfect Market", *Journal of Political Economy*, 56, 95-108.

Corts, K.S. (1999): "Conduct Parameters and the Measurement of Market Power", *Journal of Econometrics*, 88, 227-250.

Davis, D.D., Holt, C.A. (1993): *Experimental Economics*. Princeton.

Dufwenberg, M., Gneezy, U. (2000): "Price Competition and Market Concentration: An Experimental Study", *International Journal of Industrial Organization*, 18, 7-22.

Fouraker, L.E., Siegel, S. (1963): *Bargaining Behavior*. New York.

Genesove, D., Mullin, W.P. (1998): "Testing Static Oligopoly Models: Conduct and Cost in the Sugar Industry", *Rand Journal of Economics*, 29, 355-377.

Greene, W.H. (1993): *Econometric Analysis*. Second Edition. Englewood Cliffs.

Holt, C.A. (1995): "Industrial Organization: A Survey of Laboratory Research", in: Kagel, J.H., Roth, A.E. (Hrsg.): *Handbook of Experimental Economics*. Princeton.

Huck, S., Normann, H., Oechssler, J. (2001): "Two are Few and Four are Many: Number Effects in Experimental Oligopolies", *Working Paper*, Humboldt Universität Berlin.

Mason, E.S. (1949): "The Current State of the Monopoly Problem in the United States", *Harvard Law Review*, 62, 1265-1285.

Plott, C.R. (1989): "An Updated Review of Industrial Organization: Applications of Experimental Methods", in: Schmalensee, R., Willig, R. (Hrsg.): *Handbook of Industrial Organization*, Vol. 2, Amsterdam, 1109-1176.

Porter, R.H. (1983): "A Study of Cartel Stability: The Joint Executive Committee, 1880-1886", *Bell Journal of Economics*, 14, 301-314.

Slade, M.E. (1995): "Empirical Games: The Oligopoly Case", *Canadian Journal of Economics*, 28, 368-402.

Smith, V.L. (1994): "Economics in the Laboratory", *Journal of Economic Perspectives*, 8, 113-131.

Smith, V.L., Suchanek, G.L., Williams, A.W. (1988): "Bubbles, Crashes, and Endogenous Expectations in Experimental Spot Asset Markets", *Econometrica*, 56, 1119-1151.

7
Lösungen zu den Übungsaufgaben

7.1 Vorbemerkungen

Nachfolgend finden sich ausführliche Hinweise zur Lösung der Übungsaufgaben zu Kapitel 2 bis 5 (zu Kapitel 1 und 6 werden keine Übungsaufgaben gestellt). Daniel Halbheer gebührt Dank für die Ausarbeitung dieser Hinweise.

Wir empfehlen unseren Leserinnen und Lesern, die Lösunghinweise erst nach der eigenen Bearbeitung der Aufgaben zu konsultieren. Im übrigen gilt es zu erwähnen, dass es bei einigen Aufgaben mehrere richtige Lösungswege gibt.

7.2 Lösungen zu Kapitel 2

Aufgabe 1

Um eine Aussage über die Skalenerträge der Produktionsfunktion

$$f(x_1, x_2) = x_1^\alpha x_2^\beta, \ \alpha, \beta \in \mathbb{R},$$

machen zu können, skalieren wir die beiden Inputfaktoren x_1 und x_2 mit $k > 1$:

$$f(kx_1, kx_2) = (kx_1)^\alpha (kx_2)^\beta = k^{\alpha+\beta} x_1^\alpha x_2^\beta = k^{\alpha+\beta} f(x_1, x_2).$$

a) Damit *konstante* Skalenerträge vorliegen, muss gelten: $f(kx_1, kx_2) = kf(x_1, x_2)$. Diese Beziehung ist erfüllt für $\alpha + \beta = 1$.

b) Damit *zunehmende* Skalenerträge vorliegen, muss $k^{\alpha+\beta} > k$ sein. Diese Beziehung ist erfüllt für $\alpha + \beta > 1$.

c) Damit *abnehmende* Skalenerträge vorliegen, muss $k^{\alpha+\beta} < k$ sein. Diese Beziehung ist erfüllt für $\alpha + \beta < 1$.

Aufgabe 2

Damit ein "natürliches" Monopol vorliegt, muss die geschätzte Kostenfunktion *subadditiv* sein, d.h. sie muss sinkende Durchschnittskosten entlang eines Fahrstrahls aufweisen und (transray) konvex sein. Wir prüfen beide notwendigen Bedingungen.

Wegen der Proportionalität von q_1 und q_2 können wir zunächst q_2 als Funktion von q_1 ausdrücken: $q_2 = \alpha q_1, \ \alpha > 0$. Ersetzen wir q_2 durch αq_1, so ist die Kostenfunktion lediglich noch vom Output q_1 abhängig:

$$\hat{c}(q_1) = 0.3 + 0.2 q_1 + 0.4 \alpha q_1 + 0.1 \alpha q_1^2.$$

Die Durchschnittskosten betragen

$$\frac{\hat{c}(q_1)}{q_1} = k + \frac{0.3}{q_1} + 0.1 \alpha q_1,$$

wobei $k = 0.2 + 0.4\alpha$ ist. Differenzieren wir diese Beziehung bezüglich q_1, so erhalten wir

$$\frac{d\left(\frac{\hat{c}(q_1)}{q_1}\right)}{dq_1} = -\frac{0.3}{q_1^2} + 0.1\alpha.$$

Fallende Durchschnittskosten entlang eines Fahrstrahls sind eine notwendige Bedingung für die Subadditivät der geschätzten Kostenfunktion. Damit obige Kostenfunktion subadditiv ist, muss folglich die Bedingung

$$-\frac{0.3}{q_1^2} + 0.1\alpha < 0$$

erfüllt sein. Ob diese Bedingung in unserem Beispiel erfüllt ist, hängt vom Outputniveau q_1 und dem Parameter α ab:

$$q_1 < \sqrt[+]{\frac{3}{\alpha}}.$$

Dies lässt erkennen, dass Subadditivität ein *lokales* Konzept ist. Testen wir nun die notwendige Bedingung der Konvexität: Sie ist für beliebige q_1 nicht erfüllt, weil

$$\frac{\partial^2 \hat{c}(\cdot)}{\partial q_1 q_2} = 0.1 > 0.$$

Es liegt also *kein* natürliches Monopol vor.

Aufgabe 3

Die Idee der Prinzipal-Agent-Beziehung lässt sich wie folgt zusammenfassen: Der Prinzipal möchte den Agenten dazu veranlassen, eine Handlung vorzunehmen, die für den Agenten kostspielig ist. Der Prinzipal ist jedoch nicht in der Lage, die Handlung des Agenten zu beobachten. Das beobachtbare Ergebnis der Handlung des individuell rationalen Agenten liefert dem Prinzipal einen Hinweis darauf, ob der Agent die gewünschte Handlung unternommen hat. Das Problem des Prinzipals besteht nun darin, einen *geeigneten* Anreizvertrag zu konstruieren, damit der Agent gewissermassen automatisch in seinem Sinne handelt. Ein solcher Anreizvertrag muss zwei Restriktionen — die Teilnahme- und die Anreizbedingung — erfüllen.

Der Prinzipal-Agent-Ansatz ist ein Instrument, mit dem die Ausgestaltung von (optimalen) Verträgen möglich ist, auch wenn die Vertragsparteien unterschiedlich informiert sind. Als Beispiel kann ein Leistungslohnsystem genannt werden, welches — im Sinne der Unternehmensstrategie — ein optimales Verhalten der Mitarbeiter induziert.

Aufgabe 4

Ausgangspunkt der Überlegung ist eine Make-or-Buy-Entscheidung, also ein Abwägen von Administrations- und Transaktionskosten für jede Transaktion. Die effiziente Abwicklungsform wird durch die Charakteristika jeder Transaktion — *Häufigkeit*, *Unsicherheit* und *Spezifität* — bestimmt. Werden die Transaktionen über den Markt abgewickelt, müssen Verträge abgeschlossen werden. Dabei entstehen Transaktionskosten, die zum Zeitpunkt der Vertragsformulierung, während der Vertragsdauer und bei der Vertragsdurchsetzung anfallen. Je nach Höhe dieser Kosten relativ zu den Administrationskosten ist eine firmeninterne Abwicklung der Transaktionen kostengünstiger.

Aufgabe 5

Das Hold-Up-Problem tritt dann auf, wenn eine Partei investieren muss, um Transaktionen mit einer anderen Partei abwickeln zu können. Die Investition ist in dem Sinne spezifisch, dass sie ausserhalb der Vertragsbeziehung keinen oder einen geringen Wert hat. Das Hold-Up-Problem entsteht deshalb, weil sich die investierende Partei nicht die gesamten Investitionserträge aneignen kann: Die andere Vertragspartei kann nach der Investitionsphase mit dem Vertragsausstieg drohen, sofern sie nicht am Investitionsertrag beteiligt wird.

Aufgabe 6

In einer *einseitigen* Hold-Up-Situation können die Eigentumsrechte an den Assets einer einzigen Vertragspartei zugeordnet werden, damit das Problem der Investitionsanreize gelöst werden kann. In einer *zweiseitigen* Hold-Up-Situation — in der beide Parteien investieren müssen — kann dieser Ansatz nur beschränkt zur Lösung des Problems beitragen, weil die Sicherung der Investitionsanreize der einen Partei auf Kosten der Investitionsanreize der anderen Partei geht. Durch diesen Trade-Off ergibt sich eine effiziente Zuordnung der Eigentumsrechte an die Vertragsparteien. Der zentrale Punkt ist, dass das Eigentum an Wertgegenständen ein Instrument zur Beeinflussung von Verhandlungsergebnissen und deshalb von Bedeutung für die Investitionsanreize *beider* Vertragsparteien ist.

7.3 Lösungen zu Kapitel 3

Aufgabe 1

a) Die allgemeinen Preissetzungsregeln lauten "*Grenzerlös = Grenzkosten*" für den Monopolisten und "*Marktpreis = Grenzkosten*" für einen Anbieter bei vollkommener Konkurrenz. Weil der Monopolist für eine gegebene Marktnachfrage eine geringere Menge als die Anbieter bei vollkommener Konkurrenz (zu einem höheren Preis) anbietet, kann die Wohlfahrt nicht maximiert werden. Dies lässt sich daran erkennen, dass die gesellschaftlichen Kosten einer marginalen Outputerhöhung beim Monopol-Output geringer sind als der gesellschaftliche Nutzen, welcher durch die Zahlungsbereitschaft gemessen wird. Oder anders ausgedrückt: Es existieren unausgenützte Handelsgewinne, weil der Monopolist Nachfrager nicht bedient, deren Zahlungsbereitschaft zwischen dem Preis bei vollkommener Konkurrenz und dem Monopolpreis liegt.

b) Für diese und die folgenden Teilaufgaben ist die inverse Nachfragefunktion gegeben durch $P(q) = 100 - q/2$; wir erhalten diese Funktion, indem wir $q = D(p) = 200 - 2p$ nach p auflösen. Der Monopolist löst folgendes Gewinnmaximierungsproblem:

$$\max_{q \geq 0} \pi = q \cdot P(q) - C(q)$$
$$= q\left(100 - \frac{q}{2}\right) - (30 + 3q).$$

Wenn wir die vorstehende Beziehung bezüglich q differenzieren, dann erhalten wir die Bedingung erster Ordnung

$$97 - q^m = 0.$$

Daraus ergibt sich unmittelbar die Monopolmenge $q^m = 97$. Den Monopolpreis p^m erhält man durch Einsetzen der Menge q^m in die inverse Nachfragefunktion; er beträgt $p^m = 51.50$. Der Monopolprofit π^m beträgt folglich $\pi^m = p^m q^m - C(q^m) = 4'674.50$. Die Konsumentenrente CS^m lässt sich über das bestimmte Integral

$$CS^m = \int_{51.50}^{100} D(p)dp = \left[200p - p^2\right]_{51.50}^{100} = 2'352.25.$$

berechnen. In einem letzten Schritt bestimmen wir den Grenzerlös MR^m des Monopolisten. Differenzieren wir den Erlös $R = q \cdot P(q)$ bezüglich q, so erhalten wir

$$MR^m = 100 - q^m = 3,$$

wenn wir die Menge q^m einsetzen. Die Preissetzungsregel "*Grenzerlös = Grenzkosten*" ist also erfüllt.

c) Analog zu oben berechnen wir nun das Mengensetzungsverhalten der Firma bei vollkommener Konkurrenz. Der zentrale Punkt dabei ist, dass der Marktpreis p^c für die Firma ein *Datum* ist. Der Produzent löst für den gegebenen Preis das Gewinnmaximierungsproblem

$$\max_{q \geq 0} \pi = q \cdot p^c - C(q).$$

Wenn wir die vorstehende Beziehung bezüglich q differenzieren, erhalten wir die Bedingung erster Ordnung

$$p^c = C'(q) = 3.$$

Die Preissetzungsregel "*Marktpreis = Grenzkosten*" wird also bestätigt. Weil der Anbieter unter diesen Bedingungen ein Mengenanpasser ist, kann die gewinnmaximale Angebotsmenge über die Nachfragefunktion bestimmt werden:

$$q^c = D(p^c) = 194.$$

Der Gewinn π^c bestimmt sich wiederum aus Erlös minus Kosten und beträgt

$$\pi^c = 3 \cdot 194 - 3 \cdot 194 - 30 = -30.$$

Die Konsumentenrente CS^c lässt sich durch Berechnen des bestimmten Integrals

$$CS^c = \int_3^{100} D(p)dp = \left[200p - p^2\right]_3^{100} = 9'409$$

bestimmen. Beachte, dass der Anbieter ungedeckte Fixkosten in der Höhe von 30 zu tragen hat, die er nicht auf den Absatzpreis abwälzen kann.

Der Wohlfahrtsverlust durch das Verhalten des Monopolisten lässt sich bestimmen, indem wir die Wohlfahrt in den beiden Marktkonstellationen vergleichen. Die Wohlfahrt ist bei vollkommener Konkurrenz gegeben durch

$$W^c = CS^c + \pi^c = 9'379;$$

Im Monopol beträgt die Wohlfahrt

$$W^m = CS^m + \pi^m = 7'026.75.$$

Der Wohlfahrtsverlust L beträgt demnach $L = W^c - W^m = 2'352.25$

d) Um diese Frage beantworten zu können, betrachten wir den Lerner-Index
$$\frac{p^m - C'(q^m)}{p^m} = \frac{1}{\varepsilon}.$$
Ist die Nachfrageelastizität "gross" ("klein"), dann wird die *inverse* Nachfrageelastizität und folglich auch der Markup $p^m - C'(q^m)$ "klein" ("gross").

Aufgabe 2

a) Das Argument von R. Schmalensee beruht auf der Annahme, dass (potentielle) Konkurrenz den Monopolisten Microsoft vom Missbrauch der Marktmacht abhält. Abschnitt 5.3 erläutert dieses Argument im Rahmen des "Contestable Markets"-Konzepts ausführlicher.

b) Die Annahmen der Argumentation von R. Schmalensee sind zu diskutieren. Der Preis der Software ist möglicherweise auch aus anderen Gründen tiefer als der statische Monopolpreis. Es ist durchaus auch denkbar, dass Microsoft einen gewinnmaximalen Monopolpreis setzt, der *intertemporalen* Effekten Rechnung trägt, wie sie in Abschnitt 3.3.4 ("Intertemporales Pricing und Goodwill") erläutert werden: Ein tiefer Preis "heute" steigert die Nachfrage "morgen".

Aufgabe 3

Wir wollen die Lösung des Spiels

	Spieler 2	
Spieler 1	a_2^1	a_2^2
a_1^1	1, 1	0, 2
a_1^2	2, 0	3, 3

in Normalform bestimmen.

a) Ein Gleichgewicht in dominanten Strategien verlangt, dass es für jeden der beiden Spieler eine Strategie gibt, deren Payoff immer grösser ist als der Payoff aller anderen möglichen Strategien.
Überlegen wir uns das für den ersten Spieler. Sein Strategieraum umfasst die Strategien a_1^1 und a_1^2. Für Spieler 1 ist es immer besser, die Strategie a_1^2 zu spielen ($2 > 1$ und $3 > 0$), d.h. wir können die dominierte Strategie a_1^1 ausschliessen. Für Spieler 2 ist der Strategieraum gegeben durch die beiden Strategien a_2^1 und a_2^2. Beachte, dass a_2^2 eine dominante Strategie ist: ($2 > 1$ und $3 > 0$). Folglich ist a_2^2 eine dominante Strategie und a_2^1 die dominierte Strategie. Das Gleichgewicht

dieses Spiels in dominanten Strategien ist die Strategiekombination (a_1^2, a_2^2).

b) Die Strategiekombination (a_1^2, a_2^2) ist auch das Nash-Gleichgewicht dieses Spiels.

Aufgabe 4

Die Reaktionsfunktion beschreibt die beste Antwort des einen Spielers auf eine beliebige Strategiewahl eines anderen Spielers. Im Bertrand-Spiel ist der Strategieraum der i-ten Firma gegeben durch $S_i = [0, \infty)$ und eine Strategie s_i ist die Wahl eines beliebigen Preises $p_i \geq 0$. Die Reaktionsfunktion $R_j(p_i)$ beschreibt die beste Antwort von Spieler j, $j \neq i$, auf die Wahl des Preises p_i. Im Cournot-Spiel ist der Strategieraum der i-ten Firma gegeben durch $S_i = [0, \infty)$ und eine Stategie s_i ist die Wahl einer beliebigen Menge $q_i \geq 0$. Die Reaktionsfunktion $R_j(q_i)$ beschreibt die beste Antwort von Spieler j, $j \neq i$, auf die Wahl der Menge q_i.

Aufgabe 5

Die Kostenfunktion $C(q)$ ist über die Annahme konstanter Grenzkosten von 3 gegeben durch $C(q) = 3q$.

a) Wenn die Firmen ein Kartell bilden, lösen sie das Gewinnmaximierungsproblem
$$\max_{Q \geq 0} \pi = P(Q)Q - C(Q).$$

Aus der Bedingung erster Ordnung ergibt sich die gewinnmaximale Menge $Q^k = 6$. Durch Einsetzen dieser Menge in der (inversen) Nachfragefunktion resultiert der gewinnmaxierende Preis $p^k = 9$. Wenn wir davon ausgehen, dass die beiden Firmen die Produktion symmetrisch aufteilen, ergeben sich die individuellen Produktionsmengen $q_1^k = q_2^k = 3$. Der resultierende Gewinn der Anbieter beträgt dann $\pi_1^k = \pi_2^k = 18$; der aggregierte Gewinn ist folglich gegeben durch $\Pi^k = \pi_1^k + \pi_2^k = 36$.

b) Wenn die beiden Firmen Cournot-Duopolisten sind, dann ist die Strategiekombination (q_1^*, q_2^*) ein Nash-Gleichgewicht, wenn für jede Firma i die Menge q_i^* das Gewinnmaximierungsproblem
$$\max_{q_i \geq 0} \pi_i(q_i, q_j) = q_i[15 - (q_i + q_j) - 3]$$

löst. Die Bedingung erster Ordnung erhalten wir durch Differenzieren der vorstehenden Beziehung nach q_i:
$$q_i^* = 6 - \frac{q_j}{2}.$$

Damit nun die Strategiekombination (q_1^*, q_2^*) ein Nash-Gleichgewicht ist, muss sie also den Bedingungen

$$q_1^* = 6 - \frac{q_2^*}{2} \tag{7.1}$$

und

$$q_2^* = 6 - \frac{q_1^*}{2} \tag{7.2}$$

genügen. Gleichung (7.1) ist die Reaktionsfunktion von Firma 1 auf die Menge q_2^*; Gleichung (7.2) ist entsprechend die Reaktionsfunktion von Firma 2. Wenn wir dieses Gleichungssystem lösen, erhalten wir die individuellen Angebotsmengen

$$q_1^* = q_2^* = 4$$

und daraus die aggregierte Angebotsmenge $Q^* = q_1^* + q_2^* = 8$. Den Marktpreis erhalten wir wiederum durch Einsetzen der Menge $Q^* = 8$ in die (inverse) Nachfragefunktion: Es resultiert $p^* = 7$. Die individuellen Gewinne lassen sich nun leicht berechnen. Es ergibt sich $\pi_1^* = \pi_2^* = 16$, und der aggregierte Gewinn beträgt $\Pi^* = \pi_1^* + \pi_2^* = 32$.

c) Wenn die beiden Firmen Bertrand-Duopolisten sind, wird das gleiche Marktergebnis wie bei vollkommener Konkurrenz realisiert. Der Preis entspricht im Gleichgewicht also gerade den Grenzkosten. Folglich ist $p^c = 3$. Das Gesamtangebot ist dann wiederum über die (inverse) Nachfragefunktion bestimmt und beträgt $q^c = 12$. Die individuellen Mengenangebote q_1^c und q_2^c betragen je 6, und die Gewinne der Anbieter sind gleich Null.

d) Wir wissen, dass Firma 1 der Stackelbergführer ist. Firma 1 wählt zuerst eine Menge $q_1 \geq 0$; Firma 2 beobachtet diese Menge und wählt dann ihre Menge $q_2 \geq 0$. Der Gewinn für Firma i ist gegeben durch

$$\pi_i(q_i, q_j) = q_i[P(Q) - c].$$

Wir können die Lösung dieses Spiels mittels Rückwärtsinduktion bestimmen, indem wir die Reaktionsfunktion von Firma 2 betrachten. Die optimale Antwort von Firma 2 auf die Menge q_1 muss das Gewinnmaximierungsproblem

$$\max_{q_2 \geq 0} \pi_2(q_1, q_2) = q_2[15 - (q_1 + q_2) - 3]$$

lösen. Differenzieren wir die vorstehende Beziehung bezüglich q_2 und lösen nach q_2 als Funktion von q_1 auf, so erhalten wir die Reaktionsfunktion

$$R_2(q_1) = \frac{12 - q_1}{2}.$$

Weil Firma 1 in der Lage ist, das Optimierungsproblem von Firma 2 ebenfalls zu lösen, kann sie die beste Antwort $R_2(q_1)$ von Firma 2 antizipieren. Auf der ersten Stufe löst die Firma 1 deshalb das Gewinnmaximierungsproblem

$$\max_{q_1 \geq 0} \pi_1(q_1, R_2(q_1)) = q_1[15 - (q_1 + R_2(q_1)) - 3]$$
$$= q_1 \frac{12 - q_1}{2}.$$

Über die Bedingung erster Ordnung erhält man durch Auflösen nach q_1 das Ergebnis $q_1^* = 6$. Setzen wir diese Menge in der Reaktionsfunktion $R_2(q_1)$ von Firma 2 ein, so erhalten wir $q_2^* = 3$. Die aggregierte Menge Q^* ist dann gegeben durch $Q^* = q_1^* + q_2^* = 9$. Der Marktpreis lässt sich wiederum über die (inverse) Nachfragefunktion bestimmen und beträgt $p^* = 6$. Der Gewinn von Firma 1 beläuft sich auf $\pi_1 = 18$, derjenige von Firma 2 auf $\pi_2 = 9$. Der aggregierte Gewinn beträgt $\Pi^* = \pi_1^* + \pi_2^* = 27$.

Aufgabe 6

a) Wenn die beiden Firmen Cournot-Duopolisten sind, dann ist die Strategiekombination (q_1^*, q_2^*) ein Nash-Gleichgewicht, wenn für jede Firma i die Menge q_i^* das Gewinnmaximierungsproblem

$$\max_{q_i \geq 0} \pi_i(q_i, q_j) = q_i[1 - (q_i + q_j) - c]$$

löst. Die Bedingung erster Ordnung erhalten wir durch Differenzieren der vorstehenden Beziehung bezüglich q_i:

$$q_i^* = \frac{1 - q_j - c}{2}.$$

Damit die Strategiekombination (q_1^*, q_2^*) ein Nash-Gleichgewicht ist, muss sie den Bedingungen

$$q_1^* = \frac{1 - q_2^* - c}{2}$$

und

$$q_2^* = \frac{1 - q_1^* - c}{2}$$

genügen. Wenn wir dieses Gleichungssystem lösen, erhalten wir die individuellen Angebotsmengen

$$q_1^* = q_2^* = \frac{1 - c}{3}.$$

b) Wir wissen, dass Firma 2 der Stackelbergführer ist. Firma 2 wählt zuerst eine Menge $q_2 \geq 0$; Firma 1 beobachtet diese Menge und wählt dann ihre Menge $q_1 \geq 0$. Der Gewinn für Firma i ist gegeben durch

$$\pi_i(q_i, q_j) = q_i[P(Q) - c].$$

Wir können die Lösung dieses Spiels mittels Rückwärtsinduktion bestimmen, indem wir die Reaktionsfunktion von Firma 1 auf eine beliebige Menge q_2 berechnen. Die optimale Antwort von Firma 1 auf die Menge q_2 muss das Gewinnmaximierungsproblem

$$\max_{q_1 \geq 0} \pi_1(q_1, q_2) = q_1[1 - (q_1 + q_2) - c]$$

lösen. Differenzieren wir die vorstehende Beziehung bezüglich q_1 und lösen nach q_1 als Funktion von q_2 auf, so erhalten wir die Reaktionsfunktion

$$R_1(q_2) = \frac{1 - q_2 - c}{2}.$$

Weil Firma 2 in der Lage ist, das Optimierungsproblem von Firma 1 ebenfalls zu lösen, kann sie die beste Antwort $R_1(q_2)$ auf eine Menge q_2 antizipieren. Auf der ersten Stufe löst Firma 2 deshalb das Gewinnmaximierungsproblem

$$\begin{aligned}
\max_{q_2 \geq 0} \pi_2(R_1(q_2), q_2) &= q_2[1 - (R_1(q_2) + q_2) - c] \\
&= q_2[1 - (\frac{1 - q_2 - c}{2} + q_2) - c] \\
&= q_2[1 - (\frac{1 + q_2 - c}{2}) - c].
\end{aligned}$$

Die Bedingung erster Ordnung erhalten wir, in dem wir die vorstehende Beziehung bezüglich q_2 differenzieren. Das führt auf

$$q_2^* = \frac{1 - c}{2}.$$

Durch Einsetzen von q_2^* in der Reaktionsfunktion ergibt sich

$$R_1(q_2^*) = \frac{1 - c}{4}.$$

Die gleichgewichtigen Outputs der Firmen betragen also

$$(q_1^*, q_2^*) = \left(\frac{1 - c}{4}, \frac{1 - c}{2}\right).$$

7.4 Lösungen zu Kapitel 4

Aufgabe 1

Das Spiel wird dreimal wiederholt, insgesamt also viermal gespielt. Im Falle eines endlich oft wiederholten Spiels wird in jeder Periode das Gleichgewicht des statischen Spiels gespielt. Wir können also das Nash-Gleichgewicht des statischen Spiels bestimmen und die relevanten Auszahlen jeder Periode auf die Gegenwart abdiskontieren.

Das Nash-Gleichgewicht dieses Spiels ist die Strategiekombination (L_B, L_A) mit den zugehörigen Auszahlungen $(2,2)$. Die Auszahlungen für Spieler A und B sind dann gegeben durch

$$\pi^A = \pi^B = \sum_{t=0}^{3} \delta^t \cdot (2) = 3.75.$$

Aufgabe 2

a) Weil dieses Spiel nur endlich oft — nämlich dreimal — gespielt wird, können wir das Gleichgewicht des statischen Spiels bestimmen. Wenn die beiden Firmen Cournot-Duopolisten sind, dann ist die Strategiekombination (q_{1t}^*, q_{2t}^*) ein Nash-Gleichgewicht, wenn für jede Firma i die Menge q_{it}^* das Gewinnmaximierungsproblem

$$\max_{q_{it} \geq 0} \pi_{it}(q_{it}, q_{jt}) = q_{it}[1 - (q_{it} + q_{jt}) - c]$$

für $t = 1, 2, 3$ löst. Die Bedingung erster Ordnung erhalten wir durch Differenzieren der vorstehenden Beziehung bezüglich q_{it}:

$$q_{it} = \frac{1 - q_{jt} - c}{2}.$$

Damit die Strategiekombination (q_{1t}^*, q_{2t}^*) ein Nash-Gleichgewicht ist, muss sie den Bedingungen

$$q_{1t}^* = \frac{1 - q_{2t}^* - c}{2}$$

und

$$q_{2t}^* = \frac{1 - q_{1t}^* - c}{2}$$

genügen. Wenn wir dieses Gleichungssystem lösen, erhalten wir die individuellen Angebotsmengen

$$q_{1t}^* = q_{2t}^* = \frac{1-c}{3}.$$

Den Marktpreis $P_t(Q_t)$, mit $Q_t = q_{1t}^* + q_{2t}^*$, erhält man durch Einsetzen der gleichgewichtigen Mengen q_{1t}^* und q_{2t}^* in die inverse Nachfragefunktion. Das Ergebnis lautet

$$P_t(Q_t) = \frac{1+2c}{3}.$$

Der Gewinn in jeder Periode t lässt sich ermitteln, indem man die relevante Menge und den Preis in der Gewinnfunktion einsetzt. Das Ergebnis lautet für $t = 1, 2, 3$,

$$\pi_{it}^*(q_{it}^*, q_{jt}^*) = \left(\frac{1-c}{3}\right)^2.$$

Den Gewinn aus dem wiederholten Spiel erhalten wir (wegen $\delta = 1$) aus der Addition der Periodengewinne; er ist gegeben durch

$$\sum_{t=0}^{2} \pi_{it}^*(q_{it}^*, q_{jt}^*) = \frac{(1-c)^2}{3}.$$

b) Ja. Die Periodengewinne betragen jeweils 0, weil beim Bertrand-Wettbewerb mit homogenen Gütern und identischen Grenzkosten in jeder Periode $p = c$ gilt.

c) Diese Ergebnisse sind im Bezug auf das Verhalten von Unternehmen in Oligopolmärkten relevant. Es muss im Einzelfall überprüft werden, ob die (restriktiven) Annahmen gerechtfertigt sind oder nicht. In diesem speziellen Fall ist insbesondere die Annahme des endlichen Zeithorizontes ohne Unsicherheit kritisch — in der Realität ist beispielsweise die Abbruchperiode des Spiels nicht a priori gegeben.

Aufgabe 3

a) Wir wollen in einem ersten Schritt die Trigger-Strategie formalisieren. Dazu definieren wir die Geschichte H_t des Spiels bis zum Zeitpunkt t — die allen Spielern bekannt ist — durch $H_t = (p_0, p_1, ..., p_{t-1})$, wobei p_τ den Preis in einer beliebigen Periode τ bezeichnet. Für die Unternehmung $i = 1, 2$ lautet die Trigger-Strategie

$$p_{it}(H_t) = \begin{cases} p_t^m, & \text{wenn } H_t = (p_0^m, p_1^m, ..., p_{t-1}^m) \\ c, & \text{sonst.} \end{cases}$$

Firma i spielt also den Monopolpreis p_t^m in Periode t, falls in der Vorperiode der Monopolpreis p_{t-1}^m gespielt wurde; ansonsten wählt sie $p_t(H_t) = c$.

Die Bedingung, damit der Monopolpreis in der beliebigen Periode t gestützt werden kann, ist gegeben durch

$$\frac{\pi^m}{2}(1+\delta+\delta^2+....) \geq \pi^m.$$

Die linke Seite der vorstehenden Beziehung ist der Gewinnstrom, wenn für alle Perioden kooperiert wird; die rechte Seite ist der Abweichungsgewinn; er entspricht dem Monopolgewinn. Die Anwendung der Summenformel für die geometrische Reihe mit $\delta < 1$ führt auf die Bedingung

$$\frac{\pi^m}{2}\frac{1}{1-\delta} \geq \pi^m$$

und damit unmittelbar auf

$$\delta \geq \frac{1}{2}.$$

Unter der Voraussetzung, dass $\delta \geq 0.5$ ist, ist das Spielen des Monopolpreises eine Gleichgewichtsstrategie.

b) Nein. Das Folk-Theorem stützt jeden Preis $p_{it}(H_t) \in [c, p^m]$, solange δ hinreichend gross ist. Für entsprechende Diskontfaktoren δ sind beispielsweise $p_{it}^1(H_t) = (p^m-c)/2$ oder $p_{it}^2(H_t) = (p^m-c)/4$ mögliche Gleichgewichtspreise.

c) Durch die Einführung einer Zeitverzögerung von einer Periode ergibt sich für die Firma folgende Stabilitätsbedingung für kooperatives Verhalten:

$$\frac{\pi^m}{2}(1+\delta+\delta^2+....) \geq \pi^m + \delta\pi^m = (1+\delta)\pi^m$$

Gegenüber Teilaufgabe a) besteht der Abweichungsgewinn nicht mehr nur aus dem Monopolgewinn in einer Periode, sondern auch aus dem abdiskontierten Monopolgewinn der Folgeperiode. Durch Umformen ergibt sich über

$$\frac{1}{1-\delta} \geq 2(1+\delta)$$

direkt

$$\delta \geq \sqrt{\frac{1}{2}} \approx 0.71.$$

Der Diskontfaktor muss also grösser sein als für den Fall, in dem bereits nach einer Periode bestraft werden kann.
Verspätete Bestrafung ist eine Abschwächung der Bestrafung, weil die Abweichungsgewinne steigen. Für den Fall, dass nicht-kooperatives Verhalten nie festgestellt werden kann, ist Kollusion bei Bertrand-Konkurrenz nicht möglich.

Wir können dieses Argument formalisieren, indem wir den Konkurrenten nach t Perioden "bestrafen" und uns überlegen, welche Anforderung die Bedingung

$$\frac{\pi^m}{2}(1 + \delta + \delta^2 + \ldots) \geq \pi^m(1 + \delta + \ldots + \delta^{t-1})$$

an δ stellt. Wenn wir die vorstehende Beziehung umformen[1], erhalten wir über

$$\frac{1}{2}\frac{1}{1-\delta} \geq \frac{1-\delta^t}{1-\delta}$$

die Restriktion

$$\delta \geq \left(\frac{1}{2}\right)^{1/t}.$$

Für grosse t muss folglich gelten, dass die Bedingung

$$\delta \geq \lim_{t \to \infty} \left(\frac{1}{2}\right)^{1/t} = 1 \qquad (7.3)$$

erfüllt ist. Sie impliziert, dass die Individuen im Limit *keine* Gegenwartspräferenz haben ($\delta = 1$).

d) Wenn $\delta < 0.5$, kann Kollusion nicht gestützt werden, weil der Abweichungsgewinn den Gewinn aus der Kooperation übertrifft. Betrachten wir zur Interpretation von $\delta < 0.5$ den Fall, in dem eine Abbruchswahrscheinlichkeit ϕ des Spiels nach einer zufälligen Anzahl von Perioden gegeben ist. Die zukünftigen Gewinne werden dann mit dem Faktor $\overline{\delta} = (1-\phi)\delta$ abdiskontiert. Ist diese Wahrscheinlichkeit ϕ nahe bei 1 — und damit die Wahrscheinlichkeit $(1-\phi)$, dass das Spiel in der nächsten Periode fortgesetzt wird, nahe bei 0 — kann der Fall $\overline{\delta} < 0.5$ rasch eintreten.

e) Nein. Letzlich muss jedoch die Frage, ob Kollusion gestützt werden kann, für jeden Markt unter Berücksichtigung der spezifischen Gegebenheiten analysiert werden.

Aufgabe 4

a) Wenn die Strategien unabhängig für die beiden Märkte festgelegt werden, kann Kollusion auf dem ersten Markt gestützt werden; nicht jedoch auf dem zweiten Markt (vergleiche die Argumentation bei der vorherigen Aufgabe).

---

[1] Hinweis: Es gilt $(1 + \delta + \ldots + \delta^{t-1})(1-\delta) = (1-\delta^t)$.

b) Die Firma sollte den Kampf in einer Periode beginnen, in der lediglich der Preis auf dem ersten Markt gesetzt wird. Der Grund liegt darin, dass sie dann während einer Periode auf *zwei* Märkten abweichen kann, bevor ihr Verhalten bestraft wird. Das Verhalten der Firma könnte man wie folgt auf den Punkt bringen: "Wenn ich mich schon nicht-kooperativ verhalte, dann aber richtig".

c) Nein, weil sie dann nur während einer Periode auf *einem* Markt abweichen kann.

7.5 Lösungen zu Kapitel 5

Aufgabe 1

a) Um eine Aussage über den maximal erzielbaren Gewinn machen zu können, betrachten wir zunächst den Verlauf der Durchschnittskostenfunktion
$$AC(q) = \frac{C(q)}{q} = \frac{f}{q}.$$
Da für alle $q > 0$ gilt
$$\frac{\partial AC(q)}{\partial q} = -\frac{f}{q^2} < 0,$$
fallen die Durchschnittkosten über den gesamten relevanten Mengenbereich. Somit liegt ein natürliches Monopol vor. Folglich ist der maximal erzielbare Gewinn auf diesem Markt der Monopolgewinn, der durch das Lösen des Gewinnmaximierungsproblems
$$\max_{p} \pi(p) = p(1-p) - f$$
ermittelt werden kann. Es folgt $p^m = 0.5$, und durch Einsetzen dieses Preises in die Nachfragefunktion erhält man $q^m = 0.5$; der maximale Erlös beträgt also $R^m = 0.25$. Damit der Markt durch einen Monopolisten bedient wird, müssen die Fixkosten also der Bedingung $f < 0.25$ genügen, falls wir von einer Subventionierung des Unternehmens absehen.

b) Falls der Markt durch einen Monopolisten bedient wird, kann er beim Vorliegen von Fixkosten in der Höhe von $f = \frac{3}{16}$ einen Gewinn $\pi^m = \frac{1}{4} - \frac{3}{16} = \frac{1}{16}$ realisieren. Bieten jedoch zwei oder mehr Firmen an ($n \geq 2$), so erwirtschaftet mindestens eine Firma Verluste, weil der maximal erzielbare Erlös $R^m = \frac{1}{4}$ kleiner ist als der Fixkostenblock $n\frac{3}{16}$ für $n \geq 2$. Die Replikation der Fixkosten führt dazu, dass nur eine Firma am Markt operieren kann. Anders ist die Situation, wenn die Fixkosten durch $f = \frac{1}{8}$ gegeben sind. Falls zwei Firmen am Markt operieren und ein Kartell bilden, so können sie gerade einen Gewinn von null erzielen.

c) Weil der Markt bestreitbar ist, wird der Monopolist in der nachhaltigen Marktkonfiguration dazu gezwungen, den Preis so zu setzen, dass der Erlös den Fixkosten entspricht. Der Preis muss also folgende Bedingung erfüllen:
$$R = p^n(1 - p^n) = f = \frac{3}{16}.$$

Löst man diese quadratische Gleichung nach p auf, erhält man die beiden Lösungen $p_1^n = 0.75$ und $p_2^n = 0.25$. Die erste Lösung entfällt, da der Preis p_1^n den Monopolpreis übersteigt und somit nicht optimal sein kann. Folglich setzt der Monopolist den nachhaltigen Preis $p^n = 0.25$ und die zugehörige Menge $q^n = 0.75$. Durch dieses Preissetzungsverhalten wird die Wohlfahrt nicht maximiert, da $p > c = 0$.

Aufgabe 2

a) Die Preiselastizität der Nachfrage ist definiert als

$$\varepsilon \equiv -\frac{pq'(p)}{q}.$$

Die Marktnachfrage ist gegeben durch $q(p) = \frac{S}{p}$. Durch Differenzieren der Marktnachfrage erhalten wir

$$q'(p) = -\frac{S}{p^2}.$$

Durch Einsetzen ergibt sich

$$\varepsilon = -\frac{p}{q}\frac{S}{p^2} = \frac{S}{pq} = 1,$$

wobei das letzte Gleichheitszeichen unmittelbar aus der Form der Nachfrage $q(p) = \frac{S}{p}$ folgt. Die Elastizität ε ist also konstant bzw. unabhängig von der Menge. Die Nachfrage ist folglich isoelastisch.

b) Für die Diskussion des Cournot-Wettbewerbs wollen wir zunächst die relevanten Grössen definieren, wenn n Firmen am Markt operieren. Das aggregierte Angebot ist durch

$$Q \equiv \sum_{i=1}^{n} q_i$$

gebeben. Für die inverse Nachfragefunktion erhalten wir

$$p(Q) = \frac{S}{Q}.$$

Eine beliebige Firma i löst dann das Gewinnmaximierungsproblem

$$\max_{q_i \geq 0} \pi_i = q_i \frac{S}{\sum_{i=1}^{n} q_i} - cq_i - f.$$

Die Bedingung erster Ordnung lautet

$$\frac{S\sum_{i=1}^{n} q_i^* - q_i^* S}{\left(\sum_{i=1}^{n} q_i^*\right)^2} - c = 0.$$

Über die Annahme symmetrischer Firmen, d.h. $q_1 = \ldots = q_n = q^*$, erhalten wir durch einfache Umformungen die individuelle Angebotsmenge
$$q^* = \frac{S(n-1)}{n^2 c}$$
und durch Aggregation den Gesamtoutput
$$Q^* = nq^* = \frac{S(n-1)}{nc}.$$
Den zugehörigen Marktpreis können wir dann durch Einsetzen von Q^* in die Marktnachfrage bestimmen:
$$P(Q^*) = \frac{S}{Q^*} = \frac{nc}{n-1}.$$
Den Gewinn einer beliebigen Firma i können wir nun leicht ermitteln:
$$\begin{aligned}\pi_i^* &= q^* P(Q^*) - cq^* - f \\ &= \frac{S(n-1)}{n^2 c} \frac{nc}{n-1} - c\frac{S(n-1)}{n^2 c} - f.\end{aligned}$$
Durch Vereinfachen dieses Ausdrucks erhalten wir
$$\pi_i^* = \frac{S}{n} - f. \tag{7.4}$$
Befinden sich bereits k Firmen im Markt, so lautet das *Entscheidungskriterium* für einen Markteintritt der $(k+1)$-ten Firma
$$\pi_i^* = \frac{S}{k+1} - f \geq 0.$$
Es erfolgen solange Marktzutritte, bis der Marktzutritt nicht mehr profitabel ist. Wir bestimmen also die ganzzahlige Anzahl Firmen $n_\lrcorner$, so dass für alle Firmen i gilt $\pi_i \geq 0$. Dazu setzen wir in Gleichung (7.4) $\pi_i = 0$. Das führt auf
$$n_\lrcorner^* \leq n^* = \sqrt{\frac{S}{f}}.$$

c) Für die Diskussion des Bertrand-Wettbewerbs können wir auf das bekannte Ergebnis zurückgreifen, dass im Gleichgewicht $p = c$ gilt. Wenn wir wiederum den Gewinn der beliebigen Firma i für $n \geq 2$ ermitteln, so erhalten wir
$$\pi_i = -f.$$
Falls nur eine Firma eintritt, kann sie den Monopolerlös $R^m = p^m q^m$ abzüglich Fixkosten f realisieren. Die *Eintrittsentscheidung* bei Bertrand-Wettbewerb lautet dann einzutreten, falls keine andere Firma eintritt. Die eintretende Firma setzt den Monopolpreis p^m.

d) Der Kartellerlös R^m, der auf dem Markt realisiert werden kann, hängt nicht von der Anzahl Firmen im Markt ab. Für die *Eintrittsentscheidung* in der ersten Stufe des Spiels ist für die n-te Firma lediglich relevant, ob ihr Anteil am Kartellerlös die Fixkosten übersteigt, d.h. ob

$$\frac{R^m}{n} \geq f$$

ist. Die ganzzahlige Anzahl Firmen im Gleichgewicht beträgt dann

$$n^*_\lrcorner \leq n^* = \frac{R^m}{f}.$$

e) Die Gleichgewichte sind lediglich eindeutig bezüglich der *Anzahl* von Firmen, welche sich im Gleichgewicht im Markt befinden. Mit unseren Annahmen sind wir nicht in der Lage, eine Aussage darüber zu machen, *welche* Firmen im Gleichgewicht in den Markt eintreten.

Aufgabe 3

Die untenstehende Tabelle fasst die Gewinne der Firmen in den potentiell möglichen Spielausgängen zusammen, wobei sich der Marktaustritt auf Firma 1 bezieht.

	Marktaustritt	**Kein Marktaustritt**
Firma 1	0	$\pi_1(K, x_1^*(K), x_2^*(K))$
Firma 2	$\pi_2^m(K, x_2^m)$	$\pi_2(K, x_1^*(K), x_2^*(K))$

a) Falls Firma 1 nicht austritt, wählen in der zweiten Spielstufe beide Firmen ihre Handlungsvariablen $x_i^*(K)$ in Abhängigkeit der getätigten Investitionen K von Firma 2. Firma 2 kann nun über die Wahl von K in der ersten Spielperiode die Austrittsentscheidung von Firma 1 beeinflussen: Sie wird den Wert von K gerade so festlegen, dass gilt

$$\pi_1(K, x_1^*(K), x_2^*(K)) = 0.$$

Firma 1 wird dann aus dem Markt austreten.

b) Wir können die optimalen Verhaltensstrategien von Firma 2 wie folgt systematisieren:

	Investition von Firma 2 ...	
	schadet Firma 1	nützt Firma 1
fallende Reaktionskurven (strat. Substitute, $R'_j(x_i) < 0$)	Top Dog	Lean & Hungry Look
steigende Reaktionskurven (strat. Komplemente, $R'_j(x_i) > 0$)	Top Dog	Lean & Hungry Look

Abbildungsverzeichnis

1.1	Industrieökonomik im mikroökonomischen Kontext	3
1.2	Behavioristische Position	4
1.3	Strukturalistische Position	6
1.4	Position der Neueren Industrieökonomik	8
2.1	Unterschiedliche Verläufe von Durchschnittskosten	18
2.2	Transportkosten und optimale Betriebsgrösse	21
2.3	Definitionen des natürlichen Monopols	24
2.4	Subadditivität im Zweigüter-Fall	26
2.5	Schätzung der Kostenfunktion von BT	28
2.6	Menü von Anreizverträgen	34
2.7	Timing in unvollständigen Verträgen	38
3.1	Das Eingüter-Monopol	62
3.2	Beispiel einer X-Ineffizienz	65
3.3	Extensive Form eines dynamischen Spiels	75
3.4	Das Bertrand-Nash-Gleichgewicht	79
3.5	Reaktionsfunktionen im Cournot-Beispiel	84
3.6	Das Stackelberg-Duopol	87
3.7	Preisführerschaft bei homogenen Gütern	89
4.1	Das Frachtbasissystem	106
4.2	Stabile Kollusion im statischen Cournot-Oligopol	114
4.3	Kostenänderungen durch F&E	132

4.4	Verschiedene Fusionstypen	139
4.5	Doppelte Marginalisierung	141
4.6	Vertikale Diskriminierung	143
5.1	Natürliche Marktformen	155
5.2	Nachhaltige Marktkonfiguration bei zunehmenden Skalenerträgen	159
5.3	Struktur der zweistufigen Spiele	162
5.4	Konzentration, Marktgrösse und Wettbewerbsintensität	165
5.5	Anzahl Anbieter im Optimum und bei freiem Marktzutritt	170
5.6	Reduktion der Grenzkosten bei Cournot-Konkurrenz	175
5.7	Strategiewahl in unterschiedlichen Marktsituationen	178
6.1	Marktgleichgewichte und Identifikation	198
6.2	Identifikationsproblem ohne Interaktionsterm	209
6.3	Identifikation mit interaktiver exogener Variable	209
6.4	Nachfrage und Angebot in einem Marktexperiment	216

Tabellenverzeichnis

2.1	Menü von Anreizverträgen	35
3.1	Arten von Preisdiskriminierung	69
3.2	Gefangenendilemma	73
3.3	Ein alternatives Spiel in Normalform	74
3.4	Normalform des dynamischen Spiels	75
3.5	Limit Pricing unter Unsicherheit	92
4.1	Alternative Formen der Kooperation	102
4.2	Ein einfaches Kartell-Spiel	108
4.3	Zusammenfassung der Marktergebnisse	112
4.4	Wiederholtes Gefangenendilemma	115
4.5	Kostenreduktion und Produktionsmengen im Gleichgewicht	131
4.6	m-Firmen- vs. Herfindahl-Index: Ein Beispiel	135
5.1	Gewinne im zweistufigen Marktzutrittsspiel	172
5.2	Geschäftsstrategien nach FUDENBERG und TIROLE (1984)	175
5.3	Optimale Verhaltensstrategien bei Marktzutrittsabwehr	179
5.4	Optimale Verhaltensstrategien nach dem Marktzutritt	179
5.5	Optimale Entscheidungen bei sequentiellen Fusionen	183
6.1	Parameter des Marktexperiments	215
6.2	Theoretische Prognosen für das Marktergebnis	216
6.3	Transaktionspreise im Marktexperiment	217

6.4 Ergebnisse des Bertrand-Experiments 219
6.5 Theoretische Prognosen für das Cournot-Experiment 220
6.6 Ergebnisse des Cournot-Experiments 221

Index

Abweichungsgewinn, 120
Abweichungsverlust, 120
Angebotsrelation
    aggregierte, 206
    individuelle, 205
Anreizvertrag, 30
Ausschlussrestriktion, 201

Bertrand-Oligopol, 78
Bertrand-Paradoxon, 78
Betriebsgrösse, optimale, 18
Business Stealing, 169

Coasesche Vermutung, 71
Contestable Markets, 156
    Hit-and-Run-Entry, 159
    Marktkonfiguration, 156
        mögliche, 157
        nachhaltige, 157
Cournot-Oligopol, 81

Doppelte Marginalisierung, 140
Double Auction, 217

Economies of Scale, 16
Economies of Scope, 21

Eigentumsrechtlicher Ansatz, 42
    Eigentum, 42
    Firma, 43
    residuales Recht, 42
    spezifisches Recht, 42
Entry Accomodation, 176
Entry Deterrence, 172
Experimente, 212

Fat-Cat-Strategie, 175
Firma
    eigentumsrechtlicher Ansatz, 43
    technische Sicht, 14
Folk-Theorem, 119
Frachtbasissystem, 105
Franchising, 142
Fringe, 110
Fusionen, 104
    externer Effekt, 138
    horizontale, 136
    sequentielle, 180
    Synergien, 137
    vertikale, 140

Gewinnmaximierungs-Hypothese, 14
Gleichgewicht
    in dominanten Strategien, 75
    Nash-Gleichgewicht, 77
Goodwill, 70

Hit-and-Run-Entry, 159
Hold-Up-Problem, 40
Homogenitätsgrad, 16

Identifikation, 197
    eines Marktmodells, 200
    im Oligopol, 207
Ineffizienz
    ex ante, 40
    ex post, 39
Informationsasymmetrie, 30
    Anreizverträglichkeitsbedingung, 30
    Teilnahmebedingung, 30
Informationsrente, 34
Instrumente, 203
Investitionsanreize, 44
    individuelle, 45
    soziale, 45

Joint Ventures, 104
    horizontale, 128
    in Forschung und Entwicklung, 130

Kartelle, 102
    horizontale, 103
    partielle, 113
    vertikale, 103
    vollständige, 112
Kartellstabilität
    externe, 109
    interne, 109
Kollusion
    bei dynamischer Konkurrenz, 114
    bei statischer Konkurrenz, 109
Konkurrenz
    monopolistische, 58
    oligopolistische, 71
    vollkommene, 56
Konsistenz, 202
Konsumentenrente, 62
Konzentration
    Herfindahl-Index, 134
    m-Firmen-Index, 134
Kooperation
    offene, 102
    verdeckte, 107
Kostenfunktion, 15
    decreasing ray average cost, 25
    Durchschnittskostenfunktion, 15
    Grenzkostenfunktion, 15
    Stückkostenfunktion, 15
    transray convexity, 25
Kostenminimierungsproblem, 14

Lean-and-Hungry-Look-Strategie, 175
Lerner-Index, 60
Limit Pricing, 91

Marktgrösse, 164
Marktzutrittskosten, 160
    endogene, 166
    exogene, 161
Markup, 60
Maximum efficient scale, 19
Mengenführerschaft, 86
Minimum efficient scale, 19
Modellstruktur, 199
Monopol, 59
    Mengen, 59
    Preise, 59
    Qualität, 63

Nash-Gleichgewicht, 77
Natürliches Monopol, 23
    Eingüter-Fall, 23
        Skalenertragsdefinition, 23
        Subadditivitätsdefinition, 23

Mehrgüter-Fall, 25
Neue Empirische Industrieökonomik (NEIO), 8, 203
Neuere Industrieökonomik, 7
Normierungsvorschrift, 201

Oligopol, 71
    Bertrand, 78
    Cournot, 81
    Stackelberg, 86

Polypol, 56
Preisdiskriminierung, 67
    1. Grades, 69
    2. Grades, 70
    3. Grades, 69
Preiselastizität der Nachfrage, 60
    Eigenpreiselastizität, 67
    Kreuzpreiselastizität, 67
Preisführerschaft, 88
Prinzipal-Agent-Ansatz, 29
Produktdifferenzierung, 89
Produktqualität, 63
Produzentenrente, 62
Puppy-Dog-Strategie, 175

Qualität, 63

Rückwärtsinduktion, 87
Raising Rivals' Cost, 144
Ramsey-Index, 67
Reaktionsfunktion, 83
Resale Price Maintenance (RPM), 103
Residuale Nachfrage, 89
Residuales Recht, 42

SCP-Paradigma, 4
    behavioristische Position, 4
    strukturalistische Position, 6
Skalenerträge, 16
    abnehmende, 17
    konstante, 17
    zunehmende, 17
Spezifisches Recht, 42
Spiel, 72

extensive Form, 74
Normalform, 73
Spillovers, 130
Stackelberg-Oligopol, 86
Sunk-Costs, 161
Superspiel, 115
Synergien, 137

Top-Dog-Strategie, 175
Traditionelle Industrieökonomik, 4
Transaktion, Charakteristika, 37
    Häufigkeit, 37
    Spezifizität, 37
    Unsicherheit, 37
Transaktionskosten-Ansatz, 37
Trigger-Strategie, 117

Verband, 105
Verbundvorteile, 21
Vertical Foreclosure, 143
Vertikale Diskriminierung, 143
Verträge
    unvollständige, 39
    vollständige, 38

Wettbewerbsintensität, 205
Wettbewerbspolitische Thesen, 184
Williamson Puzzle, 41
Wohlfahrt, 62

X-Ineffizienz, 64

U. van Suntum
Die unsichtbare Hand
Ökonomisches Denken gestern und heute

Woher kommt die hohe Arbeitslosigkeit? Soll man sich vor Billigimporten aus dem Ausland schützen? Sind die Löhne zu hoch oder zu niedrig? Kann der Staat die Wirtschaft aus der Krise führen? Ohne jeden formalen Aufwand, stattdessen mit einfachen Abbildungen und zahlreichen wirtschaftshistorischen Illustrationen, wird der Leser mit den Gesetzmäßigkeiten der Wirtschaft vertraut gemacht. Ein umfassendes Fachbuch der Volkswirtschaftslehre für jedermann.

2., durchges. Aufl. 2001. XVII, 314 S. 46 Abb. Geb. DM 39,90; sFr 36,-; ab 1. Jan. 2002: € 19,95
ISBN 3-540-41003-1

F. Söllner, TU Ilmenau
Die Geschichte des ökonomischen Denkens

„Die Geschichte des ökonomischen Denkens" gibt einen umfassenden und dennoch detaillierten Überblick über die Entwicklung der ökonomischen Theorie. Die Gesamtschau zeigt wichtige Zusammenhänge und Unterschiede zwischen den verschiedenen Denkrichtungen auf und erleichtert so deren Verständnis. Den Schwerpunkt bildet die Darstellung von Vorklassik, Klassik und Neoklassik. Neben dem „mainstream" geht das Buch ferner auf konkurrierende Schulen und auf neuere Entwicklungen ein.

„Die Darstellung der einzelnen Theorien, Paradigmen und Modellansätze ist knapp, enzyklopädisch konzis und dennoch gut verständlich."
„...eine umfassende und zugleich profunde Zusammenschau über das Sein und Werden der Nationalökonomie",„... mag Söllners Buch zum Standardwerk der Dogmengeschichte werden."
FAZ v. 29.11.1999

„Wertvoller Beitrag wider die Geschichtslosigkeit der Ökonomie"   NZZ v. 12.5.2000

2., verb. Aufl. 2001. XIII, 374 S. 30 Abb. (Springer-Lehrbuch) Brosch. DM 49,90; sFr 45,-;
ab 1. Jan. 2002: € 24,95
ISBN 3-540-41342-1

Please order from
Springer · Customer Service
Haberstr. 7 · 69126 Heidelberg, Germany
Tel.: +49 (0) 6221 - 345 - 217/8
Fax: +49 (0) 6221 - 345 - 229
e-mail: orders@springer.de
or through your bookseller

All prices are net-prices subject to local VAT, e.g. in Germany 7% VAT for books. Prices and other details are subject to change without notice. d&p · BA 42994/2 SF

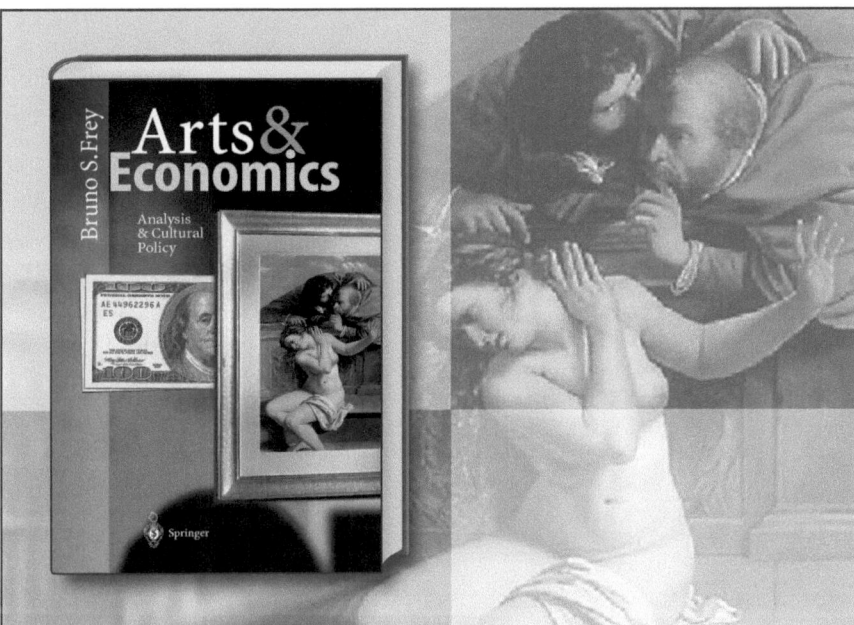

B.S. Frey

Arts & Economics

Analysis & Cultural Policy

Using the economic point of view for an analysis of phenomena related to artistic activities, *Arts & Economics* not only challenges widely held popular views, but also offers an alternative perspective to sociological or art historic approaches.

The wide range of subjects presented are of current interest and, above all, relevant for cultural policy. The issues discussed include: institutions from festivals to "superstar" museums, different means of supporting the arts, including the question whether artistic creativity is undermined by public intervention, an investigation into art as an investment, the various approaches applied when valuing our cultural properties, or why, in a comparative perspective, direct voter participation in cultural policy is not antagonistic to artistic values.

2000. X, 240 pp. 2 figs., 9 tabs. Hardcover **DM 99,90**; as of Jan. 2002: € 49,95
ISBN 3-540-67342-3

Please order from
Springer · Customer Service
Haberstr. 7 · 69126 Heidelberg, Germany
Tel.: +49 (0) 6221 - 345 - 217/8 · Fax: +49 (0) 6221 - 345 - 229
e-mail: orders@springer.de
or through your bookseller

All prices are net-prices subject to local VAT, e.g. in Germany 7% VAT for books and 16% VAT for electronic products. Exception: prices quoted in FF and Lit. include local VAT. Prices and other details are subject to change without notice. d&p · BA 42401-6

MIX
Papier aus verantwortungsvollen Quellen
Paper from responsible sources
FSC® C105338

If you have any concerns about our products,
you can contact us on
ProductSafety@springernature.com

In case Publisher is established outside the EU,
the EU authorized representative is:
**Springer Nature Customer Service Center GmbH
Europaplatz 3, 69115 Heidelberg, Germany**

Printed by Libri Plureos GmbH
in Hamburg, Germany